哈日情報誌
MAPPLE山形 鶴岡·酒田·藏王·米澤
特別附錄①

在當地享用
特產葡萄酒
來去酒廠!

Wine

為現摘的美味
而感動♪
採集水果

Fruits

📷 La France

📷 Cherry

水果有這麼多
享用方式

YAMAGATA 山形水果王國 完全NAVI

使用新鮮素材
好奢華♡
水果甜點

滿滿
的

代表

さくらんぼ漬

Sweets

Souvenir

分享水果王國
給親朋好友
**水果
伴手禮**

YAMAGATA 水果王國的實力調查！

山形為日本首屈一指的水果王國。
以日本生產量第一自誇的櫻桃等人氣水果美味可口的秘密，
以及採收體驗的等等重點，
毫無保留地介紹山形水果的魅力！

調查1 檢視山形引以為傲的品牌水果！

介紹令人如癡如醉的珍藏品牌水果！

紅秀峰　6月中旬～7月上旬

比「佐藤錦」稍微大顆的櫻桃。果肉偏硬，甜味較強，酸味較淡。可以保存很久，是人氣的餽贈答謝用禮品。

以非常甜為重點

佐藤錦　6月中旬～下旬

東根市的佐藤榮助氏栽培的品種。富有彈性的表皮和軟嫩的果肉，酸甜適中，恰到好處。

歐洲產的櫻桃

山形櫻桃的王道品牌

Cherry

收穫量全日本 第1

山形縣代表的水果就是這個！

櫻桃

山形縣的櫻桃占全國生產量約7成。其中有最經典的「佐藤錦」，和珍貴的黃色品種「月山錦」等種類非常多樣。

小愛巧心可形愛狀

> **保存方法！**
> 購買後分批裝入塑膠袋中，放冰箱保存。因為容易腐化，建議2、3天內吃完。

拿破崙　6月下旬～7月中旬

18世紀初期就在歐洲栽種，歷史悠久的品種。大粒緊實的果肉有強烈酸味和清爽的味道。

鮮艷的橙紅色

南陽　6月下旬

清爽的甜味備受好評的大顆櫻桃。可品嘗到多汁甜美的味道。

紅豐　6月中旬

幅寬心型狀的果實充滿果汁，果肉的酸味少甜味強，多汁飽滿。

被譽為夢幻櫻桃的黃色果實

Grape

收穫量全日本 第3

飽滿多汁

葡萄

南陽和高畠為主產地。冷暖溫差大的山形氣候，可栽培出甜度高的葡萄。「德瓦拉」為日本生產量第一的品種。

月山錦　6月下旬

特色為大顆黃色果實。甜度在成熟時為20～24度，非常甜美。也被稱為是「呼喚幸福的黃色櫻桃」。

> **保存方法！**
> 建議放在冰箱裡保存。留下少量葡萄梗，1顆顆剪下放入袋子裡是能夠長久保存的重點。

法蘭西梨　10月中旬～12月中旬

西洋梨的最頂級品種。追熟後的濃郁香氣和高雅的甜味，以及軟嫩的口感相當有人氣。也被譽為「水果女王」。

Pear

濃郁的美味鮮甜

德瓦拉　7月上旬～9月下旬

葡萄當中大家最熟悉的品種。小顆的果肉軟嫩鮮甜。無籽易食，深受各個世代的喜愛。

甜味全都濃縮在小小一顆的果肉裡！

收穫量全日本 第1

被芳醇的甜味和香氣所魅惑

西洋梨

有深度的香氣和入口即化的口感為其魅力。山形縣占全日本生產量約8成。「法蘭西梨」為主流。

被高貴的香氣所療癒

絡繹不絕地出現！

清爽的甜味讓愛好者

晴王麝香葡萄　9月中旬～12月中旬

人氣的高級品種。可品嘗到呈美麗淡綠色的「白葡萄」特有的清爽和香氣。

> **保存方法！**
> 裝入塑膠袋中，避免日光直射，放在室內保存追熟吧。梗周圍的果肉變軟後就代表可以吃了。

Silver Bell　11月下旬～1月中旬

山形縣誕生的品種。比「法蘭西梨」大顆，適度的酸味增添風味，往年的旺季都是在聖誕節前後。

YAMAGATA 山形

山形水果王國 完全 NAVI

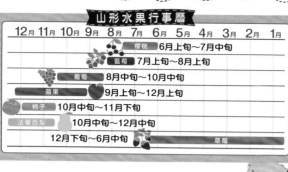

山形水果行事曆

	12月	11月	10月	9月	8月	7月	6月	5月	4月	3月	2月	1月
櫻桃						6月上旬～7月中旬						
藍莓					7月上旬～8月上旬							
葡萄			8月中旬～10月中旬									
蘋果		9月上旬～12月上旬										
柿子		10月中旬～11月下旬										
法蘭西梨	10月中旬～12月中旬											
草莓	12月下旬～6月中旬											

調查2 要直奔哪個地區？

個別水果的攻略導覽

山形縣內全區都有在栽種水果。以下將按照個別水果來介紹推薦地區！

這個也要CHECK！
鶴岡・庄內柿
鶴岡秋天的味道。水嫩多汁，帶有高雅的甜味。
➜本書P.22

Shonai kaki

想買西洋梨就到這裡
前往上山地區GO！

法蘭西梨
上山市為縣內主要產地。有很多觀光果樹園可體驗數量限定的採果樂趣。

隱藏版也要CHECK
寒河江地區
這裡雖然以採收櫻桃的印象最深，但其實西洋梨的栽種也很盛行。

Silver bell
除了在各個果樹園都有販售之外，11月下旬起的盛產期間也可在市內的超市購買。

酒田
鶴岡・酒田地區
庄內機場
鶴岡市立加茂水族館
鶴岡

最上・新庄
銀山溫泉地區
新庄
尾花澤

Obanazawa Suika

寒河江
東根
山形機場
山形
山寺
山形市：藏王
天童：上山地區
山形
上山
米澤・赤湯地區
南陽
米澤

Tateyama Ringo

這個也要CHECK！
尾花澤・尾花澤西瓜
超甜爽脆的美味深受好評。產季為7～8月左右。

想要攻略櫻桃的話
佐藤錦 前往東根地區GO！
原產地・東根市有許多栽種「佐藤錦」的果樹園。也可在山形縣內最早4月就開放的觀光果樹園品嘗到「佐藤錦」。

喜歡葡萄的人
前往南陽地區GO！

德瓦拉
南陽市據說是山形縣葡萄的發祥地。晝夜的溫差孕育出美味的葡萄。

晴王麝香葡萄
高級品種，而且是人氣的酬謝用禮品。盛產間在產地直銷市場等處都有販售。

這個也要CHECK！
米澤・舘山蘋果
香氣濃郁、酸酸甜甜的米澤名產蘋果。
➜本書P.107

隱藏版也要CHECK
天童地區
天童地區也有期間限定桃子・蘋果一起體驗採收的果樹園。

大將錦 前往上山地區GO！
「大將錦」的開發農園「山形CHERRY LAND」為全日本數一數二的生產量，7月上旬到中旬可採集又大又甜的「大將錦」。

紅秀峰 前往寒河江地區GO！
縣內首屈一指的採櫻桃景點。寒河江市為「紅秀峰」的原產地。「紅秀峰」也被說是「佐藤錦」下一世代的品種，有很多觀光果園都有栽種。

隱藏版也要CHECK
米澤・赤湯地區
白鷹町有公路休息站附設的果樹園。可購物也可體驗採集。

調查3 出發前先做好功課

採集水果必勝關鍵字

為了能夠愉快舒適地採集水果，以下將介紹一些相關基本資訊。也要注意如何分辨好吃的水果。

1 溫室栽培的話 雨天也能安心採集♪
有無溫室栽培或屋頂依各個果樹園情況不一，出發前先確認一下預約時先確認一下吧。

2 彈性的果實才美味♪
果實大、果皮彈性有光澤的櫻桃會比較鮮甜多汁，果皮有沒有傷口也是觀察重點。

3 櫻桃建議早上採集！
櫻桃最美味的時間為早上。想要吃到最甜最有口感的櫻桃，建議中午以前去為佳。

4 事先確認採收時期
若是有喜歡的品種，出發前可先向果樹園確認採收時期。採收時期每年會因天候而異，建議可盡早洽詢。

5 隨身攜帶毛巾&溼紙巾！
果汁沾到衣服容易留下汙漬，最好準備可以立刻擦拭的物品。

西洋梨怎麼選…
西洋梨熟了之後，果實會變重，因此儘管大小一樣，也要選擇偏重的。

葡萄怎麼選…
被稱為「果粉」的白粉是新鮮的證明。另外顆粒較少的葡萄串據說果實也會比較甜。

攜帶物品 確認清單
- ☐ 帽子
- ☐ 防曬乳
- ☐ 飲料
- ☐ 溼紙巾
- ☐ 毛巾
- ☐ 防蟲噴霧
- ☐ 蚊蟲叮咬藥
- ☐ 替換衣物

果實好大顆！

可以玩一整天！
奢侈度破表的人氣景點

採集水果的同時，也能享用甜點和特殊玩樂方案

前往娛樂果樹園 GO！

山形觀光不可或缺的活動就是採集水果。當中還有許多附設咖啡廳和提供「芋煮」吃到飽、製作柿子乾等多種玩樂方式的果樹園，人氣扶搖直上中！以下將嚴選現在最值得一去、充滿娛樂要素的果樹園!!

寒河江市 公路休息站 寒河江チェリーランド

みちのえきさがえちぇりーらんど **MAP** 附錄②P.11 B-4

東北規模最大的公路休息站，種植107種、130棵櫻桃樹，包括櫻桃共可採集8種水果。館內有販售點心、雜貨、藥妝品等各式各樣的櫻桃伴手禮。附設的「櫻桃會館」所販售的縣產食材義式冰淇淋也相當有人氣。

☎0237-86-1818(櫻桃會館)
🕐9:00～18:00(11～3月為～17:00)、餐廳為10:30～17:00 休無休 所寒河江市八鍬川原919-6 🚃JR寒河江站車程10分 P免費

採集水果INFO

外帶 部分可	雨天 可

這裡可以採集的水果

🍒6月上旬～7月中旬	🍎10月上旬～11月上旬
🍇7月中旬～8月中旬	🍐10月中旬～下旬
🫐8月下旬～10月中旬	🍅10月下旬～11月下旬
🍑8月上旬～中旬	🍓12月下旬～6月上旬

採集櫻桃INFO

時期	6月上旬～7月上旬
費用	60分1500日圓
預約	不用
外帶	視果樹園而異
雨天	可

這裡特有的樂趣

1 前往當天推薦的果樹園

市內約有300間果樹園，這裡會介紹當天推薦的果樹園。果樹園會幫忙提供必要的工具，可以兩手空空前往玩樂也是令人開心的重點之一。

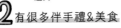

➡在設於「櫻桃會館」前的櫃台報名付款，領取票卷，前往果樹園。

➡聽從工作人員的建議，品嘗最符合時節的櫻桃。園內也有準備方便的腳踏台等道具。

2 有很多伴手禮&美食

備有山形的品牌牛以及玉蒟蒻丸子等等山形美食、點心和特產酒等各式各樣山形的伴手禮。

山形牛咖哩
850日圓

櫻桃生牛奶糖
(12顆裝)800日圓

上山市 高橋Fruit Land

たかはしふるーつらんど **MAP** 附錄②P.8 E-2

有機栽培「法蘭西梨」和櫻桃等多樣水果的果樹園。附設的咖啡廳可享用大量使用當季水果的甜點，和自家農園蔬菜的午餐。

☎023-673-4706
🕐8:30～16:00(17:00閉園)、咖啡廳為9:00～17:00(午餐為11:30～14:00)
休期間中不定休、咖啡廳休週四
所上山市阿弥陀地塩崎前1368-3
🚃JR上山溫泉站車程15分 P免費

採集水果INFO

外帶 不可	雨天 可

這裡可以採集的水果

| 🍒5月中旬～7月上旬 |
| 🍐9月上旬～10月下旬 |
| 🫐10月中旬～下旬 |

採集西洋梨INFO

時期	10月中旬～下旬
費用	採3個750日圓
預約	不用
外帶	可
雨天	不可

味道好香♪

這裡特有的樂趣

水果滿滿的甜點超受歡迎

在果樹園附設的「HATAKE Cafe」可吃到新鮮水果做的聖代、布丁、餡蜜等水果甜點。

pudding la mode
648日圓

季節聖代
648日圓

季節活動

挑戰製作紅柿乾！

推薦可體驗製作上山特產的大顆「紅柿」乾。（體驗期間為11月上旬～中旬、10個1080日圓～、運費540日圓。需洽詢）

高橋利洋先生

當地食材做的料理也不要錯過喔

🍒櫻桃 🍇葡萄 🍐西洋梨 🫐藍莓 🍑桃子 🍎蘋果 🍓草莓

山形水果王國 完全 NAVI

仲野觀光果樹園
天童市 なかのかんこうかじゅえん MAP 附錄② P.11 D-3

可以品嘗甜點和芋煮，樂趣無窮的果樹園

除了櫻桃之外，還可採集葡萄和桃子的果樹園。有划算的吃到飽方案，另有附設咖啡廳，可吃到現採水果餐點。

☎023-656-2775
🕐6月上旬～11月下旬，9:00～16:00（16:30閉園）、咖啡廳9:30～15:30（16:00打烊）
🈵水果採集季節中無休 📍天童市川原子1784-5 🚃JR天童站車程15分 🅿免費

採集葡萄INFO

時期	8月中旬～9月下旬
費用	30分648日圓
預約	不用 外帶 不可
雨天	可

採集水果INFO

外帶 不可　雨天 可
這裡可以採集的水果
🍒 6月上旬～7月中旬
🍇 8月上旬～9月上旬
🍑 8月上旬～9月下旬
🍎 10月中旬～11月中旬

這裡特有的樂趣
使用當季水果製作的甜點大受好評
附設「Fruits Cafe Rulave」。使用大量水果的鬆餅、法式吐司和奶昔最受歡迎。

季節活動
也有秋天的「芋煮」吃到飽方案！9～10月以季節水果和「芋煮」吃到飽方案最受歡迎（15名以上，需3天前預約）。另外會附飯糰和飲料！

大沼優先生

季節水果鬆餅 980日圓
（需於前一天預約，7月中旬～翌5月限定）

神町觀光果樹園
東根市 じんまちかんこうかじゅえん MAP 附錄② P.11 C-3

使用有機肥料栽培的水果健康可口，相當有人氣。櫻桃採收時期還會免費招待手打蕎麥麵。

☎0237-48-1888
🕐9:00～16:00（17:00閉園）、依時節而異
🈵期間中無休 📍東根市若木通り4-70 🚃JR櫻桃東根站車程10分 🅿免費

採完櫻桃之後，還會招待蕎麥麵！

採集櫻桃INFO
時期	6月下旬～7月上旬
費用	1小時1600日圓
預約	需預約
外帶	可 雨天 可

採集水果INFO
外帶 可　雨天 可
這裡可以採集的水果
🍒 6月下旬～7月上旬
🍎 10月上旬～12月下旬
🍇 11月上旬～中旬

這裡特有的樂趣
免費提供手打蕎麥麵！
採集完後會免費招待手打蕎麥麵，可品嘗到使用尾花澤產蕎麥粉和東根湧泉桿製而成的正宗田舍蕎麥麵的味道。

其他果樹園List
山形縣觀光資訊網頁 山形之旅
http://yamagatakanko.com/

水果樂園 ubafutokoro
上山市 くだものらくえんうばふどころ MAP 附錄② P.12 E-6

「佐藤錦」、「夏香錦」、「紅さやか」、「紅秀峰」等，依時節可採集到酸甜滋味各不相同的各種品種。果樹園內還有綠意環繞的露台座，可悠閒度過美好時光。

☎023-674-2921
🕐10:00～16:00（16:30閉園）、咖啡廳11:00～16:00（16:30打烊）
🈵期間中無休 📍上山市皆沢水無沢1377-7 🚃JR上山溫泉站車程15分 🅿免費

採集水果INFO

外帶 不可　雨天 不可
這裡可以採集的水果
🍒 6月上旬～7月初旬

這裡特有的樂趣
建於果樹園中的開放式咖啡廳
附設咖啡廳，可品嘗到使用園內現摘的新鮮水果製作的聖代和果汁。6月上旬～7月上旬期間限定提供櫻桃甜點。

水果聖代 750日圓

園內有許多可愛的野草，建議也可以到園內走走逛逛♪

採集櫻桃INFO
時期	6月上旬～7月初旬
費用	30分1650～1860日圓
預約	不用 外帶 不可
雨天	不可

王將果樹園
天童市 おうしょうかじゅえん MAP 附錄② P.11 D-3

招牌為大型將棋棋子形狀的觀光果樹園。在附設的咖啡廳中，可坐在「天童木工」設計的傢俱上，悠閒享用水果甜點。

☎023-657-3211
🕐5月下旬～12月上旬、8:30～16:00（17:00閉園）、咖啡廳9:00～16:00
🈵期間中無休 📍天童市川原子1303 🚃JR天童站車程15分 🅿免費

採集水果INFO
外帶 部分可　雨天 可
這裡可以採集的水果
🍒 5月19日～7月16日
🍇 8月上旬～10月中旬
🍑 8月上旬～9月上旬
🍎 10月上旬～下旬

這裡特有的樂趣
可以選購果樹園甜點＆雜貨
2樓咖啡廳可享用當季水果甜點，1樓的商店則有販售雜貨和點心等伴手禮。

吧檯座位可一覽果樹園

櫻桃聖代 750日圓
（櫻桃採收期間限定）

在可眺望果樹園的咖啡廳享用甜點

採集櫻桃INFO
時期	5月19日～7月16日
費用	30分1620日圓～
預約	需預約
外帶	需洽詢 雨天 可

只有這裡才吃得到新鮮的美味！

滿滿的水果

在水果直營店享用 分量超值的超人氣聖代

擺滿10種以上當季水果

僅選用當季的完熟水果

魅力四射甜點精選

想在山形吃水果，建議可以選擇水果店等專家經手的甜點。使用當季水果製成的甜點，是只有當地才能吃到的奢侈美味！適合拍照打卡的豪華外觀也是注目的焦點。

這個也非吃不可

藍莓聖代
980日圓
藍莓果實搭配義式冰淇淋、果醬等配料。7、8月時會使用山形縣產水果。

水果現點現切，可品嘗到最新鮮的美味

首推 ♥ MENU
水果聖代
1620日圓 ※7～8月停止供應

⏱1、2樓都設有咖啡廳空間

綜合水果冰
1620日圓
淋滿使用5種新鮮水果的糖漿，搭配多達10種左右的水果。

米澤市 フルーツショップ キヨカ **MAP P.110 B-2**

水果直營店的Fruit Parlor。全年提供優質水果，餐點只會使用最對時的完熟水果。現點現切，可以品嘗到新鮮水果的美味。

☎0238-23-1203
🕐10:00～18:30(19:00打烊、依時節而異)
休週二(逢假日則營業)、1、2月為週一～五(逢假日則營業)
所米澤市金池2-7-2
🚃JR米澤站搭市民巴士循環左迴線，金池1丁目下車即到 Ｐ免費

鶴岡市 Fruit Shop 青森屋 ふるーつしょっぷ あおもりや **MAP 本書P.28 B-1**

提供擺滿嚴選當季水果的水果塔和蛋糕。不同水果會搭配不同塔皮和奶油，號稱可以品嘗到水果本身的美味。店內為統一白色的療癒空間。

有風格各有不同的5個咖啡廳空間

☎0235-22-0341
🕐8:30～19:00，水果塔販售、咖啡廳為10:30～，冬季為～18:30
休無休
所鶴岡市末広町7-24
🚃JR鶴岡站即到 Ｐ免費

這個也非吃不可

Aomoriya
ミックスドライ

綜合水果乾 850日圓
上山產「法蘭西梨」和「庄內柿」等6種自製水果乾。無添加任何化學成分。

山形縣產晴王麝香葡萄的酸甜味可增添奶油的濃稠香

可吃到珍貴水果的水果店豪華甜點

襯托出水果美味的白巧克力奶油

首推 ♥ MENU
晴王麝香葡萄塔
480日圓 ※8月下旬～10月底限定

6

以5～6種當季水果為主角的水果塔

如寶石般閃閃發光
令人醉心的水果塔

山形市 Fruits Plaza
ふる一つぷらざ MAP P.59 B-1

可品嘗到每天市場直送新鮮水果的水果專賣店。除了果汁、水果塔之外，搭配塊狀水果和冰淇淋的「水果奶油」（620日圓）也很受歡迎。

☎023-625-7599
🕐11:00～19:00 休準同ARC
所山形市七日町2-1-17
ARC1F 🚃JR山形站步行10分
🅿利用附近的停車場

Fruits Plaza

↑以白色為基調的空間裡，擺設了繽紛的傢俱，營造出輕鬆就能踏入的氛圍

首推 ♥MENU
季節水果塔
（1片）620日圓

這個也非吃不可

特製Plaza聖代
（當季水果）790日圓
選用當季最美味的水果，層層堆疊的豪華聖代。

天童市 フルッティア
MAP P.75 A-1

以人氣宅配甜點「水果Pontiti」為首，還有季節嚴選水果和手工聖代都大受好評。現點現做的新鮮果汁也很有人氣。

☎023-653-6651
🕐10:00～17:50（18:00打烊）
休週一
所天童市三日町1-4-2
🚃JR天童站步行5分 🅿免費

這個也非吃不可

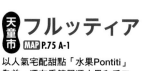

水果Pontiti
324日圓
5種以上新鮮水果搭配無添加化學物質的天然糖漿的甜味，風味絕配。

多汁的水果和無添加化學物質的製作出絕品聖代的鮮奶油

↑展示櫃中陳列著滿滿的當季水果

搭配濃郁甜味和芳醇香氣的皇冠麝香哈密瓜

鬆餅餅皮的甜筒餅乾裡面是香草冰淇淋和鮮奶油

首推 ♥MENU
麝香哈密瓜聖代
928日圓

擺滿濃郁香甜的完熟芒果果肉

首推 ♥MENU
完熟芒果慕斯
550日圓

這個也非吃不可

可愛的蛋糕和期間限定的義式冰淇淋受到熱烈討論

熱帶芒果的風味搭聚其中的慕絲

米澤市 喜多屋果実店
きたやかじつてん MAP P.110 C-3

水果店特有的新鮮水果冰沙大受好評。放上大塊完熟水果的蛋糕，以及大量使用當地產水果的義式冰淇淋也很推薦。

☎0238-23-5315
🕐10:00～18:30 休不定休
所米沢市東3-1-10
🚃JR赤湯站步行5分 🅿免費

（右）館山蘋果冰沙
（左）藍莓牛奶 各380日圓
水果義式冰淇淋（4月下旬～9月限定）平時會有10種以上的口味。

↑店內充滿甜蜜的水果香

南陽市 漆山果樹園
うるしやまかじゅえん MAP 付錄② P.13 D-1

栽培30種以上葡萄的果樹園。咖啡廳堅持無添加化學物質、並使用當季水果的聖代和手工義式冰淇淋、紅茶等水果餐點，種類豐富。

☎0238-43-3739
🕐10:00～17:00
休7～10月無休、其他需洽詢
所南陽市松沢202-1
🚃JR赤湯站車程15分 🅿免費

↑從店內可眺望葡萄園

盡情享用現採水果甜點！
果樹園直營咖啡廳！

這個也非吃不可

滿滿的嚴選葡萄和純鮮奶油

葡萄園的葡萄滿滿冰茶
650日圓
加入當季葡萄果粒的飲料。其他還有各式各樣的水果茶可選擇。

首推 ♥MENU
葡萄聖代
820日圓

葡萄的名產地
大人的樂趣…

Winery

來去酒廠！

山形從明治時代就開始使用當地產葡萄釀酒。縣內有14間酒廠，充滿當地魅力的葡萄酒獲得極高評價。遊訪風格獨特的酒廠，尋找心儀的那瓶酒吧。

山形葡萄酒的魅力

晝夜溫差大加上排水性強的土壤，孕育出美味的葡萄，因此山形自古便是葡萄的盛產地。釀造出來的葡萄酒充分發揮地方產葡萄獨特的風味，品質之高深受好評。

高畠町 高畠葡萄酒廠

たかはたわいなりー MAP P.111

位於「德瓦拉葡萄」日本產量第一的高畠町。可參觀葡萄田、製造過程，還可試喝、享用輕食、購物等。使用當地產葡萄為中心釀造的葡萄酒口味穩定，相當美味，秋天收穫祭等活動也深受好評。

☎0238-40-1840
🕐9:00～17:00、12～3月為10:00～16:30
休無休（12～3月為週三）
所高畠町糠野目2700-1
交JR高畠站步行10分
P免費

附導覽行程 咖啡廳 試喝 商店 免費

參觀酒廠
時間 9:00～17:00、12月～3月為10:00～16:30
預約 不用（15名以上需預約）
費用 免費

東北規模最大的酒廠

酒廠info

冰果一滴德瓦拉
（500㎖）1800日圓

使用高畠產「德瓦拉」釀製的酒廠商店限定葡萄酒

想帶回去當伴手禮的瓶裝酒

MAHOROBA的貴婦人·白
（750㎖）3394日圓

白玫瑰和「白葡萄」香氣濃郁的極甜葡萄酒。也是人氣的餐後甜酒

Takahata Japanesque Bailey's Blend
（720㎖）1815日圓

「Bailey Alicante A」和「Muscat Bailey A」交織而成，十分有分量的葡萄酒

↑宛如城堡般的建築

秋天收穫祭也深受歡迎

新酒試喝、比較各式葡萄酒等有許多活動在此進行。另有可品嘗當地餐飲店料裡的美食廣場。每年10月舉行。

Goal

GOZZAONARE TAKAHATA

逛完一圈後，建議可到「GOZZAONARE TAKAHATA」悠閒地喝杯葡萄酒，享用輕食。

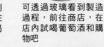

高畠熱狗堡 400日圓

資訊室

資訊室中有介紹高畠酒廠的歷史和葡萄酒釀製

試喝&購物

可透過玻璃看到製造過程，前往商店，在店內試喝葡萄酒和購物吧

酒廠的樂趣

前往葡萄田與參觀路線 GO

Start

觀賞葡萄田

參觀腹地內的葡萄田。品種為「黑皮諾」，在園內精心栽種著

南陽市 酒井葡萄酒廠
さかいわいなりー MAP P.115

受到自然派支持的東北最古老酒廠

明治25（1892）年創業以來，始終使用傳統製法釀酒，不使用過濾機，只取出上澄液。自家農園栽種的葡萄釀造出來的葡萄酒香氣濃郁，味道深厚，深受好評。

📞0238-43-2043
🕘9:00〜17:00
🈂第1、3週三（逢假日則營業）
📍南陽市赤湯980
🚃JR赤湯站車程5分
🅿免費

酒廠的樂趣

酒廠info

附導覽行程	咖啡廳	試喝
	商店	免費

參觀酒廠

時間	預約	需洽詢
費用		免費

在青空咖啡廳享用葡萄酒

「青空カフェ やまどり」於4〜10月期間限定開張。可享用「杯裝酒」（500日圓〜）和「盤裝下酒菜」（500日圓）。

想帶回去當件手禮的瓶裝酒

↑霜淇淋可外帶

小姫◯
（750㎖）**1944日圓**
會產生滑順泡沫的氣泡酒。「◯」唸作「Awa（泡）」

鳥上坂Muscat Bailey A Black Queen
（750㎖）**2484日圓**
使用自家農園採收的2種葡萄混釀，放在橡木桶中熟成12個月。濃度和酸味口感搭配絕妙

酒廠的樂趣
附導覽行程

參觀葡萄田和工廠時，會有人解說酒廠的歷史和釀酒的特徵，也可參觀裝瓶時的作業。

↑介紹擺滿發酵中木桶的儲藏庫

藏王Star Wine
紅・辛口
（750㎖）**1296日圓**
完熟的Muscat Bailey A 釀成，口感較為清爽的紅酒。發售以來的暢銷商品

Sans Soufre
白・發泡
（750㎖）**2160日圓**
酵母產生的天然細緻泡沫帶出了完熟「德瓦拉」的豪華香味

想帶回去當件手禮的瓶裝酒

暢享100%使用山形縣產葡萄的特產酒

上山市 TAKEDA WINERY
MAP 附錄②P.12 E-4

這間酒廠從單日到長期熟成類型的葡萄酒都有釀造。日本首先使用香檳製法釀造的發泡酒「Cuvee Yoshiko」在國內外都擁有高度評價。

📞023-672-0040
🕘10:00〜17:00
🈂無休（12〜3月休週六、日、假日）
📍上山市四ツ谷2-6-1
🚃JR上山溫泉站車程5分
🅿免費

酒廠info

附導覽行程		商店
咖啡廳		試喝
	免費	

參觀酒廠

時間	10:00〜11:30、13:00〜17:00（12〜3月僅平日）
預約	需預約
費用	免費

←在附設的商店可以試喝葡萄酒，還有販售葡萄酒的相關商品等雜貨

---

③ 手繪標籤
在紙上畫下各自的插圖和文字，製作專屬於自己的特製標籤吧。

② 裝瓶
將果粒從葡萄梗上摘下，連皮搗碎。不用手揉，直接捏碎，酒的沈澱物會比較少。

① 採葡萄
在結滿果實的葡萄當中，採收顆粒比較少的葡萄串。預防水分蒸發的表面白粉（果粉）多是新鮮的證明。

④ 等酒宅配到府！
在酒廠經過幾個月熟成後就完成了。酒會在體驗當年的12月下旬左右送達（運費另計）。

嘗試釀酒

8月上旬〜10月中旬限定！

不只可以品嘗葡萄酒，這也是葡萄酒產地才會有的樂趣。不妨來挑戰看看這項屬於大人的活動，製造一瓶專屬的特製酒吧。

南陽市 紫金園 須藤葡萄酒工場
しきんえんすとうぶどうしゅこうじょう MAP 附錄②P.9 D-3

家族經營的小規模酒廠，商品幾乎不會賣到縣外。使用自家栽培的葡萄，用傳統製法釀的酒充滿水果香氣。另外也附設葡萄園。

📞0238-43-2578
🕘8:30〜17:30
🈂期間中無休
💰釀酒體驗3500日圓（需預約）
📍南陽市赤湯2836
🚃JR赤湯站車程10分
🅿免費

酒廠info

附導覽行程		商店
咖啡廳		試喝
	免費	

參觀酒廠

時間	12〜6月、9:00〜17:00
預約	需預約
費用	免費

想帶回去當件手禮的瓶裝酒

赤湯葡萄酒 紅
（750㎖）**2180日圓**
以自家田栽種的「梅洛葡萄」為主體，加入「赤霞珠葡萄」的瓶裝酒

在產地直銷市場 尋找伴手禮

使用當地產水果的珍藏伴手禮

產地直銷市場有很多現採的新鮮水果，是最適合挑選伴手禮的地方。使用當地水果製作的特製果汁和果醬肯定都令人開心不已！不妨前往產地直銷市場，尋找隱藏的夢幻逸品吧。

使用整顆當季水果的豪華果汁

堅持講究
法蘭西梨汁使用了3顆完熟的「法蘭西梨」，桃子汁使用了6顆桃子，是款完熟味道濃郁的果汁。

（左）豪華法蘭西梨汁
(500㎖) 1550日圓
（右）豪華桃子汁
(500㎖) 800日圓
期限 製造後1年

大量使用「法蘭西梨」和桃子，可以品嘗到完熟水果特有的滑順口感。可以買來自己喝，當然也可以贈送給重要的人。
SHOP**D**

堅持講究
如商品名稱所示，使用的當然就是庄內產水果限定。以現採的新鮮水果加工而成。

果汁 Juice

濃醇滑順 現摘水果的美味 全部濃縮於此

堅持講究
為了活用水果原本的味道，完全不含糖、鹽、香料等。採用水果最自然的香甜美味。

可愛的包裝也大受歡迎！種類豐富，無添加化學物質的果汁。

沉醉於濃醇的甜味，彷彿在吃水果本身！

庄內果實紀行
（右）柿(180㎖) 430日圓
（左）蘋果(180㎖) 250日圓
期限 製造後1年

使用庄內代表性的水果，柿子的果汁特色為濃醇香甜。蘋果則是味道濃醇，後勁清爽，深受許多粉絲喜愛。
SHOP**D**

山形代表
（右）法蘭西梨(160g) 130日圓
（左）桃子(160g) 110日圓
期限 製造後1年

「桃子」如剛剝開般水嫩多汁，「法蘭西梨」帶有深層的甜味和芳醇的香氣，吸引了許多人。
SHOP**A**

堅持講究
使用東根產蘋果「富士」的果汁。選用完熟的有蜜蘋果，深受各個年齡層喜歡。

蘋果汁(1000㎖) 500日圓
期限 製造後1年

甜味圓潤的蘋果汁。味道濃醇，喝起來口感卻很清爽。
SHOP**C**

充滿東根蘋果的蜜汁甜味

堅持講究
僅使用天童產的「法蘭西梨」。可確實喝到純果汁感的果汁。

法蘭西梨100%
(160g) 140日圓
期限 製造後1年

充滿「法蘭西梨」豐厚飽滿香氣的果汁。適度的甜味喝起來爽口又不膩。
SHOP**B**

享受芳醇香氣和甜味的融合

香甜的甜點 加上清爽新鮮的滋味

療癒的 **甜 點**
Sweets

堅持講究
為了搭配櫻桃的酸甜，在果凍當中加入櫻桃利口酒，讓口感變得更為清爽。

分量十足的果凍 有很多櫻桃果實！

櫻桃果實Q彈果凍
432日圓 〔期限〕製造後180日
充滿大顆櫻桃果實的果凍，分量十足。建議冰過之後再享用。 SHOP**B**

堅持講究
加入「法蘭西梨」的果汁和果肉，彷彿吃到新鮮水果般的風味口感。

適合當點心的一口大小果凍

法蘭西梨果凍
(10個裝) **540日圓** 〔期限〕製造後180日
一口大小、方便好吃的人氣果凍。清爽的甜味是各個年齡層都喜愛的人氣伴手禮。也有20個裝。 SHOP**B**

堅持講究
甜度較低，因此可品嘗到果實本身的濃郁味道和香氣。

全濃縮在這一盒 法蘭西梨的芳醇香味

法蘭西梨冰淇淋
270日圓
大量使用天童產「法蘭西梨」的果汁和果肉的豪華冰淇淋。味道高雅圓潤。 SHOP**B**

水果的清爽吹拂而過

冰鎮 **冰淇淋 & 義式冰淇淋**
Icecream & Gelato

堅持講究
帶出金山產藍莓的多汁滋味。

最上產水果搭配 乳霜狀的冰淇淋

最上八彩冰淇淋 藍莓
250日圓～
使用最上地區8市鎮村特產品的冰淇淋。草莓和山葡萄等口味也有人氣。 SHOP**E**

地區限定的稀有伴手禮

多汁 **果 醬** *Jam*

高雅的甜味 和滑順的口感魅力非凡

山形代表 牛奶義式冰淇淋 法蘭西梨
280日圓～
「法蘭西梨」高雅的滋味和義式冰淇淋的濃郁牛奶味道絕配，口感滑順。 SHOP**A**

堅持講究
不使用香料，直接運用「法蘭西梨」原有的風味。

堅持講究
調配熬煮的時間，重視果肉的口感。

東根產櫻桃的 含果肉果醬

櫻桃果醬
500日圓
〔期限〕製造後1年
用當季美味的櫻桃手作而成的果醬。不管是塗在麵包上，或是搭配優格都是大推的食用方式。 SHOP**C**

SHOP **E**
新庄市 **産直まゆの郷**
さんちょくまゆのさと
MAP附錄②P.4 F-6

「新庄環保花園」裡的產地直銷市場。除了新鮮蔬菜和加工品之外，還有當地的阿姨們做的漬物與和洋菓子也大受好評。秋天舉辦的「稻草人祭」也相當有人氣。

✆0233-23-5007
🕐9:00～18:00
休無休
所新庄市十日町6000-1
🚃JR新庄站車程8分
P免費

SHOP **D**
鶴岡市 **産直あぐり**
さんちょくあぐり
MAP附錄②P.7 C-2

販售早上採收的蔬菜和手工熟菜。庄內產水果的加工品深受好評。附設的「あぐりジュバン」有販售使用鶴岡產「艷姬米」米粉的麵包，以及擺滿水果的水果塔。

✆0235-57-3300
🕐9:00～18:00
休無休
所鶴岡市西荒屋杉下106-3
🚃JR鶴岡站搭庄內交通巴士往上田沢方向，川原村下車，步行10分
P免費

SHOP **C**
東根市 **よってけ ポポラ**
MAP附錄②P.11 C-3

販售許多東根新鮮蔬果的市場。店內有販售使用「法蘭西梨」、「毛豆泥」等當季東根產食材的義式冰淇淋，總是吸引大批遊客。

✆0237-41-0288
🕐9:00～17:30(12～5月為9:30～)
休無休
所東根市中央東3-7-16
🚃JR櫻桃東根站車程8分
P免費

SHOP **B**
天童市 **JAてんどう フルーツセンター**
直営店 MAP附錄②P.11 C-4
じぇいえーてんどうふるーつせんたーちょくえいてん

販售各式各樣的山形特產點心和特產酒等伴手禮。使用天童產水果做成的特製點心和果汁也深受好評。

✆023-653-1177
🕐9:00～17:00
休不定休
所天童市山口荒谷5110
🚃JR天童站車程10分
P免費

SHOP **A**
山形市 **JAやまがた おいしさ直営所 紅の蔵店**
MAP P.59 B-2
じぇいえーやまがたおいしさちょくばいしょべにのくらてん

觀光設施所附設的直營所。除了有季節農產品外，還有販售稀有的傳統蔬菜。另會舉行不定期活動。

✆023-616-8001
🕐9:30～18:30(11～3月為～17:30)
休無休
所山形市十日町2-1-8
🚃JR山形站步行10分
P免費

在公路休息站 暢享水果之樂

水果王國・山形在公路休息站也有許多水果製成的美食和伴手禮！有果汁含量極高的果凍，以及水果餡料的漢堡等各種不可錯過的美食，還有公路休息站特製的水果甜品，先做好功課再出發兜風吧！

2017年4月OPEN

有許多使用水之都・長井的美味水源孕育的水果和蔬菜！

❶ 川のみなと長井 かわのみなとながい

長井市 山形自動車道 山形蔵王IC約43km

☎0238-87-1121 **MAP** 附錄②P.9 C-2

日本第一個使用空中投影觸控板展示空間設備、備受關注的公路休息站。特製美食和甜品也深受好評。有免費租借的自行車，建議觀光前可先順道過來一趟。

🕘9:00〜18:00 休無休 所長井市東町2-50
🚃山形鐵道長井站步行10分 Ｐ免費

🈺有週六、日、假日限定街道周遊免費巴士運行

2018年4月20日OPEN
山形縣最南方的入口的大型公路休息站

㉑ 米沢 よねざわ **米澤市**

東北中央自動車道 米沢中央IC約200m

☎0238-40-8450
MAP 附錄②P.13 C-4

設置可品嘗到品牌牛・米澤牛的餐廳。也會販售多樣置賜地方的特產品。
🕘9:00〜18:00、美食廣場為10:00〜、餐廳為11:00〜21:00
休無休 所米澤市川井1039-1
🚃JR米澤站車程10分 Ｐ免費

↑建於閒逸的田園地帶

首推伴手禮

長井手工義式冰淇淋
百戀義式冰淇淋 320日圓
使用長井農產品的義式冰淇淋。每項素材都有濃郁的美味。

山形縣產豪華100%天然果汁
（左）蘋果汁 864日圓
（右）法蘭西梨 1080日圓

100%純果汁特有的濃郁香甜充滿魅力，滑順好喝，風味清爽。

推薦水果
- 葡萄（8〜10月）
- 蘋果（10〜12月）
- 哈密瓜（8〜10月）
- 西瓜（7〜8月）

進階玩法
名物・劍玉咖哩
飯的形狀為長井的特產品・劍玉的特色咖哩。可在館內的美食廣場享用。

手工義式冰淇淋討論度極高！附設足浴的超人氣公路休息站

❷ 天童温泉 てんどうおんせん

天童市 東北中央自動車道 天童IC約5km

☎023-651-2002 **MAP** P.75 B-1

鄰接天童溫泉的公路休息站。除了森林情報站和產地直銷區之外，還附設義式冰淇淋店，連續幾日都有許多觀光客來訪，熱鬧非凡。

🕘9:00〜18:00（餐廳為〜16:00）休不定休 所天童市鍬ノ町2-3-41 🚃JR天童站車程5分 Ｐ免費

↑腹地內有寬敞的公園

↑設有遊樂器材，深受家庭好評。

進階玩法
泡足浴放鬆身心♪
鄰接將棋形狀的免費足浴。一次大約可容納20人，利用時間為6時到21時。

首推甜品

義式冰淇淋（兩球）
350日圓

「法蘭西梨」、「達達茶豆」等，口味種類豐富。也會有期間限定的義式冰淇淋。

首推伴手禮

法蘭西梨巧克力棒
（10根裝）378日圓

法蘭西梨口味的白巧克力加入玉米片，有酥脆輕食的口感。

櫻桃汽水
120日圓

活用山形產「佐藤錦」甜味的汽水。淡淡的粉紅色很漂亮。

推薦水果
法蘭西梨（10月下旬〜11月）、櫻桃（6月〜7月上旬）、葡萄（8〜9月）、蘋果（10月〜12月上旬）

🏠商店 🍴餐廳・輕食區 ℹ道路・觀光資訊 ♨入浴設施 🛏住宿設施

↑館內有以西瓜為概念的餐桌

首推美食
尾花澤西瓜辛冷麵 770日圓
冷麵上面放了做成西瓜形狀的辛味調味料「西瓜辛」。溫和的辣味連小孩子也能入口。另有伴手禮用商品。

首推伴手禮
西瓜子之子 540日圓
使用整個尾花澤產小西瓜的漬物。辛辣的味道非常適合當下酒菜來享用。

進階玩法
西瓜祭
每年8月舉行的人氣活動。可盡情試吃多汁的西瓜。

\西瓜產地特有的/
\美食&伴手禮引人注意!/

❸尾花沢 おばなざわ
尾花澤市 尾花澤新庄道路 尾花沢北IC約700m
☎0237-24-3535 **MAP**附錄②P.6 G-2

尾花澤夏天的西瓜產量為全日本之冠,公路休息站內有許多西瓜的甜點、美食和伴手禮。除了夏天的「西瓜祭」之外,春天有「山菜祭」,冬天有「火鍋祭」,不同季節會舉辦各式各樣不同的活動,都大受歡迎。

🕐9:00~18:00、餐廳為10:30~
休無休
所尾花澤市芦沢1195-1
🚉JR蘆澤站步行5分
Ｐ免費

推薦水果
▲西瓜(7~8月)、櫻桃(6~7月)、
法蘭西梨(10~11月)

\可以玩樂一整天的豪華景點/

❹寒河江 チェリーランド さがえ ちぇりーらんど
寒河江市 山形自動車道 寒河江IC約6km
☎0237-86-1818(櫻桃會館)
MAP附錄②P.11 B-4

店內的伴手禮區有販售許多使用特產品櫻桃的點心和商品。附設的「櫻桃會館」是採櫻桃活動的報名處,建議在體驗完後再來逛逛。使用當季水果製作的義式冰淇淋也大受好評。

↑採集水果的據點

🕐9:00~18:00(11~3月為~17:00)、餐廳為10:30~17:00
休無休
所寒河江市八鍬川原919-6
🚉JR寒河江站車程10分　Ｐ免費

推薦水果
🍒櫻桃(6月上旬~7月中旬)
法蘭西梨(10月中旬~下旬)
🍓草莓(12月下旬~6月上旬)
🫐藍莓(7月中旬~8月中旬)

首推伴手禮
小果凍(8顆裝)
1296日圓
清涼的果凍裡面包著蜜糖熬煮的櫻桃。沒有櫻桃籽,好吃順口。可以吃到酥脆口感的半解凍狀態是最佳口感。

櫻桃馬卡龍
(5個裝)**900日圓**
櫻桃口味的奶油搭配酥脆的外皮夾心。粉紅色的外觀也很可愛。

進階玩法
大啖當地美食
美食廣場有販售山形名產「玉蒟蒻丸子」和必吃的「咚咚燒」。

\可參觀附設的葡萄酒工廠&試喝葡萄酒/

❻月山あさひ博物村 がっさんあさひ はくぶつむら
鶴岡市 山形自動車道 月山IC約26km
☎0235-53-3411 **MAP**附錄②P.7 C-3

山葡萄製作的葡萄酒、果汁和甜點相當受歡迎的公路休息站。也有攀岩、參觀葡萄酒釀造的設施等各種休閒活動。暑假期間農園小屋裡的獨角仙園會開放。

🕐9:00~17:00,蕎麥麵店、餐廳為11:00~
休12~3月的第4週一
所鶴岡市越中山名平3-1
🚉JR鶴岡站搭庄內交通巴士往田麦俣方向,月山あさひ博物館下車即到
Ｐ免費

↑雄偉的群山環繞

首推甜品
山葡萄冰沙 360日圓
清甜爽口的冰沙為此處的名產。也有滑順可口的「山葡萄冰淇淋」(210日圓)。

進階玩法
桿蕎麥麵體驗

使用朝日地區產的蕎麥粉,還舉辦桿蕎麥麵體驗。大人1500日圓,預約制。

\販售朝日町蘋果做的/
\各種美食/

↑紅色的屋頂為蘋果的形狀

❺あさひまち
朝日町 山形自動車道 寒河江IC約15km
☎0237-85-0623 **MAP**附錄②P.6 E-5

除了蘋果之外,還有販售其他當地特產品的公路休息站。包括加入蘋果汁的冷麵、以蘋果當飼料養育的品牌豬「蘋果新豬」丼等各種蘋果美食。也有販售朝日町公認的吉祥物「桃色兔」的商品。

🕐9:00~18:00(冬季為~17:00)　休無休
所朝日町和合北又2724
🚉JR柴橋站車程15分　Ｐ免費

進階玩法
蘋果市集
外帶美食的販賣所。推薦朝日町產的蘋果汁。

首推美食
引力漢堡 400日圓
使用「蘋果新豬」的肉醬和切片蘋果的夾心堡。蘋果的酸味更添增一層美味。

推薦水果
🍎蘋果(10~12月)
🍒櫻桃(6~7月)
法蘭西梨(10~11月)
🍇葡萄(8~9月)

購買高畠產葡萄酒和果凍當伴手禮

⑧たかはた

高畠町 東北中央自動車道 南陽高畠IC約5km

✆0238-52-5433 MAP附錄②P.13 D-2

以農產物的加工品，以及自家製蕎麥麵著稱的公路休息站。腹地內的歷史公園散步路線完善，可觀賞富有意趣的三重塔和古墳，是備受歡迎的散步景點。

🅛9:00～17:30(12～3月為～17:00、商店為9:30～17:00)、餐廳為10:00～16:45(12～3月為～16:00) 休無休
所高畠町安久津2072-1
🚌JR高畠站車程10分
P免費

⬆腹地內有完善的散步路線

首推伴手禮

(左)法蘭西梨果汁
(右)葡萄汁
各864日圓

將高畠產水果的美味濃縮在一瓶的果汁，無添加化學物質。

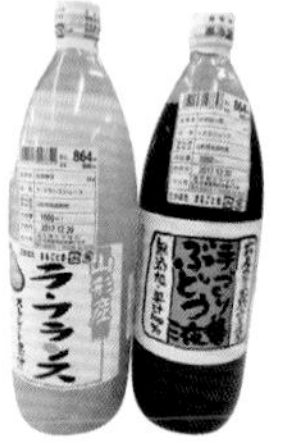

進階玩法

順道繞來藝廊看看

展示繪畫和民藝品等作品。作品每個季節會替換。

可眺望巨大風車的公路休息站

⑦しょうない風車市場 しょうないふうしゃいちば

庄內町 山形自動車道 酒田IC約20km

✆0234-56-3039 MAP附錄②P.10 H-4

直銷處除了販售庄內產的蔬菜和山菜外，還有各種品種的米。店內的餐廳以使用庄內產糯米的3種麻糬套餐御膳最受好評。

🅛9:00～18:00(12～2月為9:30～17:30)、餐廳為11:00～16:30
休無休 所庄內町狩川外北割97-1 🚌JR狩川站步行10分 P免費

⬆建築物很寬廣

首推伴手禮

水果醬
(左)長瓶(145g) 648日圓
(右)方瓶(100g) 432日圓

運用水果的甜味和酸味製成的果醬。有覆盆子、李子、法蘭西梨等8種口味。

進階玩法

開運河童

入口處有河童的紀念碑鎮守於此。摸摸頭上的盤子可以祈求開運。

地理位置充滿魅力的公路休息站

⑩おおえ

大江町 山形自動車道 寒河江IC約9km

✆0237-62-5845 MAP附錄②P.11 A-4

特產酒和「法蘭西梨」製作的酒深受好評。周圍沒有任何遮蔽視線的建築物，可眺望朝日連峰和月山。

🅛9:00～18:00(10～3月為～17:30)、農產物直銷處・餐廳為9:30～17:30(10～3月為～17:00)、餐廳材料售完即打烊 休無休 所大江町藤田218-1 🚌JR左澤站車程5分 P免費

➜鄰接溫泉設施

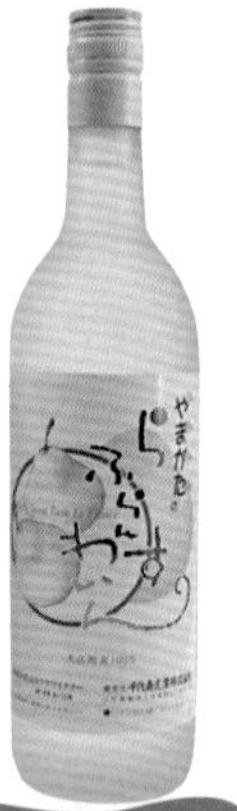

首推伴手禮

法蘭西梨酒
(720mℓ) **1760日圓**

大江町採集的「法蘭西梨」製作的酒。甜口好喝。

進階玩法

享受不住宿溫泉

鄰接不住宿溫泉設施。購物完後可晃過去看看。

可品嘗到現烤的當季漁產

⑨鳥海 ちょうかい

遊佐町 日本海東北自動車道 酒田みなとIC約16km

✆0234-71-7222 MAP附錄②P.5 B-3

位於森林區的鮮魚直銷處舉行的烤魚實演販售相當受歡迎。有販售天然岩牡蠣等當季新鮮漁產。

🅛8:30～18:00(11～2月為～17:00)，餐廳、拉麵店為9:00～(11～2月為～17:00)，入浴設施為6:00～22:00 休無休 所遊佐町菅里菅野308-1 🚌JR吹浦站車程5分 P免費

⬆海洋區有不住宿溫泉

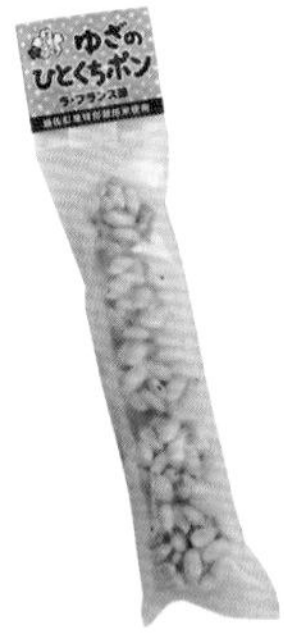

首推伴手禮

一口米果(法蘭西梨)
各108日圓

方便食用的一口大小米果。有草莓、遊佐咖哩等共5種口味。

進階玩法

飛魚拉麵

公路休息站的招牌人氣菜單。飛魚湯頭濃郁，滋味豐富的美味。

有夕陽觀覽席，以觀景視野著稱的公路休息站

⑫あつみ「しゃりん」

鶴岡市 日本海東北自動車道 あつみ温泉IC約6km

✆0235-44-3211 MAP附錄②P.7 A-3

可大啖日本海漁產的餐廳，推薦於午餐時間前往。可在沿海的散步道路上遊玩。

🅛8:30～17:30(餐廳為7:00～17:00) 休每月最後週三(7、8月除外)
所鶴岡市早田戸ノ浦606
🚌JR溫海溫泉站搭溫海交通巴士往平沢方向，しゃりん前下車即到 P免費

⬆日本海就在眼前

首推甜品

藍莓霜淇淋
330日圓

藍莓的酸味相當可口的清爽霜淇淋。

進階玩法

觀賞美麗的夕陽

可眺望夕陽沒入日本海的觀景點。可配合日落時間前往。

挑戰採草莓

⑪いいで めざみの里観光物産館 いいでめざみのさと かんこうぶっさんかん

飯豐町 東北中央自動車道 南陽高畠IC約19km

✆0238-86-3939 MAP附錄②P.9 C-3

販售許多飯豐町的特產品和伴手禮。在餐廳和速食區一整年都可品嘗到名產「芋煮」。

🅛9:00～18:00(12～3月為10:00～17:00)、餐廳為11:00～17:30(12～3月為～16:30) 休無休、12～2月不定休 所飯豐町松原1898 🚌JR羽前椿站車程5分 P免費

⬆戶外會定期舉辦各種活動

首推伴手禮

飯豐町獼猴桃酒
(720mℓ) **2110日圓**

魅力為和奇異果有類似的甜味和爽口的酸味的酒。

進階玩法

採草莓

3月到6月中旬可在附設的草莓園體驗採草莓，需預約。

有整片油菜花田的公路休息站

14 庄内みかわ しょうないみかわ

三川町　日本海東北自動車道 庄内空港IC約7km

☎0235-66-4833　**MAP** 附錄②P.10 F-4

有販售當季蔬菜、庄内米和鮮花的產地直銷販售區等。也是山形縣內唯一附設住宿設施的公路休息站。

🕐9:00～17:30、餐廳為9:30～16:00、入浴設施為6:00～22:00　🈚無休　🏠三川町横山堤172-1　�886JR鶴岡站車程15分　🅿免費

➜也可住宿

進階玩法

在溫泉放鬆身心

在附設的不住宿溫泉設施中，可泡到2種不同泉質的溫泉。

月山湧泉製造的啤酒大受好評

13 にしかわ 月山銘水館 にしかわがっさんめいすいかん

西川町　山形自動車道 西川IC約7km

☎0237-74-2100　**MAP** 附錄②P.6 E-4

附設不住宿溫泉的公路休息站。獲選為「名水百選」的清水和順口好喝的特產啤酒最適合當伴手禮。

🕐8:30～18:00(12～3月為9:00～17:00)、入浴設施為6:00～21:00(12～3月為8:00～20:00)　🈚不定休，入浴設施休第2週二　🏠西川町水沢2304　�886JR左澤站車程35分　🅿免費

➜附設溫泉設施

進階玩法

使用湧泉的特產啤酒

用月山湧泉所製造的特產啤酒味道清新，口感清爽。

參觀撈香魚的過程！

16 白鷹ヤナ公園 しらたかやなこうえん

白鷹町　東北中央自動車道 山形中央IC約31km

☎0238-85-5577　**MAP** 附錄②P.9 C-1

位於最上川河畔的公路休息站。用炭火烘烤、香味四溢的「鹽烤香魚」（500日圓）是有很多愛好者的招牌商品。

🕐10:00～18:00(12～3月為～17:00)　🈚1、2月的週二　🏠白鷹町下山661-1　�山形鐵道荒砥站車程5分　🅿免費

➜可就近參觀魚梁場

進階玩法

日本規模數一數二的魚梁場

8月到10月可以在大型魚梁場看香魚等魚類被打撈上岸的樣子。

豐富多彩的特製美食最有人氣

15 河北 ぶらっとぴあ かほくぶらっとぴあ

河北町　東北中央自動車道 東根IC約2km

☎0237-72-2870　**MAP** 附錄②P.11 B-3

從展望室和餐廳可一覽雄偉的最上川和閒逸的田園風景。免費休息區有設置Wi-Fi連結點。

🕐9:00～18:00、餐廳為10:30～15:00　🈚無休(餐廳不定休)　🏠河北町谷地真木335-1　�886JR櫻桃東根站車程15分　🅿免費

➜全日本當中難得一見的4層樓公路休息站

進階玩法

創新河北名產·肉蕎麥麵

河北名產「肉蕎麥麵」創新的特製義大利麵和可樂餅也非吃不可。

接觸韓國的歷史與文化

18 とざわ

戶澤村　尾花沢新庄道路 新庄IC約14km

☎0233-72-3303　**MAP** 附錄②P.4 E-6

建於可俯瞰最上川的高地。戶澤村和韓國交流甚密，因此這裡有販售許多韓國的食品和伴手禮。

🕐8:30～17:30、餐廳為11:00～15:00　🈚無休(餐廳12～3月休)　🏠戶澤村蔵岡3008-1　�886JR古口站車程5分　🅿免費

➜外觀有如宮殿一般

進階玩法

選購韓國的食材

可購買泡菜、馬格利酒等正宗韓國味道的伴手禮。

蕎麥粉的特製美食大受好評

17 むらやま

村山市　東北中央自動車道 東根IC約11km

☎0237-55-7100　**MAP** 附錄②P.11 C-2

蕎麥粉100%的「蕎麥麵餅」炸成薯條狀的「蕎麥麵薯條」（250日圓）為名產。也有很多使用玫瑰的商品。

🕐8:00～18:00、餐廳為11:00～15:00　🈚不定休　🏠村山市楯岡7635-1　�886JR村山站步行15分　🅿免費

➜國道兩側有停車場

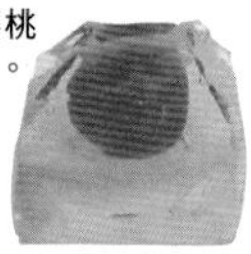

進階玩法

Buffet 吃到飽

1盤780日圓，可盡情盛放各式料理的超划算自助餐。

飯豐·朝日岳的入口處

20 白い森 おぐに しろいもりおぐに

小國町　山形自動車道 山形蔵王IC約77km

☎0238-62-3719　**MAP** 附錄②P.9 A-3

位於飯豐山·朝日岳的入口處，也有很多登山前順道而來的客人。產地直銷區有販售特產的山菜。

🕐9:00～18:00、輕食區為～17:30(冬季為～17:00)、餐廳為11:00～15:00(L.O.)　🈚不定休　🏠小國町小国小坂町616-1　�886JR小國站車程5分　🅿免費

➜氣氛宛如茶屋般的公路休息站

進階玩法

冬天可以滑雪

腹地和滑雪場連為一體，冬天也特別多旅客來訪。

盡情享用特產粉製作的手打蕎麥麵

19 田沢 なごみの郷 たざわなごみのさと

米澤市　東北中央自動車道 米沢北IC約16km

☎0238-31-2753　**MAP** 附錄②P.9 C-5

位於米澤市郊外，提供了各種山中美食。也有販售米澤的代表性傳統工藝品之一「笹野一刀彫」。

🕐9:00～18:00、餐廳為10:30～15:00　🈚無休　🏠米沢市入田沢573-19　�886JR米澤站車程20分　🅿免費

➜位於閒逸的深山當中

進階玩法

香氣濃郁的手打蕎麥麵

使用湧泉和特產粉的手打蕎麥麵大受好評。並以濃郁的香氣著稱。

完熟法蘭西梨的濃醇香氣

美味介紹
可以品嘗到濃醇的甜味和滑順的口感。「法蘭西梨」特有的高雅香氣也深受好評。

全年
山葡萄
360日圓
在這裡GET
公路休息站
月山あさひ博物村
→附錄①P.13

有多汁清爽的山葡萄的甜味萄

全年
櫻桃
霜淇淋
350日圓
在這裡GET
公路休息站 寒河川
チェリーランド
→附錄①P.13

美味介紹
甜味清爽的霜淇淋。櫻頭的酸甜香氣在嘴裡擴散開來。

美味介紹
加入當地製造的山葡萄原液。牛奶的滑順加上一點酸味，搭配得恰到好處。

櫻桃的酸甜感直奔口中

全年 店家限定
法蘭西梨
霜淇淋
300日圓
在這裡GET
公路休息站 おおえ
→附錄①P.14

黑莓&覆盆子的酸味和甜味搭配得恰到好處

在公路休息站享用
到YAMAGATA兜風也要和水果一起♪
霜淇淋 &
義式冰淇淋
Ice-cream Gelato

美味介紹
當地農園產的黑莓和覆盆子有清爽的酸味。

說到旅遊的樂趣之一，就是使用當地名產製成的霜淇淋和義式冰淇淋。櫻桃、「法蘭西梨」等山形特有的水果口味是非嘗不可的名產。不妨到兜風時的綠洲·公路休息站品嘗地方限定的美味吧。

全年 店家限定
莓果霜淇淋
350日圓
在這裡GET
公路休息站 しょうない
風車市場
→附錄①P.14

當季水果和義式冰淇淋的組合

全年 店家限定
雙盛義式冰淇淋
各300日圓
在這裡GET
公路休息站 寒河江
チェリーランド
→附錄①P.13

濃尾郁花水澤西分瓜至都的濃縮在裡面

全年 店家限定
西瓜
霜淇淋
320日圓
在這裡GET
公路休息站 尾花沢
→附錄①P.13

SA也要CHECK!

山形的人氣SA就屬這裡
寒河江SA
さがえさーびすえりあ **MAP**附錄②P.11 A-4

山形縣內唯一的公路服務區（Service Area）。販售山形的特產點心和水果加工品等各式伴手禮。

☎0237-83-5611
🕗8:00～20:00(視店舖而異)
所寒河江市寒河江久保乙
1113-23
Ｐ免費

美味介紹
使用山形產時令蔬果製成的義式冰淇淋。可品嘗到素材本身的美味。

櫻桃霜淇淋
280日圓
運用櫻桃原有酸甜的名產霜淇淋。爽口的後勁口感，最適合當兜風旅途中的點心。

濃醇的香氣和甜味感覺好療癒

美味介紹
牛奶義式冰淇淋上加入「法蘭西梨」的果肉，圓潤的甜味加上濃郁的香氣是其魅力所在。

美味介紹
加入滿滿的西瓜汁，可以嘗到如西瓜般水嫩多汁的口感。

全年 店家限定
法蘭西梨
義式冰淇淋
300日圓
在這裡GET
公路休息站 天童溫泉
→附錄①P.12

特別附錄②

附方便好看的山形全域路線規劃MAP！

山形兜風MAP

山形兜風MAP
Yamagata不住宿溫泉35

也可以拆下使用

0　10km　20km　1:1,000,000

附錄②P.4 酒田・新庄

CONTENTS

兜風MAP

順道景點

附錄②P.6 山形市・村山

附錄②P.8 米澤・藏王

●本冊子掲載の地図について
この地図の作成に当たっては、国土地理院長の承認を得て、同院発行の5万分1地形図　20万分1
地勢図　50万分1地方図、100万分1日本及び基盤地図情報を使用した。（承認番号　平29情使、
第46-286024号　平29情使、第47-286024号　平29情使、第48-286024号）

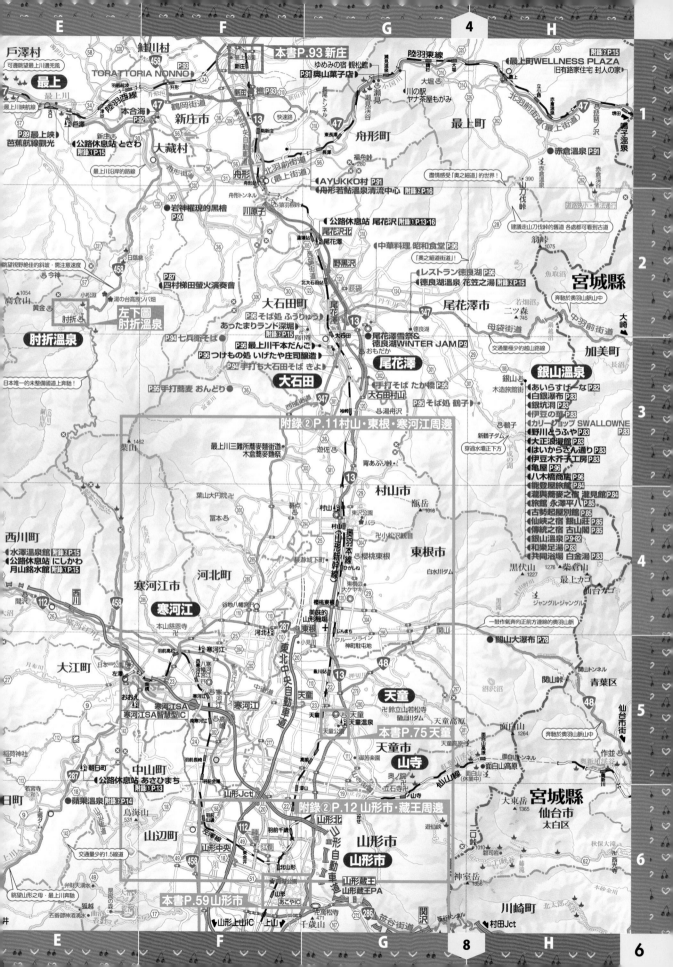

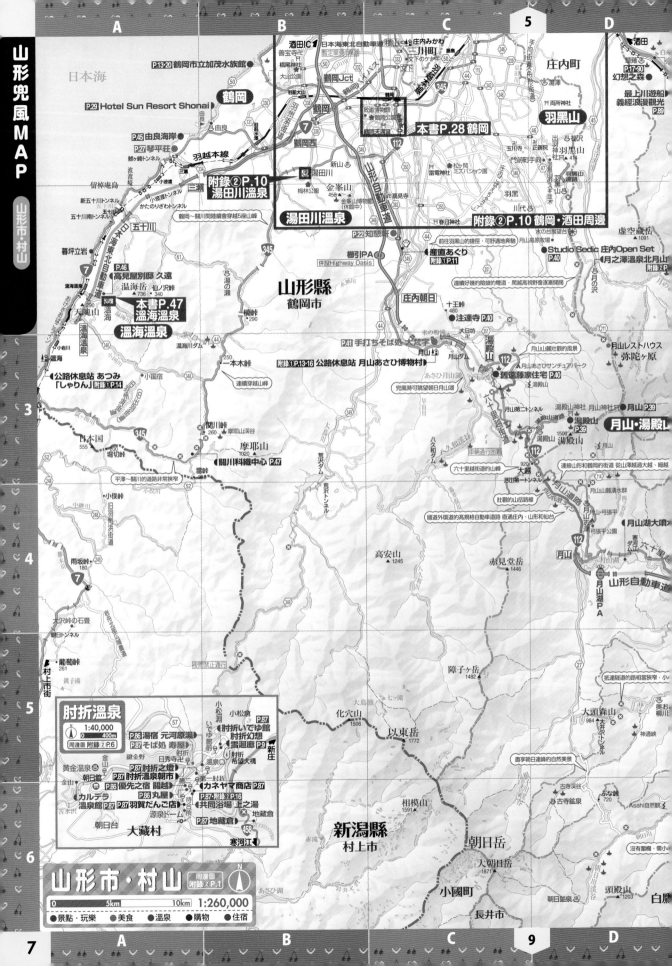

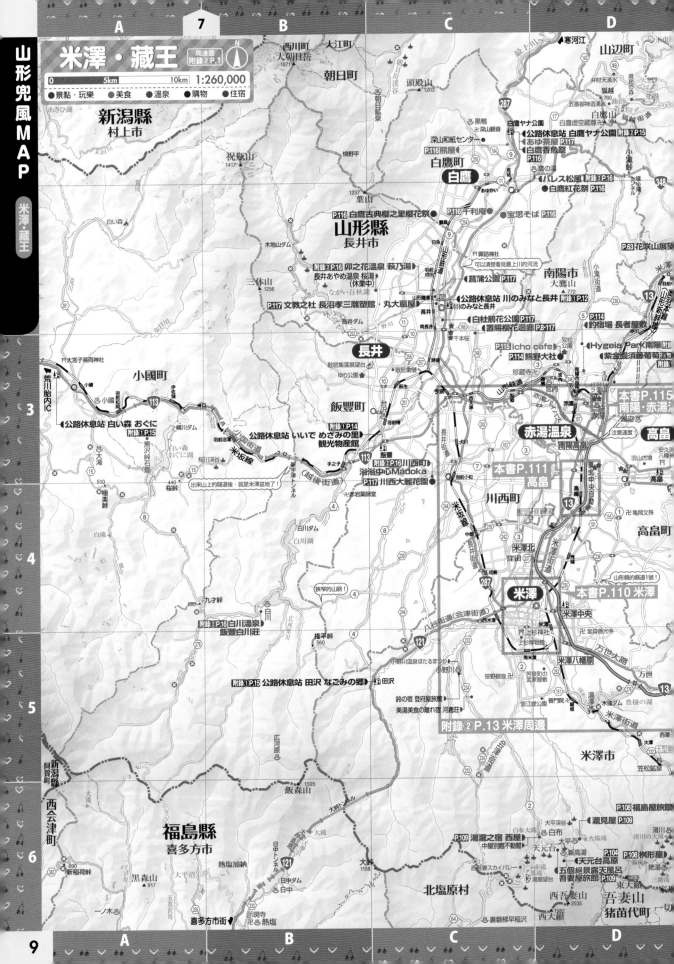

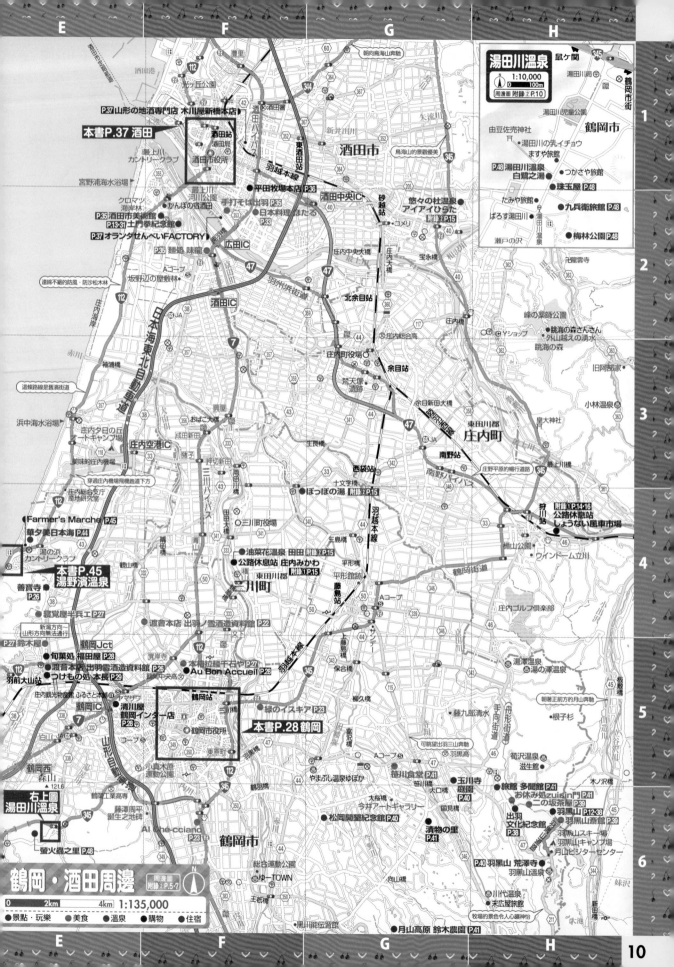

湯田川溫泉
鶴岡市街
鼠ヶ関
345
湯田川局
1:10,000
0　　100m
周邊圖 附錄②P.10
鶴岡市
湯田川児童公園
由豆佐売神社
湯田川の乳イチョウ
ますや旅館
P.48 湯田川温泉
白鷺之湯
つかさや旅館
珠玉屋 P.48
たみや旅館
ばろす湯田川
九兵衛旅館 P.48
湯田川
温泉
梅林公園 P.48
瀬戸の沢

1

2

酒田市

手打そば出羽 P.35
日本料理ほたる P.33
平田牧場本店 P.36
酒田中央IC
砂越駅
悠々の杜温泉
アイアイひらた
附録❶P.15
コメリ
宝永橋

本書P.37 酒田
P.37山形の地酒専門店 木川屋新橋本店
酒田站
酒田局
酒田市役所
最上川
カントリークラブ
宮野浦海水浴場
クロマツ
海岸林
かんぽの宿酒田
P.35 酒田市美術館
P.13-31 土門拳紀念館
P.37 オランダせんべいFACTORY
P.55 麺處 味龍
広田IC
Aコープ
坂野辺の屋敷林
連綿不絶の防風・防沙松木林
庄内中央大橋
庄内大橋

3

湯の浜
カントリークラブ
善寶寺 P.26
寝覚屋半兵エ P.27
P.27 鈴木屋
旬菓処 福田屋 P.28
渡會本店 出羽雪酒造資料館 P.26
つけもの処 本長 P.29
羽前大山站
庄内観光物産館ふるさと本舗
鶴岡IC

Farmer's Marche P.45
華夕美日本海 P.44

本書P.45
湯野濱温泉

庄内空港IC

4

本格拉麺下石や P.27
Au Bon Accueil P.28

三川町

ほっぽの湯 附録❷P.15

油菜花温泉 田田 附録❷P.15
公路休息站 庄内みかわ
附録❶P.15

鶴岡Jct

112

緑のイスキア P.23

本書P.28 鶴岡

5

鶴岡站
鶴岡市役所

鶴岡西
森山

右上圖
湯田川温泉

螢火蟲之里 P.48

藤沢周平
誕生之地碑

Al che-cciano P.23

鶴岡市

松岡開墾紀念館 P.40
漬物の里 P.41

やまぶし温泉ゆぱか
今井アートギャラリー

笹川食堂 P.41
玉川寺 庭園 P.40
多聞館 P.41
お休み処zuisin門 P.41
二の坂茶屋 P.41
出羽
文化紀念館 P.38
羽黒山
羽黒山斎館 P.39
羽黒山スキー場
羽黒山キャンプ場
月山ビジターセンター

6

P.40 羽黒山 荒澤寺
羽黒山温泉

鶴岡・酒田周邊
周邊圖
附錄②P.5-7
0　　2km　　4km　1:135,000
●景點・玩樂　●美食　●温泉　●購物　●住宿

E　　　　　F　　　　　G　　　　　H

10

月山高原 鈴木農園 P.41

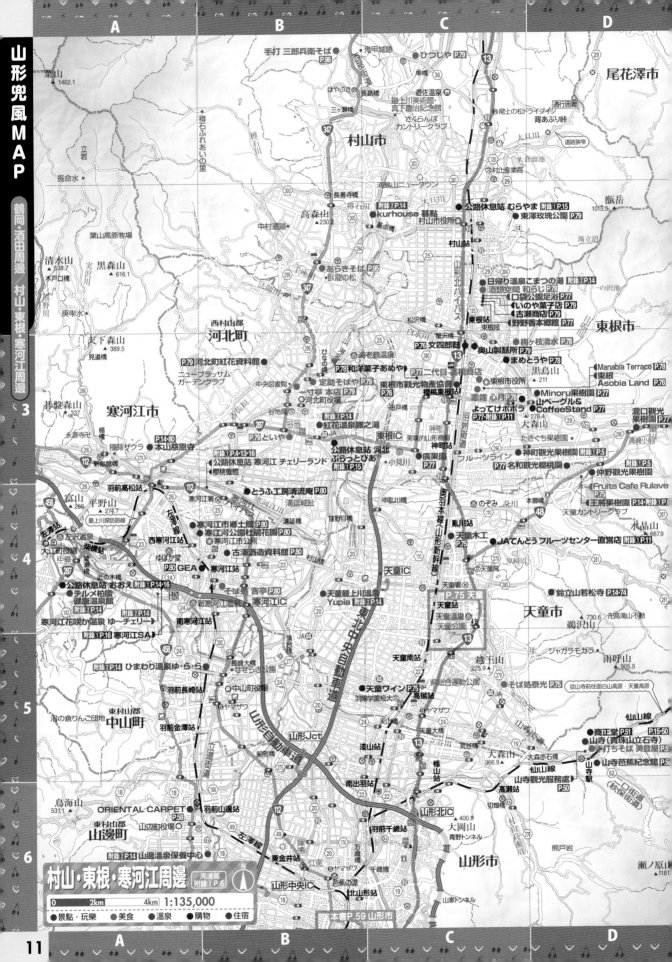

山形市・藏王周邊

0 ――― 2km ――― 4km 1:100,000

●景點・玩樂　●美食　●溫泉　●購物　●住宿

12

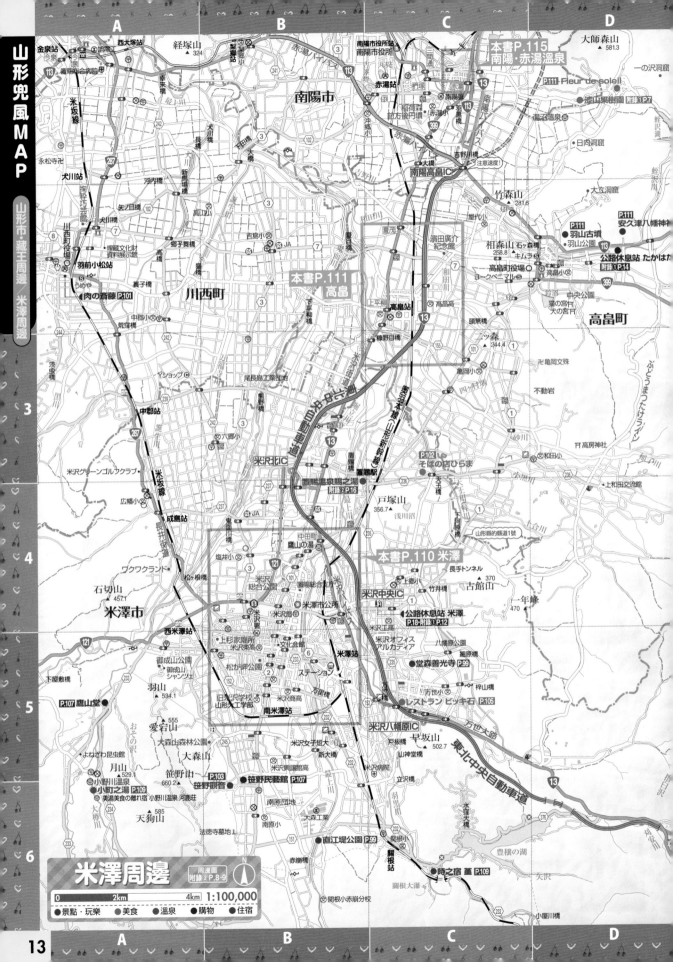

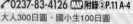
山形自動車道 寒河江SA智慧型IC約6km

大江町 テルメ柏陵健康溫泉館
てるめはくりょうけんこうおんせんかん

☎0237-83-4126 **MAP**附錄②P.11 A-4

大人300日圓、國小生100日圓

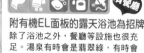 有榮櫃

附有機EL面板的露天浴池為招牌。除了浴池之外，餐廳等設施也很充足。湯泉有時會是翡翠綠，有時會變乳白色。

🕐6:00～20:30（21:00閉館）
休第1週四（逢假日則營業）
所大江町藤田831-40 P免費

山形自動車道 寒河江SA智慧型IC即到

寒河江市 寒河江花咲か溫泉 ゆ～チェリー
さがえはなさかおんせんゆ～ちぇりー

☎0237-83-1414 **MAP**附錄②P.11 A-4

大人350日圓、1歲～國小生150日圓

 有榮櫃

可欣賞四季景觀的露天浴池
源泉放流的大浴池裡有3個泉質各異的浴池。充滿開放感的露天浴池可眺望藏王和月山等。

🕐6:00～22:00（入館為21:00）
休第1週一 所寒河江市寒河江久保15 P免費

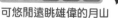
東北中央自動車道 天童IC約1km

天童市 天童最上川溫泉 Yupia
てんどうもがみがわおんせんゆぴあ

☎023-651-3333 **MAP**附錄②P.11 B-4

大人300日圓、國小生100日圓

 有榮櫃

可悠閒遠眺雄偉的月山
從大露天浴池可一覽月山和葉山的優美風景。有寢湯也有三溫暖。推薦泡完湯後可以吃這裡的特製霜淇淋（250日圓）。

🕐6:30～20:30（21:00閉館）
休第2週一（逢假日則翌日休）
所天童市藤內新田1620-1 P免費

網羅所有市町村！

Yamagata

不住宿溫泉

山形的所有市町村都有溫泉湧出。旅遊途中可順道經過的不住宿溫泉、入浴設施都在這裡一併介紹！

35

山形自動車道 寒河江SA智慧型IC約15km

朝日町 蘋果溫泉
りんごおんせん

☎0237-67-7888 **MAP**附錄②P.6 E-6

大人300日圓、國小生200日圓

有榮櫃

被酸酸甜甜的香氣環繞
位於蘋果的名產地、朝日町的不住宿溫泉設施，浴池裡有蘋果漂浮著。餐廳「ひめさゆり」的蘋果麵（770日圓）和鴕鳥料理（需預約）最有人氣。

🕐6:00～20:30（21:00閉館）、露天浴池為8:00～18:30（19:00閉館）休無休 所朝日町宮宿1353-1 P免費

山形自動車道 寒河江IC約3Km

中山町 ひまわり溫泉ゆ・ら・ら
ひまわりおんせんゆらら

☎023-662-5777 **MAP**附錄②P.11 B-5

大人300日圓、國小生150日圓

有榮櫃

可住宿的公共溫泉
周邊有運動設施，休閒過後可紓緩身心，深受歡迎。滑順的湯泉大受好評，在大浴場有熱湯和溫湯2種源泉可浸泡。

🕐6:00～21:00（22:00閉館）、12～2月為6:30～ 休第3週一（逢假日則翌日休）所中山町いずみ1 P免費

東北中央自動車道 東根IC約10km

東根市 日帰り溫泉こまつの湯
ひがえりおんせんこまつのゆ

☎0237-42-1551（石亭小松）**MAP**附錄②P.11 C-2

大人400日圓、3歲～國小生250日圓

有榮櫃

一邊煮溫泉蛋，一邊泡湯
旅館「石亭小松」的不住宿溫泉設施。正面大門口旁有煮溫泉蛋的鍋子，可自由使用。

🕐6:00～21:30（22:00閉館）
休無休 所東根市東根溫泉2-11-1 P免費

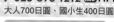
山形自動車道 山形藏王IC約17km

山形市 湯之花茶屋 新左衛門之湯
ゆのはなちゃやしんざえもんのゆ

☎023-693-1212 **MAP**P.71

大人700日圓、國小生400日圓

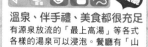 有榮櫃

溫泉、伴手禮、美食都很充足
有源泉放流的「最上高湯」等各式各樣的湯泉可以浸泡。餐廳有「山形牛」和蕎麥麵可以享用。

🕐10:00～18:00（18:30閉館），週六、日、假日為10:00～21:00（21:30閉館）休每月1日不定休（2、8月無休）所山形市藏王溫泉川前905 P免費

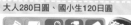
東北中央自動車道 東根IC約3km

河北町 紅花溫泉雛之湯
べにばなおんせんひなのゆ

☎0237-71-0333 **MAP**附錄②P.11 B-3

大人280日圓、國小生120日圓

有榮櫃

使用源泉本身的湯池著稱
可使用源泉本身的高溫不住宿入浴設施。對易冷體質、關節痛、神經痛有效，因此很有人氣。

🕐6:00～21:00（22:00閉館）
休第2週四（逢假日則有變更）
所河北町谷地下野269 P免費

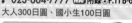
東北中央自動車道 山形中央IC約4km

山邊町 山邊溫泉保養中心
やまのべおんせんほようせんたー

☎023-664-7777 **MAP**附錄②P.11 B-6

大人300日圓、國小生100日圓

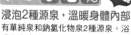 有榮櫃

浸泡2種源泉，溫暖身體內部
有單純泉和鈉氯化物泉2種源泉。浴場有全身浴、水柱浴、按摩池，還有露天浴池可以使用。

🕐6:30～20:30（21:00閉館）
休第4週三（6月休第4週一～三）
所山邊町大塚近江801 P免費

東北中央自動車道 東根IC約12km

村山市 kurhouse 碁點
くあはうすごてん

☎0237-56-3351 **MAP**附錄②P.11 C-2

大人350日圓、國小生150日圓
（SPA池另計、同費用）

有榮櫃

有多種浴池的休閒溫泉
可眺望最上川的露天浴池大受好評。戶外的SPA池使用的是溫泉，冬天也能使用。

🕐6:00～20:00（21:00閉館）、SPA池為9:00～20:30（21:00閉館）、12～3月為～19:30（20:00閉館）休不定休（SPA池休週二、不定休）所村山市碁点1034-7 P免費

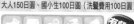
往下大湯走東北中央自動車道 山形上山IC約5km

上山市 上山溫泉共同浴場
かみのやまおんせんきょうどうよくじょう

☎023-672-0839（上山市觀光物產協會）**MAP**P.63 B-1

大人150日圓、國小生100日圓（洗髮費用100日圓）

有榮櫃

連續泡奧州三樂鄉的湯宇
上山溫泉街有6座共同浴場。其中一個「下大湯」，據說澤庵和尚也曾來泡過。

🕐視設施而異，下大湯為6:00～22:00 休視設施而異，下大湯無休 所上山市上山溫泉各處 P利用鄰近的停車場

 毛巾　 沐浴乳　 肥皂・沐浴乳　 洗髮精　 吹風機　 免費　 收費　無

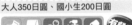

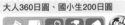

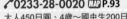

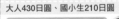

山形的不住宿溫泉&不住宿入浴 全35間

東北中央自動車道 尾花澤IC約3km

大石田町
あったまりランド深堀
あったまりらんどふかぼり

☎0237-35-5055 MAP 附錄②P.6 G-2
大人400日圓、國小生100日圓
〔有餐廳〕

大浴場有50個榻榻米之大
源泉放流的露天浴池裡有以招來幸運的公三毛貓為概念的「貓浴池」。另設有休息室。

🕐6:30～21:30(22:00閉館)、10～3月為8:00～ 🈺第4週二(逢假日則翌日休) 所大石田町豊田884-1 ℗免費

東北中央自動車道 尾花澤IC約6km

尾花澤市
月之澤溫泉北月山莊
とくらこおんせんはながさのゆ

☎0237-24-1160 MAP 附錄②P.6 G-2
大人350日圓、國小生150日圓
〔有餐廳〕

附包廂的家族浴池大受好評
可一邊眺望因「花笠舞」發祥地而聞名的德良湖，一邊泡湯。附包廂的家族浴池也很有人氣。

🕐8:00～21:00(21:30閉館)、依時節而異 🈺第3週三(逢假日則翌日休)、2、3月休第1、3週三 所尾花沢市尾花沢5151-67 ℗免費

日本海東北自動車道 庄内空港IC約8Km

三川町
油菜花溫泉 田田
なのはなおんせんでんでん

☎0235-66-4826 MAP 附錄②P.10 F-4
大人430日圓、國小生160日圓
〔有餐廳〕

2座湯量充沛的源泉充滿魅力
2座不同泉質的源泉注入岩浴池浴場和石浴池浴場。每間浴室都有的負離子室和遠紅外線三溫暖，也深受好評。

🕐6:00～21:15(22:00閉館)、第3週三為17:00～ 🈺6、12月的第3週二、週三 所三川町横山堤172-1 ℗免費

山形自動車道 西川IC約6km

西川町
水澤溫泉館
みずさわおんせんかん

☎0237-74-4433 MAP 附錄②P.6 E-4
大人300日圓、國小生100日圓
〔有餐廳〕

浸泡名水，享受奢侈的一刻
有2座浴場，都有完善的三溫暖設施。使用名水「月山自然水」原水的檜木浴池最有人氣。每週男女輪流制。

🕐6:00～20:30(21:00閉館)、12～翌3月為8:00～19:30(20:00閉館) 🈺第2週二(逢假日則有所變更) 所西川町水沢2304 ℗免費

東北中央自動車道 新庄IC約15km

戸澤村
いきいきランドぽんぽ館
いきいきらんどぽんぽかん

☎0233-72-3600 MAP 附錄②P.4 E-6
大人350日圓、4歲～國小生200日圓
〔有餐廳〕

以東北最大級的室內砂浴池著稱
有東北最大級的砂浴池、大浴場、藥湯，還有穿泳衣玩樂的滑水道和溫水游泳池等。

🕐9:00～19:30(20:00閉館)、5～9月為～20:30(21:00閉館) 🈺第2、4週三 所戸沢村松坂野口155 ℗免費

東北中央自動車道 新庄IC約28km

最上町
最上町WELLNESS PLAZA
もがみまちうぇるねすぷらざ

☎0233-43-3181 (最上町高齡者綜合福祉中心) MAP 附錄②P.4 G-6
大人310日圓、國小・國中生150日圓

溫泉療效促進健康
以溫泉治療為目的，將保健・醫療・福祉一體化的綜合設施。有天然溫泉的不住宿入浴設施也對一般人開放。

🕐9:00～21:00(週一為～19:00) 🈺無休 所最上町向町43-1 ℗免費

山形自動車道 庄内あさひIC約30Km

庄内町
德良湖溫泉 花笠之湯
つきのさわおんせんきたがっさんそう

☎0234-59-2137 MAP 附錄②P.7 D-2
大人350日圓、國小生200日圓

位於立谷澤川上游的奧座敷之湯
眺望山川交織而成的絕景，享受泡湯樂趣。此處為縣內罕見的酸性湯泉，可溫暖身體內部。

🕐10:30～18:00(夏季為17:00) 🈺第2週二 所庄内町立谷沢西山1-67 ℗免費

日本海東北自動車道 酒田中央IC約7Km

酒田市
悠々の杜溫泉 アイアイひらた
ゆうゆうのもりおんせんあいあいひらた

☎0234-61-7520 MAP 附錄②P.10 G-2
大人450日圓、國小生200日圓
〔有餐廳〕

展望浴池可一覽整片庄内平原
有大片窗戶的展望浴池視野絕倫。也有可眺望鳥海山的露天浴池和三溫暖。餐廳可吃到平田牧場的「三元豬」。

🕐9:00～22:00 🈺第1、3週二(逢假日則營業) 所酒田市山楯南山32-4 ℗免費

東北中央自動車道 新庄IC約24km

真室川町
真室川溫泉梅里苑
まむろがわおんせんばいりえん

☎0233-62-2373 MAP 附錄②P.4 E-5
大人360日圓、國小生200日圓

眺望靈峰、月山、葉山
有具開放感的大浴場、三溫暖、休息室，可以度過悠閒時光。鄰接住宿設施。

🕐6:00～20:30(21:00閉館)、11～3月為7:00～ 🈺第4週一(逢假日則營業) 所真室川町平岡894-2 ℗免費

東北中央自動車道 新庄IC約8km

新庄市
スーパー銭湯 しみずの湯
すーぱーせんとうしみずのゆ

☎0233-28-0020 MAP P.93
大人450日圓、4歲～國中生200日圓
〔有餐廳〕

享受種類豐富的湯泉
鐳浴池、按摩浴池、露天浴池等，共有13種湯泉可浸泡的公共浴池。也有按摩區和餐廳。

🕐10:00～21:30(22:00閉館) 🈺週三 所新庄市五日町1284-35 ℗免費

日本海東北自動車道 酒田みなとIC約14km

遊佐町
鳥海溫泉保養中心 Apon西濱
ちょうかいおんせんほようせんたーあぽんにしはま

☎0234-77-3333 MAP 附錄②P.5 B-3
大人400日圓、國小生170日圓
〔有餐廳〕

在夕陽名勝泡湯
除了大浴場之外，還有三溫暖、超音波浴池、露天浴池等各式各樣的浴場設施。位於停車場的足浴可免費使用。

🕐6:00～21:30(22:00閉館) 🈺第2、4週一(有可能變更) 所遊佐町吹浦西浜2-70 ℗免費

日本海東北自動車道 庄内空港IC約7Km

鶴岡市
ぽっぽの湯
ぽっぽのゆ

☎0235-64-4126 MAP 附錄②P.10 F-4
大人430日圓、國小生210日圓
〔有餐廳〕

在和風・洋風的大浴場裡悠閒泡湯
可一邊泡湯，一邊眺望庄內平原、鳥海山和月山。設有遠紅外線三溫暖，大浴場使用鐳礦石。

🕐6:00～21:30(22:00閉館) 🈺第2週四、6、11月有臨時休業 所鶴岡市長沼宮前266-1 ℗免費

東北中央自動車道 米沢IC約28km

白川溫泉飯豐白川莊
飯豐町
しらかわおんせんいいでしらかわそう

☎0238-77-2124 MAP 附錄②P.9 B-4

大人400日圓、國小生150日圓

有袋類

可眺望飯豐連峰美景的浴池
以湯泉帶有一點綠色的眺望浴池著稱。底下是白川的淙淙河流，正面則可遠眺飯豐連峰的群山。

🕐8:00～8:30、9:30～20:00 休不定休 所飯豐町数馬218-1 P免費

東北中央自動車道 南陽高畠IC約20km

卯之花溫泉 萩乃湯
長井市
うのはなおんせんはぎのゆ

☎0238-84-1387 MAP 附錄②P.9 C-2

450日圓、10歲以下250日圓、岩盤浴1300日圓

有袋類

功效新穎的岩盤浴超有人氣
有天然石的露天浴池和岩盤浴，具有紓緩壓力和美肌等功效的「毒物興奮效應岩盤浴」也很有人氣。

🕐10:00～21:00(22:00閉館)、第1週一為13:00～ 休第3週四 所長井市成田2170-2 P免費

東北中央自動車道 新庄IC約25km

ホットハウスカムロ
金山町

☎0233-52-3400 MAP 附錄②P.4 F-4

大人300日圓、國小生100日圓

有袋類

銘木・金山杉漂香的浴池
有大量使用金山杉的大浴場和三溫暖。可在免費休息區度過悠閒時光。

🕐6:00～21:30(22:00閉館) 休無休 所金山町有屋1400 P免費

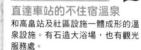

東北中央自動車道 舟形IC約4km

川西町浴浴中心まどか
舟形町
ふながたわかあゆおんせんせいりゅうせんたー

☎0233-32-3655 MAP 附錄②P.6 F-1

大人380日圓、國小生180日圓

有袋類

地理位置極佳的美肌之湯
位於戶外活動設施「AYUKKO村」之內，以絕佳的地理位置著稱，從大浴場可眺望月山和葉山。

🕐6:30～21:00(21:30閉館)、11月～3月為8:30～20:00(20:30閉館) 休第2週三(逢假日則翌日休) 所舟形町長沢8067 P免費

東北中央自動車道 米沢北IC約70km

飯風山莊
小國町
いいでさんそう

☎090-5234-5002(冬季請打梅花皮莊 0238-64-2111) MAP 附錄②P.3 A-7

大人500日圓、國小生300日圓

有袋類

湯泉湧於飯豐連峰的溫泉療養地。據傳是有獵人發現熊泡湯療傷而開湯。可享受靠近源泉的偏熱湯泉。

🕐7月左右～11月上旬(依積雪狀況有所變動)、10:00～19:00 休不定休 所小國町小玉山663-3 P免費

東北中央自動車道 南陽高畠IC約5km

高畠町太陽館
高畠町
たかはたまちたいようかん

☎0238-57-4177 MAP P.111

大人300日圓、3歲～國中生100日圓

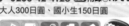

直達車站的不住宿溫泉
和高畠站及社區設施一體成形的溫泉設施。有石造大浴場，也有觀光服務處。

🕐7:00～21:30(22:00閉館)、週一為～21:00(入館為～20:30) 休第2週一(逢假日則翌日休) 所高畠町山崎200-1 P免費

東北中央自動車道 米沢IC約3km

置賜溫泉賜之湯
米澤市
おいたまおんせんたまのゆ

☎0238-37-4126 MAP 附錄②P.13 B-4

大人300日圓、1～9歲100日圓、砂浴池套票1500日圓

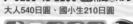

充滿大自然恩惠的砂浴池
名產砂浴池使用的是不含鹽分・有機成分的水晶砂。可在露天浴池和寢湯欣賞四季景色。

🕐5:30～21:30(22:00閉館) 休無休 所米澤市上新田2300-1 P免費

山形自動車道 西川IC約58Km

共同浴場 上之湯
大藏村
きょうどうよくじょうかみのゆ

☎0233-76-2211(肘折溫泉觀光服務處) MAP 附錄②P.7 A-6

大人250日圓、國小生以下100日圓

聚集許多穿浴衣的溫泉遊客
使用為肘折溫泉發祥之地的上之湯源泉。注入石造浴池的湯泉，自古便傳說有能夠療傷的功用。

🕐8:00～18:00、12～3月為～17:00 休無休 所大藏村南山肘折溫泉 P利用鄰近的停車場

東北中央自動車道 山形上山IC約30km

パレス松風
白鷹町
ぱれすしょうふう

☎0238-85-1001 MAP 附錄②P.9 D-1

大人300日圓、國小生150日圓

有袋類

100%源泉的美肌之湯
位於「故鄉的森林公園」當中，可住宿。從全面設置大玻璃窗的大浴場可將白鷹町盡收眼底。

🕐10:00～20:00(21:00閉館) 休偶數月的第2週二 所白鷹町十王5687-8 P免費

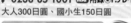

東北中央自動車道 南陽高畠IC約16km

舟形若あゆ溫泉清流中心
川西町
かわにしまちわかよくせんたーまどか

☎0238-42-4126 MAP 附錄②P.9 C-3

大人300日圓、國小生150日圓

有袋類

川西大麗花園附設的溫泉設施
湯量充沛的自家源泉充滿魅力，可在充滿開放感的浴池內悠閒泡湯。並附設餐點會隨季節替換的餐廳。

🕐7:00～21:30(22:00閉館) 休第4週一(逢假日則翌日休) 所川西町上小松5095-36 P免費

東北中央自動車道 南陽高畠IC約8km

Hygeia Park南陽
南陽市
はいじあぱーくなんよう

☎0238-45-2200 MAP 附錄②P.9 D-3

大人540日圓、國小生210日圓

可享受溫泉休閒之樂
大浴場有能夠一覽飯豐連峰和置賜平原的露天浴池等，總共有7種浴池。夏天也有開放游泳池。

🕐10:00～21:00(21:30閉館) 休週一(逢假日則營業) 所南陽市上野1855-10 P免費

東北中央自動車道 新庄IC約20km

羽根澤溫泉共同浴場
鮭川村
はねさわおんせんきょうどうよくじょう

☎0233-55-2081(紅葉館) MAP 附錄②P.4 E-5

大人200日圓、國小生100日圓

佇立於閒逸場所的共同浴場
位於山間的溫泉地。羽根澤地區集會所1樓的共同浴場。使用源泉放流的湯泉，泡完湯後肌膚會變得光滑柔嫩。

🕐8:00～18:00(11～3月為～17:00) 休無休 所鮭川村中渡1321 P免費

山形的不住宿溫泉&不住宿入浴 全35間

 毛巾　 沐浴乳　 肥皂・沐浴乳　 洗髮精　 吹風機　 免費　 收費　 無

山形日和。

山形縣的接待課長
KITEKERO KUN
側臉為山形縣形狀的山形縣吉祥物。頭上戴著有櫻桃吊飾的帽子，拖著裝滿「山形美食」的旅行箱，愉快地在山形旅行。

大家請來山形玩吧♪

嗯～嗯～像嗎!?

開山1400年的靈地

天籟閒寂，蟬聲入山岩

可拆下使用！
二大特別附錄！

❶ YAMAGATA 山形水果王国 完全NAVI

❷ 山形兜風 MAP 🚗

* Yamagata 不住宿溫泉 35

＊果樹園
＊滿滿的水果甜點
＊酒廠
＊産地直送市場
＊公路休息站
＊霜淇淋＆
　義式冰淇淋

水果王國的絕品聖代

YAMAGATA 山形水果王國 完全NAVI

山形兜風MAP

景點　玩樂　美食　咖啡廳　購物　溫泉

沖繩
Best Spot
絕景海灘
美景夫空
定價：350 元

上高地
乘鞍 奧飛驒溫泉鄉
定價：360 元

四國
一筆掌握
周遊旅
定價：420 元

京都
大阪神戶
日本環球影城攻略手冊
暢遊三都
精采旅程
350 元

城崎天橋立
竹田城跡
天橋立
海外湯
城崎溫泉
竹田城跡
定價：360 元

關西
親子遊
吸睛&最夯
遊樂景點
定價：399 元

親子遊
關東
小朋友超HAPPY
定價：420 元

親子遊
九州
最新&吸睛
出遊景點
定價：380 元

廣島宮島
尾道 吳 島波海道
嚴島神社
380 元

岡山倉敷
蒜山高原
岡山後樂園
美觀地區
定價：360 元

山陰
鳥取 松江 萩
出雲大社
前往令人永生難忘的
名勝巡禮
定價：380 元

滋賀 琵琶湖
長濱 彥根 大津
enjoy
琵琶湖
定價：360 元

岐阜
飛驒高山
白川鄉
絕景之旅
定價：320 元

北海道
Best Plan
北海道
36
350 元

函館
大沼 松前 江差
函館美食BOOK
港町Trip
定價：360 元

東北
東北地方の
環遊旅行
北海道新幹線
定價：380 元

青森
津輕
十和田
奧入瀨溪流
弘前洋溢
定價：380 元

仙台松島
宮城
仙台站
美食×絕景
定價：380 元

東京觀光
東京迪士尼海洋
200
420 元

日光那須
鬼怒川 鹽原
日光東照宮
定價：380 元

伊豆箱根
首先泡湯之旅
定價：420 元

輕井澤
走訪
優雅經典的
療癒聖地
定價：360 元

富士山
富士五湖
富士宮
河口湖
山中湖
登山吧！
玩樂吧！
定價：360 元

呀咻、嘛咻咻

在採集完櫻桃之後，前往可眺望櫻桃田的「王將果樹園」的咖啡廳 →附錄①P.5

一次可容納200人的藏王溫泉大露天浴池，陽光灑落在樹梢上，感覺相當愜意舒適 →P.64

歡迎來到水母悠然徜泳的夢幻世界♪ →P.20

歡迎來到將棋之鄉

歡迎來到日本第一的

歡迎享用水果王國的極品甜點♪

確認各地區的位置和景點

山形快速導覽！

從藩政時代開始，山形縣可分為庄內、最上、村山、置賜4個地區。每一區都有不同的文化，特色景點遍布各地。事先掌握每一區的地理位置和特色，可有助於旅行計畫的訂定。

看起來像什麼？
山形縣的形狀

山形縣的形狀很特殊，看起來就像是人張開嘴巴的側臉。庄內地區為鼻子，置賜地區為下巴，縣廳則位於臉頰的位置。

秋田縣

日本海

鳥海山・飛島地質公園在這裡！

聳立於山形和秋田縣境的鳥海山，與酒田市外海的飛島所組成的地質公園。可在廣大的自然土地上，參與旅遊導覽行程或體驗高山健行之旅。

🚗 約1小時40分

鳥海山周邊

銀山溫泉
在這裡！
江戶時代初期延澤銀山的礦工發現的溫泉。大正末期到昭和初期銀山川沿岸建蓋了許多木造多層建築的旅館。

鶴岡市立加茂水族館 在這裡！

專門展示水母的超人氣水族館。約有2000隻水母在直徑5m的圓形水槽「水母夢之劇場」中徜徉，畫面非常壯觀。

🚗 約35分

酒田

鶴岡・酒田 出羽三山地區

湯野濱溫泉
鶴岡市立加茂水族館
鶴岡
湯田川溫泉
出羽三山
溫海溫泉

庄內機場

最上

新庄

大自然環繞的 最上地區

除了有和芭蕉息息相關的名勝景點——最上川之外，這個區域也是個歷史悠久的溫泉地。被譽為蕎麥麵聖地的「蕎麥三街道」（→P.94）也在這裡。

最上 新庄・銀山溫泉地區
肘折溫泉
大石田

尾花澤
銀山溫泉

🚗 約1小時15分

宮城縣

擁有各式美食的 庄內地區

這個區域有因北前船交易而繁盛的港埠城市——酒田，和懷舊古風的城下町——鶴岡等景點。也別忘了遊覽出羽三山，以及品嘗各種海陸美食。

新潟縣

🚗 約1小時40分

村山
東根
天童
寒河江
山寺

山形市區・藏王
天童・上山地區

山寺在這裡！

松尾芭蕉曾造訪並留下名句的觀光勝地，也是個著名的能量景點，莊嚴神聖的氣氛壟罩著整座山。從五大堂的眺望出去的景色相當優美。

上杉家的淵源之地 置賜地區

江戶時代由米澤藩上杉氏統治的區域。在城下町——米澤可巡訪與上杉家息息相關的歷史遺跡，還可大啖「米澤牛」。此外，也推薦去到赤湯溫泉泡湯，以及參觀酒廠。

東北中央自動車道 開通！

連結山形和福島市，經由米澤的區間道路開通後，前往米澤的交通路線變得更加方便。米沢中央IC附近的「公路休息站 米沢」（→P.18）也正式開幕。

白鷹
長井
今泉
赤湯溫泉
南陽
高畠

米澤・赤湯地區
米澤

福島縣

山形市區
藏王
上山溫泉

盛產水果的 村山地區

此地區有藏王連峰等群山環繞。除了山寺、御釜等景點外，還有許多特色溫泉。東根和寒河江是櫻桃的著名產地。

🚗 約1小時15分

米澤八湯

3天2夜推薦行程

JR鶴岡站
↓
羽黑山
↓
鶴岡
↓
鶴岡市立加茂水族館
↓
住宿湯野濱溫泉
↓
酒田
↓
最上川
↓
住宿銀山溫泉
↓
山寺（寶珠山立石寺）
↓
JR天童站

山形之旅 **Q&A**

Q 住幾晚最恰當？
如果只鎖定一個地區遊玩主要觀光景點的話，2天1夜也沒問題。如果要玩村山和庄內，或是多數地區的話，玩3天2夜以上最好。和置賜時間，玩3天2夜以上為佳。

Q 最方便的移動方式為？
此區間內以及前往郊外景點的大眾運輸交通工具少，因此若自行開車等都很方便。山形市或鶴岡等市中心運行有便利的循環巴士。

Q 旅遊的據點該選哪裡？
旅遊的起點為新幹線會經過的山形市區，由此開車到米澤約1小時、到銀山溫泉約1小時15分，則建議以山形市或鶴岡酒田的庄內地區為據點。若要前往出羽三山座落的庄內地區，搭乘大眾運輸工具，山形市到鶴岡車程約1小時10分。

Q 哪個季節去比較好呢？
春天有櫻花和新綠，夏天有熱鬧的祭典，秋天有美麗的紅葉，冬天有閃耀眩目的景色。山形在四季都可欣賞到不同的四季風景，不妨先選定遊訪的地點景點後，再來選擇最適合的季節吧！

Q 第一次去山形，該去哪裡好呢？
山形縣內到處都可以先選出自己想去的觀光景點，與想要參加的活動再來決定主要遊玩區域。也可參與在特定時節舉辦的摘果套裝行程。

鶴岡市立加茂水族館 →P.20
つるおかしりつかもすいぞくかん

展示世界約50種以上的水母，在水中發光的水母看起來相當夢幻。餐廳裡也可品嘗到水母料理。

水母水族館和山中的空氣很療癒

鶴岡·酒田
出羽三山
つるおか・さかた・でわさんざん →P.19

保留懷舊氣息的城下町老街·鶴岡是著名的美食街，水母水族館和出羽三山也都是不可錯過的景點。來到酒田則可觀賞歷史建築和料亭建築，緬懷昔日榮景。

標準遊玩行程
- ☆在鶴岡市立加茂水族館觀賞水母
- ☆在出羽三山感受山岳信仰

住宿處可選這裡！

溫海溫泉 →P.46
あつみおんせん

據傳是因為流入的溫泉讓海水變熱，故得此名。溫泉街上有許多穩重高雅的老字號旅館林立，300年歷史的早市也相當有名。

出羽三山 →P.38
でわさんざん

羽黑山、月山、湯殿山的總稱。羽黑山頂有供奉三山之神的三神合祭殿，連綿至山頂的杉木林是米其林指南三顆星的景點。

湯野濱溫泉 →P.44
ゆのはまおんせん

可在溫泉浴池中眺望沒入日本海的夕陽，享受最奢侈的悠閒時光。此外還有很多可以享用新鮮漁產料理的旅館。

懷舊遊船之旅&復古溫泉街

最上
新庄·銀山溫泉 →P.81
もがみ・しんじょう・ぎんざんおんせん

標準遊玩行程
- ☆最上川遊船
- ☆在銀山溫泉的溫泉街散步

這個區域保留了雄偉的大自然景觀，除了芭蕉也很喜歡的最上川遊船，還有日本最大的巨木群生林「幻想之森」等景點。古色古香、充滿大正浪漫風情的銀山溫泉也是必訪的觀光地。

住宿處可選這裡！

銀山溫泉 →P.84
ぎんざんおんせん

木造旅館林立的懷舊溫泉地。走在街上沿途可泡泡足浴，逛逛伴手禮店。

最上川 →P.88
もがみがわ

最上川流量充沛，可聽著船夫吟唱船歌，乘著船順流而下，舒適愜意。還可將芭蕉也曾欣賞過的閒逸風景盡收眼底。

肘折溫泉 →P.86
ひじおりおんせん

開幕以來已有1200年歷史的溫泉療養地。名字的由來據傳是有位手肘骨折的老僧，泡了這裡的溫泉之後傷就痊癒了。

在上杉家淵源之地，感受歷史的浪漫

米澤·赤湯
よねざわ・あかゆ →P.97

標準遊玩行程
- ☆在米澤的城下町散步
- ☆在高畠、南陽參觀酒廠

這裡是統治米澤藩的上杉家淵源之地。可在保留沉穩風情的城下町·米澤巡訪歷史古蹟，品嘗米澤牛。此外還能浸泡赤湯溫泉的著名湯池和參觀酒廠。

上杉神社 →P.98
うえすぎじんじゃ

供奉上杉謙信的神社。位於米澤城主城遺跡中，神社境內有上杉謙信和上杉鷹山的銅像。上杉神社的寶物殿「稽照殿」中，展示了許多上杉謙信相關的古文物。

住宿處可選這裡！

米澤八湯 →P.108
よねざわはっとう

米澤市郊外8座特色溫泉的總稱。浴池種類豐富，適合在悠閒地到處去泡湯。

高畠葡萄酒廠 →附錄①P.8
たかはたわいなりー

高畠葡萄酒廠位於「德瓦拉葡萄」日本產量第一的高畠町。酒廠四周環繞著葡萄田，在此可參觀葡萄酒的製造過程，也有提供葡萄酒試喝。

赤湯溫泉 →P.112
あかゆおんせん

這裡是藩主的泡湯處，開湯已有900年之久。另外也推薦充滿古湯氛圍、富有簡樸之趣的共同浴場。

在山形首屈一指的能量景點·山寺散步

山形市區·藏王
天童·上山 →P.49
やまがたたうん・ざおう・てんどう・かみのやま

標準遊玩行程
- ☆前往芭蕉也造訪過的山寺參拜
- ☆在山形市區的懷舊老街散步

此地區有各式各樣的觀光景點。山寺為山形首屈一指的名勝景點，而藏王則可駕車兜風，還有視野絕佳的露天浴池，天童則是著名的將棋之鄉。芋煮和山形牛等各式各樣的當地美食也是其魅力所在。

山寺（寶珠山立石寺） →P.50
やまでらほうじゅさんりっしゃくじ

爬上1015層的階梯後，可從空中俯瞰遠方絕景。芭蕉來到此地，吟詠了名句「天籟閒寂，蟬聲入山岩」。

山形縣鄉土館「文翔館」 →P.53
やまがたけんきょうどかんぶんしょうかん

曾是縣廳舍和縣會議事堂的建築物，裡面有華麗的吊燈和灰泥裝飾天花板。館內重現了創建當時的樣貌，可入內參觀。

住宿處可選這裡！

上山溫泉 →P.60
かみのやまおんせん

約於560年前開湯，現在有7個溫泉街。藏王連峰和上山城交織而成的景色美不勝收，還可感受宿場町的氛圍。

藏王溫泉 →P.68
ざおうおんせん

規模和歷史都是東北首屈一指的溫泉地。除了有公共浴池之外，飽富野趣的大露天浴池也很受歡迎。

夏

遊佐町 7月上旬
丸池樣
まるいけさま

| 平均氣溫 | 山形：24.9℃ 鶴岡：25.1℃ |

丸池的水源僅源自鳥海山的湧泉，美麗清澈的水面會隨著光線照射變換顏色。當地人認為泉池本身就是神明，因此自古為人民信仰的對象而受到保護。

➡ P.17·42

閃耀著神秘光輝的翡翠綠泉池

春

搭乘Flower長井線來趟賞櫻鐵道之旅吧！

| 平均氣溫 | 山形：10.1℃ 鶴岡：10.3℃ |

南陽市·長井市·白鷹町 4月中旬～下旬
置賜櫻花迴廊
おきたまさくらかいろう

連結南陽市到白鷹町的地方鐵道，Flower長井線沿線上開滿櫻花，這裡稱為「置賜櫻花迴廊」，是著名的賞櫻勝地。可從車窗眺望美麗的粉紅色美景。➡ P.117

☎ 0238-86-0086（白鷹町觀光協會）　自由參觀
所 南陽市～長井市～白鷹町
視場所而異
P 視場所而異
MAP 附錄②P.9 C-3

山形在藏王和月山等「日本百大名山」的環繞下，交織成一片美麗的自然絕景。不管在任何季節來訪，都能看到不同風貌的美景。有些活動觀光客也能參與，建議可在此為旅途增添一筆回憶。

行事曆

| 8月 | 7月 | 6月 | 5月 | 4月 | 3月 |

山形市 2019年6月22日～23日
日本第一櫻桃祭
にっぽんいちさくらんぼまつり

以產量日本第一的櫻桃為主題所舉辦的活動，包括有使用全長30m的竹筒進行的「日本第一巨大流水櫻桃」和「櫻桃大放送」等，內容豐富有趣。

☎ 023-647-2333（日本第一櫻桃祭執行委員會）　所 山形縣鄉土館「文翔館」·七日町大通等處　JR山形站步行20分
P 免費

MAP P.59 B-1

有很多充滿櫻桃愛的特別活動

好玩報你知！
流水櫻桃活動中可品嘗到高級品種「佐藤錦」。數量有限，建議盡早來到會場。

山形市 2019年8月5日～7日

舞者手持紅花斗笠，搭配山形民謠《花笠音頭》表演華麗的群舞。熱鬧的太鼓和氣勢磅礡的吆喝聲響遍整個夏夜。

山形花笠祭
やまがたはながさまつり

➡ P.59

好玩報你知！
終點附近的山形市公所前和遊行隊伍尾端2處開放遊客可隨時加入共舞。

可隨時加入遊行隊伍！
點綴山形夏季熱鬧非凡的華麗祭典

天童市 2019年4月21～22日
天童櫻花祭 人間將棋
てんどうさくらまつりにんげんしょうぎ

天童是將棋產量日本第一的將棋之鄉。在天童公園舉行的人間將棋，會由真人身著盔甲與和服，扮演成將棋棋子，並由職業棋士進行對奕，可說是春天的一大活動。➡ P.74

☎ 023-653-1680（天童市觀光資訊中心）　所 天童市城山（雨天則在天童市市民文化會館）　JR天童站搭接駁巴士10分　P 免費

MAP P.75 A-1

身穿盔甲的武士，化身將棋棋子對奕

好玩報你知！
這裡有將棋交流區，還可體驗棋子製作，不熟悉將棋的人也能玩得開心。另外也會請特別來賓進行脫口秀！

米澤市 2019年4月29日～5月3日

上杉神社和松岬神社聯合舉辦的春天例大祭。約有800名盔甲武士重現上杉、武田兩軍死鬥的「川中島合戰」為最大看點。

米澤上杉祭
よねざわうえすぎまつり

➡ P.103

好玩報你知！
只要事先報名，就有機會打扮成盔甲武士，加入上杉軍隊伍，參與「川中島合戰」。詳情請洽官網。

將謙信和信玄之戰於現代重現

旅客也能參與的體驗型活動

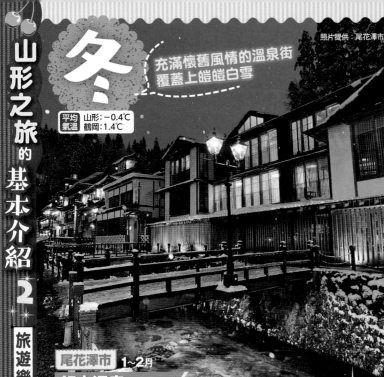

照片提供：尾花澤市

冬

充滿懷舊風情的溫泉街
覆蓋上皚皚白雪

平均氣溫 山形：−0.4℃ 鶴岡：1.4℃

山形之旅 的 基本介紹 2

旅遊樂趣行事曆！

尾花澤市 1～2月

銀山溫泉
ぎんざんおんせん

位於日本數一數二豪雪地帶，尾花澤市的大正浪漫風情溫泉街。建蓋於河川兩岸的傳統木造多層建築和周圍的群山在下雪的冬季顯得格外美麗，擁有居高不下的人氣。

➡P.82

介紹山形限定的
絕佳美景和
熱門體驗型活動！

秋

平均氣溫 山形：13.6℃ 鶴岡：14.8℃

搭乘纜車，
在鮮艷色彩的世界裡漫步

藏王 9月下旬～10月下旬

藏王紅葉
ざおうのこうよう

藏王位於山形和宮城的縣境。一到秋天樹木就會從山頂開始染上顏色，漸漸地鮮艷的紅葉將會布滿整座山頭。從山麓可搭乘纜車，將遼闊的美景盡收眼底。

➡P.70

旅遊樂趣

2月 | 1月 | 12月 | 11月 | 10月 | 9月

肘折溫泉 1月下旬～2月中旬的週六(預定)

肘折幻想雪迴廊
ひじおりげんそうゆきかいろう

在超過3m高的巨大雪壁上點蠟燭，讓柔和的雪中照明壟罩整條溫泉街。3月中旬也會舉辦「大藏雪物語」活動。

📞0233-76-2211
(肘折溫泉觀光服務處)
🚉JR新庄站車程1小時
🅿利用附近的停車場
MAP附錄②P.7 B-5

蠟燭燈火環繞的溫泉街

好玩報你知
大藏村冬天的象徵，巨大雪人「大藏君」會在3月的活動中登場。現場也會招待甜酒和蒟蒻丸子。

尾花澤市 2019年2月23・24日

尾花澤雪祭&
德良湖WINTER JAM
おばなざわゆきまつりあんどとくらこういんたーじゃむ

縣內數一數二傳統的「尾花澤雪祭」和體驗型玩雪活動「德良湖WINTER JAM」會同時舉行。活動內容豐富有趣，無論大人小孩都可以玩得很盡興。

📞0237-22-1111(尾花澤市商工觀光課) 🏠尾花沢市二藤袋1401-6(サンビレッジ徳良湖オートキャンプ場周辺特設会場) 🚉JR大石田站車程15分 🅿免費 MAP附錄②P.6 G-3

好玩報你知
除了可以體驗乘坐雪橇車和雪上摩托車之外，晚上還有蠟燭大道活動。

滿滿的雪上活動

山形市 2019年9月中旬(預定)

日本第一芋煮會祭典
にほんいちのいもにかいふぇすていばる

使用大鐵鍋和挖土機燉煮，盡情享用山形名產・芋煮

芋煮是山形的名產，每年9月都會舉辦芋煮會祭典。祭典中會使用當地食材，在直徑6m的鐵鍋中燉煮3萬人份的芋煮，魄力非凡。還會舉辦各式各樣的舞台活動。

➡P.57

好玩報你知
可品嘗到鍋中剛煮好的熱騰騰芋煮。別忘了事先領取號碼牌。

高畠町 2018年10月5～8日

高畠葡萄酒廠
秋天收穫祭
たかはたわいなりーあきのしゅうかくさい

位於「夏多內」和「德瓦拉」葡萄產量日本第一的高畠町酒廠。收穫祭中除了可品嘗20種以上的葡萄酒之外，還會舉辦葡萄酒品酒大賽和戶外演唱會。

➡P.16・附錄①P.8

📞0238-40-1840 🏠高畠町糠野目2700-1 🚉JR高畠站步行10分 🅿免費 MAP P.111

好玩報你知
夏多內葡萄採收體驗迷你行程中，可親自摘採釀酒用的葡萄。手工香腸製作體驗也有很多人參與。

可以品飲新酒
和採收葡萄

※氣溫和降雨量等資料為1981～2010年的平均數據（日本氣象廳）。

山形 一生美食

地區對抗

沒吃到就不能回去！

孕育豐富漁產的日本海，以及物產豐饒的山形縣，一年四季都可以品嘗到許多美味的食材。本頁將一舉介紹品牌肉和當地料理等山形引以為豪的地方美食，盡情品嚐當地特有的絕品美味吧！

此地區有豐富的海陸食材，使用新鮮海產的壽司和滋味滿點的蔬菜料理都是必吃美食。

此地區還保留著招待客人吃蕎麥麵的傳統，也有很多庄舍蕎麥麵的名店。特產尾花澤西瓜也不容錯過。

此地區自然資源豐富，有很多當地特產的美食。包括入口即化的「米澤牛」，和特殊的傳統蔬菜等。

此地區有為了度過炎夏而誕生的清涼料理，還有山形的秋季特產‧芋煮。

庄內‧鶴岡‧酒田地區
庄內機場
鶴岡市立加茂水族館
出羽三山

最上
新庄‧銀山溫泉
最上‧新庄‧銀山溫泉地區

山形機場

山形市區‧藏王
天童‧上山地區
山寺

山形

山形市區‧藏王
天童‧上山

米澤‧赤湯地區

米澤‧赤湯

山形市區‧藏王
天童‧上山

山形牛

➡ P.55　特選和牛 金澤屋牛肉店

山形牛的特徵為肉質細緻滑嫩，還有美麗的霜降紋理，可以品嘗到濃郁醇厚的美味。

帶宛如高雅的品的美味油花

約50度的溫差造就如粉雪般入口即化的口感

最上
新庄‧銀山溫泉

尾花澤牛

➡ P.96　レストラン德良湖

在尾花澤市的登錄牛舍中飼育最久的品牌牛。月齡為32個月的未生產母牛才能稱為「雪降和牛 尾花澤」。

高級肉品齊聚一堂 ♪

品牌肉

在各種美味的肉品當中，最具代表性的就是全國知名的「米澤牛」。據傳是明治初期，有位受邀來到米澤的英語教師吃到當地飼養的牛肉後深受感動，於是米澤牛的美味便廣傳於世。鮮甜的油脂和軟嫩的肉質，可以做成牛排或壽喜燒等各式料理等各式料理。此外「山形牛」和「尾花澤牛」也是值得關注的高級肉品。

深受美食家喜愛的健康豬肉

鶴岡‧酒田
出羽三山

庄內豬　➡ P.34
Restaurant L'oasis

庄內地區自古盛行養豬，並積極研究飼料和改良品種，打造出各式各樣的品牌豬。

鶴岡‧酒田
出羽三山

山鉾丼
➡ P.33
みなと市場 小松鮪專門店

除了鮪魚的大腹肉和中腹肉之外，還有搭配新鮮海產的名產丼。

也別忘了港鎮特有的新鮮漁產！

鮪聳立於丼飯上的魚塔

大快朵頤滑順的鮮甜美味，享受入口即化的口感

米澤‧赤湯

米澤牛
➡ P.100
お食事処 すき焼き 登起波

與「神戶牛」、「松阪牛」並列日本國內最優的品牌牛，評價極高，擁有細緻的霜降紋路。

季節食材一覽表

2月	1月	12月	11月	10月	9月	8月	7月	6月	5月	4月	3月
				蘋果				櫻桃			
					哈密瓜						
草莓			西洋梨		桃子						草莓
		庄內柿				西瓜					
				葡萄		藍莓					
		舟形蘑菇			五加科						孟宗筍
		蕎麥			達達茶豆						

縣民熱愛 MEMO ♡
約為正常蘑菇的10倍大，厚實飽滿，還可以直接生吃 ♪

縣民熱愛 MEMO ♡
濃郁的香味和甘甜令人愛不釋手！建議可連同豆莢一起加入味噌湯中。

地方料理

山形縣民熱愛的美食♥

山形周圍有美麗的群山，還有壯觀的日本海環繞，是海陸食材的寶庫。除了因「日本第一芋煮會祭典（→P.9、57）」而聞名的鄉土料理·芋煮之外，還有適合搭配白米飯的鯉魚料理等各式各樣滋味豐富的美食。請享用當地居民也會充滿自信推薦的珍奇美味♪只要吃了這些料理，就會有變成山形縣民的感覺！

傳代代傳承的傳統食材的

鶴岡·酒田 出羽三山　**→P.22** 知憩軒

庄內蔬菜料理

地產地消的餐廳使用庄內生產的稀有傳統蔬菜做的料理，在當地也相當受歡迎。

山形縣民的靈魂美食

山形市區·藏王 天童·上山

芋煮　**→P.55**

芋子煮 そば処 佐藤屋

加入芋頭、蔥、牛肉，再用醬油調味的山形流美食。人群在河邊圍煮芋煮的「芋煮會」是此處秋天的一大特色。

簡樸的口味能夠撫慰人心

最上 新庄·銀山溫泉

田舍蕎麥麵　**→P.94**

七兵衛そば

香氣濃郁、嚼勁十足的粗麵條是田舍蕎麥麵的特色。「蕎麥麵街道」上有許多著名的蕎麥麵店，可以沿路吃吃喝喝、走走逛逛。

鷹山相關的產物料理名

鯉魚丼　**→P.105**

米澤·赤湯 鯉の六十里

名君·上杉鷹山曾在此地推廣養鯉。鯉魚料理是新年和婚禮上不可或缺的祝賀料理。

鶴岡·酒田 出羽三山

酒田拉麵　**→P.35**

ワンタンメンの満月

海鮮高湯搭配醬油口味的湯頭是酒田拉麵的基本款，使用自家製麵條的店家比例很高，也是特徵之一。

山形市區·藏王 天童·上山

冷拉麵　**→P.54**

栄屋本店

為了度過炎熱夏天研發出來的冷拉麵，麵和湯都是冷的。包括冬天，一整年都能吃得到。

浮著冰塊的清涼美食

口感滑順、入口即化的餛飩超級美味

山形拉麵

拉麵消費量日本第一！

平均1人的拉麵消費量和拉麵支出金額為日本全國之冠，以拉麵招待來客也是山形縣的習俗之一。每個地區都發展出具有當地特色的地方拉麵，例如「酒田拉麵」和「米澤拉麵」，使得這裡成為拉麵激戰區，每間店家無不使出渾身解數。為了因應盆地的炎熱夏天所研發出來的「冷拉麵」也是山形特有的夢幻美食。

最上 新庄·銀山溫泉

雞雜拉麵　**→P.93**

一茶庵分店

新庄市從自古就備受喜愛的拉麵。配料為使用醬油簡單調味的雞內臟。

燉煮過的雞雜增添濃郁口味

米澤·赤湯 **米澤拉麵**　**→P.102**

そばの店 ひらま

麵條水含量高，嚼勁十足，雞骨熬煮的湯頭味道清新順口。

捲麵和清爽的湯頭絕配

將豆子的鮮甜濃縮在一起

鶴岡·酒田 出羽三山

達達茶豆甜點　**→P.28**

清川屋 鶴岡インター店

庄內地區自江戶時代就開始栽培的毛豆，具有獨特的香甜口感和濃郁的鮮味。

だだっプリン

幸福的點心

當地孩童熟悉的味道♪

旅途中如果餓了，可以小休片刻，吃吃當地特有的點心也是一種樂趣。達達茶豆是被譽為「夢幻毛豆」的特產毛豆，五加科則是江戶時期就開始栽培的傳統蔬菜，使用這些當地食材做成的甜品，都是值得一嘗的當地美食。在山形的大自然中品嘗的話，美味一定也會倍增！

是當地流行的沾黃芥末的吃法

米澤·赤湯

五加科冰　**→P.106**

Bakery Café Le ciel

五加科是種來當兼食用的傳統蔬菜，有綠茶般的清爽苦味。

帶點苦味的大人口味

山形市區·藏王 天童·上山

蒟蒻丸子　**→P.55**

千歳山こんにゃく店

使用醬油燉煮的蒟蒻丸子，用竹籤串成。

最上 新庄·銀山溫泉

大石田糰子

大石田町的名產糰子。使用當地產粳米製作的糰子嚼勁十足，裡面包有滿滿的自製餡料。

→P.96 最上川千本だんご

每天手工製作的Q彈糰子

驚豔 **絕佳美景** | 全球讚賞 **庄內美食** | 悠閒紓壓的 **名湯** | 最強 **能量景點**

在充滿神秘氣息的靈場補充能量！

巨型杉木林環繞的羽黑山五重塔

山形絕佳景點

兜風之旅

在大自然的美景當中，遊訪神秘的能量景點、浸泡療癒的溫泉、享用當地美食，山形有許多觸發旅遊情懷的地方。不妨駕車兜風，重點遊訪各個地區的魅力景點，可更有效率地遊訪偌大的山形縣♪

Check
力餅
二の坂茶屋位於參拜道路途中，可在此小休片刻，品嘗道道地地的特產・力餅

路線 1

療癒之旅No.1的水母水族館和世界注目的庄內美食

在靈場・羽黑山可沉浸在神秘的氣氛當中，而熱門水母水族館的水母看起來很療癒。再到地產地消的餐廳和酒田法式餐廳＆壽司店享用國際認可的庄內美食，幸福感加倍。

發現具有懷舊風情的洋館！

需時 50分 **3**

○ちどうはくぶつかん
致道博物館 歷史

致道博物館為鶴岡城的三之丸遺跡，許多庄內地方的歷史性建築都聚集於此。庄內藩主的隱居處和明治時代建造的白亞洋館、茅草屋頂的多層建築民宅等都移建到這裡，並在館內展示了歷史和考古等鄉土資料。
➡P.24

明治時代的懷舊建築佇立在街道上顯得格外美麗。

1

○はぐろさん
羽黑山 能量景點

需時 2小時

開山以來擁有1400年歷史的出羽三山之一。山頂有祭祀三山之神的三神合祭殿。此外還有莊嚴氣息的五重塔，和米其林指南三顆星的杉木林參道等值得參觀的景點。
➡P.38

大快朵頤豐盛澎湃的海陸料理♥

鶴岡飲食文化市場 **FOODEVER**
➡P.18-23

在美食區可盡情享用鶴岡美食

可品嘗到使用自家栽培食材做成的家庭料理

やさいの荘の家庭料理 菜あ
➡P.22

2

享用地產地消午餐 美食

鶴岡為日本國內首次獲認定為「聯合國教科文組飲食文化創意都市」的美食之都。從農家餐廳到義式料理店等，都可品嘗到運用傳統蔬菜和日本海漁產等地方食材的美食料理。

Al ché-cciano
➡P.23

主食可按照個人喜好選擇肉或魚

	7	6	5	4 第2天	3	2	1 第1天	
日本海東北自動車道酒田IC	土門拳紀念館	山居倉庫	享用酒田法式料理or壽司午餐	鶴岡市立加茂水族館	致道博物館	享用地產地消午餐	羽黑山	山形自動車道庄內あさひIC
	約4km 縣道38號、國道7號	約5km 國道38號、國道7號	約23km 國道112號、縣道355	約5km 國道112號、縣道112號約4km	約13km 縣道349號、332號	約4km 縣道112號、國道112號	約16km 縣道44號、國道112號、47號約16km	縣道47號、47號約4km

2天1夜 路線行程表

COURSE MAP

悠游漂浮的水母 看起來好療癒♪

○ つるおかしりつかもすいぞくかん

鶴岡市立 加茂水族館 4

療癒

需時 2小時

專門展示水母而聞名的水族館。館內展示了約50種以上棲息於庄內濱的水母，以及世界各國的貴重水母。不妨望著悠游漂浮的水母，感受這個療癒的夢幻世界吧。

➡P.21

可以看到海月水母徜徉的「夢之劇場」

享用酒田 法式料理 or壽司當午餐 5

美食

酒田有新鮮的漁產和味道濃郁的蔬菜等各種海陸美食。這裡的壽司店能夠品嘗到庄內濱特有的特產魚，被稱為「酒田法式料理」的地產地消餐廳則運用食材本身的美味來做料理，歡迎到這裡來享用極品美味的午餐。

Restaurant Nico
➡P.34

享用庄內美味食材的法式料理，品嘗奢華氛圍♪

盡情享用以當地食材當主角的法式料理

想在當地的人氣店品嘗新鮮漁產！

壽し割烹こい勢
➡P.32

使用精選配料的握壽司

在微風吹拂的欅木林間散步

○ さんきょそうこ

歷史

山居倉庫 6

建於明治26（1893）年的儲米倉庫群，是酒田的象徵性景點。優美的欅木林也是適合拍紀念照的人氣景色。當中的3棟倉庫設有餐廳和販賣部。

➡P.30

需時 1小時

三角形屋頂和新綠的對比相當優美！

欅木林和倉庫並排的景色充滿情懷

Check
美麗的建築物

建築物彷彿融入風景當中，前方設有水池，有很多人會來這裡的公園散步。

在美麗的美術館鑑賞國際級攝影師的作品

周邊的飯森山公園中盛開的四季花朵也值得關注

需時 1小時

7

○ どもんけんきねんかん

土門拳紀念館

藝術

生於酒田的土門拳是昭和時期代表性的攝影師。這裡是專門收藏、展示土門拳攝影作品的美術館。從代表作品《古寺巡禮》、《廣島》、《室生寺》等7萬張作品當中決定主題，依次公開。

➡P.31

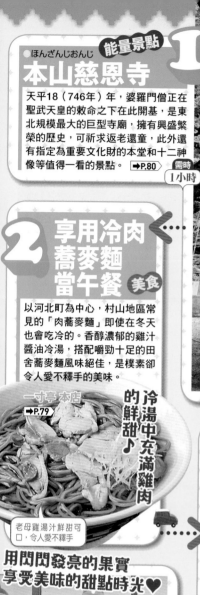

兜風之旅

最強締結良緣・三寺參拜和暖呼呼的名湯巡訪路線

巡訪以締結良緣和返老還童而聞名的三間古寺，補充能量＆添加好運！享用擺滿當季水果的美味甜點。熱門的名露天浴池享受休憩時光，紓解身心疲勞。溫泉愛好者則可在最熱門的名露天浴池享受休憩時光，紓解身心疲勞！

能量景點 1

ほんざんじおんじ
本山慈恩寺

天平18（746年）年，婆羅門僧正在聖武天皇的敕命之下在此開基，是東北規模最大的巨型寺廟，擁有興盛繁榮的歷史，可祈求返老還童，此外還有指定為重要文化財的本堂和十二神像等值得一看的景點。 ➡P.80

需時 1小時

在創建1300年的古寺祈求返老還童！

日本的重要文化財，本堂有莊嚴穩重的茅草屋頂

Check 鑄鐵佛餉鉢
位於本堂宮殿前的大鉢，只要把頭伸進去，就可以預防老人癡呆，祈求返老還童。

美食 2

享用冷肉蕎麥麵當午餐

以河北町為中心，村山地區常見的「肉蕎麥麵」即使在冬天也會吃冷的。香醇濃郁的雞汁醬油冷湯，搭配嚼勁十足的田舍蕎麥麵風味絕佳，是樸素卻令人愛不釋手的美味。

一寸亭本店 ➡P.79

冷湯中充滿雞肉的鮮甜♪

老母雞湯汁鮮甜可口，令人愛不釋手

戀情將開花結果!?
祈求締結良緣的能量景點

充滿歷史氛圍的莊嚴觀音堂

需時 1小時

能量景點 3

れいりゅうざんじゃくしょうじ
鈴立山若松寺

以締結良緣而聞名的寺廟。據說只要和住持握手，便能獲得良緣。有來自日本各地的信眾前來參拜的能量景點。和住持握手從前月20日開始接受預約。 ➡P.74

4月到12月的第1個週日會舉辦「結緣祈願祭」

住持 氏家榮脩和尚

用閃閃發亮的果實享受美味的甜點時光♥

可將果樹園盡收眼底的咖啡廳

水果 4

おうしょうかじゅえん
王將果樹園

可以採櫻桃和採葡萄的觀光果樹園。在附設的咖啡廳中有很多種可嘗到山形水果美味的甜點，包括季節性聖代和霜淇淋等。

➡附錄①P.5

櫻桃聖代於6月中旬～7月中旬登場

需時 1小時

路線 2

山形自動車道山形藏王IC	7	6	5	第②天	4	3	2	1	山形自動車道寒河江IC	第①天	路線行程表	2天1夜
	藏王溫泉大露天浴池	在山形市享用午餐	山寺（寶珠山立石寺）	天童溫泉	王將果樹園	鈴立山若松寺	享用冷肉蕎麥麵當午餐	本山慈恩寺				

7 →縣道21、53號線約19km
6 →國道19號13號線約8km 縣道53號
5 →縣道19號、276號線約14km
天童溫泉 →縣道279號、111號線約8km
4 →國道280號、縣道279號線約7km
3 →縣道280號、國道48號線約9km
2 →國道287號、縣道13號線約17km
1 →國道287號、縣道110號線約2km
本山慈恩寺 →國道287號、縣道379號線約6km

COURSE MAP

14

斬斷惡緣，
迎接好運♪

Check
五大堂的景觀
從座落於懸崖延伸處的舞台，眺望閑靜的里山風景

建於懸崖峭壁上的
開山堂和藏經堂

Check
力蒟蒻丸子
醬油浸漬入味的圓
形蒟蒻是山寺的名
產，最適合拿來當
點心享用。

推薦從
五大堂舞台眺望的
絕佳美景！

需時
2小時

能量景點

やまでらほうじゅさんりっしゃくじ
山寺（寶珠山立石寺）

山形最有名的觀光景點。山寺是著名的斬惡緣寺
廟，也有不少人是為了結良緣、斷惡緣前來參拜。
山頂附近的五大堂景觀遼闊舒爽，令人心曠神怡。
➡P.50

7

ざおうおんせんだいろてんぶろ
藏王溫泉
大露天浴池   **溫泉**

藏王溫泉的超人氣景點。縣
內規模最大的露天浴池一次
可容納200人。不妨在樹木
環繞、飽富野趣的地方，聆
聽淙淙流水聲，浸泡源泉放
流的泉池，享受悠閒時光。
➡P.64

在樹木環繞中
悠閒地浸泡美肌之湯

上游為女湯，下游
為男湯

浴場內すべりますので
足元に十分御注意下さい。

享用山形牛和
芋煮當午餐♪

特選和牛
金澤屋牛肉店
➡P.55

在老字號名店品嘗
優質的涮涮鍋

美食

需時
1小時

山形秋天的代表
性鄉土料理

6

在山形市區享用午餐

鄉土料理「芋煮」和品牌牛「山形牛」等當地絕佳
美食全都聚集在山形市街上。還有香氣濃郁的「山
形蕎麥麵」，以及冬天也吃得到的「冷拉麵」等多
種當地麵類，可以沿路吃吃喝喝，享受愉快時光。

芋子煮そば処
佐藤屋
➡P.55

兜風之旅

想要上杉神社才有的鷹山護身符！

建於米澤城本城後方的御殿跡

米澤牛和葡萄酒的美食醉心路線

在充滿歷史情懷的城下町——米澤，大快朵頤最高級的「米澤牛」♪ 還有另外一個胃可以大啖水果甜點，再到使用當地產葡萄釀酒的酒廠買瓶喜歡的美酒當伴手禮。盡情享受水果王國的樂趣吧。

入口前方有寬敞的草坪，是市民休憩的場所

想了解上杉家和米澤的歷史！

Check
上杉本洛中洛外圖屏風
狩野永德之作。據說是織田信長贈與上杉謙信之物

① 上杉神社 能量景點

需時 1小時

うえすぎじんじゃ

前往供奉上杉謙信的神社參拜

供奉上杉謙信的神社。神社境內除了上杉謙信、鷹山的銅像之外，還有刻著「上杉謙信公家訓」的石碑。在腹地內的「稽照殿」裡可觀賞上杉家代代相傳的寶物和直江兼續的「愛」字頭盔。➡P.98

② 傳國之杜 米澤市上杉博物館 歷史

でんこくのもりよねざわしうえすぎはくぶつかん

需時 1小時

收藏和米澤歷史關係密切的上杉氏文物資料。「上杉本洛中洛外圖屏風」據傳是織田信長贈與上杉謙信之物，是非看不可的國寶。在常設展示室中，可愉快地學習歷史。➡P.99

使用秘傳醬汁的壽喜燒是絕品美味

高級米澤牛令人垂涎欲滴！

お食事処 すき焼き 登起波
➡P.100

③ 享用米澤牛當午餐 美食

名震全國的高級品牌「米澤牛」無論在味道還是品質方面都是掛保證的。在米澤主場可以吃到更經濟實惠又美味的米澤牛料理。經典的壽喜燒、牛排和輕巧方便的可樂餅等，各種吃法任君選擇！

壽喜燒、牛排、涮涮鍋…該選哪個好呢♪

---

④ フルーツショップ キヨカ 水果

享用水果店的水果甜點當點心♥

在水果店直營的Fruit Parlor可以享用完熟水果製成的甜點。聖代和刨冰上面擺滿了水果專家精心挑選的優質水果，令人沉浸在新鮮水果的美味當中♪
➡附錄①P.6

享用完熟水果的濃郁美味

---

⑤ 高畠葡萄酒廠 葡萄酒

たかはたわいなりー

需時 1小時

以當地產的葡萄為中心釀酒的酒廠。可參觀製造過程，還可享用披薩等美食。商店裡除了葡萄酒之外，還有販售許多葡萄酒相關的高畠特產。
➡附錄①P.8

創業以來人氣便居高不下的「MAHOROBA的貴婦人」（白）

參觀擁有廣太葡萄園的東北最大酒廠

位於大自然中的東北最大酒廠

COURSE MAP

當天來回 路線行程表

東北中央自動車道米沢中央IC

縣道1號、3號約4km

① 上杉神社

步行即到

② 傳國之杜 米澤市上杉博物館

縣道2號、3號約1km

③ 享用米澤牛當午餐

縣道101號、3號約500m

④ フルーツショップ キヨカ

縣道101號、國道13號約10km

⑤ 高畠葡萄酒廠

縣道155號、國道13號約6km

東北中央自動車道米沢北IC

在美麗的最上川悠閒享受遊船樂　最上峽芭蕉航線遊船 ➡P.89

河川兩岸有瀑布，超級漂亮♪

路線 4

感動美景不斷！

日本海夕陽路線 與 最上川遊船

在流經悠悠綠色溪谷的最上川享受遊船之樂，還可在巨木群生的奇幻森林裡散步。在廣大的自然中踏上療癒之旅，還可看到沉入日本海的夕陽，充滿感動的旅程！

感受爽朗的海風，在水上漫步

需時 1小時　絕佳美景

1

● もがみがわふなくだり

最上川遊船

風光明媚的最上川因松尾芭蕉的名句而聞名，在此享受遊船之樂，眺望美景。遊船有「最上峽芭蕉航線遊船」和「最上川遊船義經浪漫觀光」兩條航線，各有不同意趣，航行時間各約1個小時。 ➡P.88

奇幻的巨木之森

絕佳美景

2

● げんそうのもり

幻想之森

位於最上峽山中的巨木群生地。望著樹齡超過1000年的巨型杉木彎曲著樹幹和樹枝，朝著天際伸展的姿態，彷彿誤闖進奇幻的世界般。走在散步道上，感受大自然的氣息吧。 ➡P.90

走在森林裡，沐浴在負離子當中

需時 30分

絕佳美景

● じゅうろくらかんいわとでわふたみ

十六羅漢岩和出羽二見

彷彿在眺望日本海的羅漢像和釋迦三尊充滿魄力。位於十六羅漢岩南側的出羽二見是用注連繩綁起來的兩顆怪岩，也是觀賞夕陽的人氣景點。 ➡P.42

5

需時 30分　日本海的夕陽美景令人感動！

從十六羅漢岩步行2分處的夕陽景點。5月和8月夕陽會落在夫婦岩之間

彷彿在守護著大海的石像群

路線行程表　當天來回

東北中央自動車道新庄IC							日本海東北自動車道酒田みなとIC
1	2	3	4	5		
最上川遊船	幻想之森	在公路休息站 鳥海 享用午餐	丸池樣・牛渡川	十六羅漢岩和出羽二見		

國道47號約15km　國道47號、縣道361號約10km　國道47號約44km　國道7號約3km　國道345號約2.5km　國道345號、7號約15km

COURSE MAP

3

在公路休息站 鳥海 享用午餐

美食　名產

此公路休息站最著名的就是可以吃到各種新鮮漁產。可輕鬆享用的烤魚和天婦羅、鋪滿海鮮配料的海鮮丼、飛魚高湯拉麵等，餐點種類豐富多樣。 ➡P.43

享用美味漁產♪

享用富含油脂的現烤銀鱈

絕佳美景 **4**

需時 30分

● まるいけさま・うしわたりがわ

丸池樣・牛渡川

水面呈現翡翠綠的神秘丸池透明度極高，彷彿要被吸入般地美侖美奐。不斷湧出的泉水讓倒下的樹木也不見腐朽，當地人稱之為「丸池樣」，是當地民眾信仰的對象。丸池旁邊有牛渡川流經。 ➡P.42

呈翡翠綠的神秘泉池

水源僅源自鳥海山湧泉的珍貴水池

小道消息 NEWS

山形消息傾巢而出，有全新開幕的「公路休息站」、文化設施和2年舉辦一次的文藝活動等。出發旅行之前需先知道的發燒話題，在此一次整理給你！

現在，山形很熱門！

2016年度觀光客人數創下有史以來最高紀錄！

根據山形縣的調查，2016年度前往縣內主要觀光地的觀光客人數為有史以來最高的4581萬人。觀光活動的舉行和重新整修開放的觀光設施吸引大量人潮，這些都是拉高數字的主因。

山形縣內公路休息站的觀光客人數排名

① 鳥海➡P.17・43 附錄①P.14
② 寒河江 チェリーランド ➡附錄①P.4・13
③ 天童溫泉➡附錄①P.12

資料來源：2016年度山形縣觀光客人數調查資料（山形縣觀光文化運動部）

HOT TOPIC 全面開通後，變得更加便利！

米澤市 東北中央自動車道 開通＆公路休息站 米沢 開業

⊙有可容納約200輛車的停車空間

開通的自動車道在這裡！

米澤⇔福島 約40分
仙台宮城IC
米沢北IC
福島 大笹生IC
福島JCT
米澤市
福島市
仙台市
仙台⇔米澤 約2小時

⊙在餐廳「米沢牛味処 牛毘亭」可以吃到「米澤牛」

隨著東北中央自動車道的福島～米澤間開通，米澤中央IC的鄰接地也誕生了大型的公路休息站。這裡有美食廣場，可品嘗到「米澤牛」等置賜地區的特產，以及新鮮農產品的直銷處。

📞0238-40-8450 🕘9:00～18:00、美食廣場10:00～、餐廳11:00～21:00 休無休 所米沢市川井1039-1 交JR米沢站車程10分 P免費

MAP 附錄②P.13 C-4

融入風景當中的鶴岡市藝術文化據點

鶴岡市 ●しょうぎんたくとつるおか 莊銀Tact鶴岡 隆重開幕

⊙層層疊疊的斜滑屋頂融入風景當中

活躍於國際的女建築師・妹島和世著手設計的文化會館。除建築物的嶄新設計之外，重現日本畫家・千住博氏作品《水神》的大演藝廳布幕也值得關注。

📞0235-24-5188 🕘9:00～22:00 休無休 所鶴岡市馬場町11-61 交JR鶴岡站搭庄內交通巴士往湯野浜溫泉方向，市役所前下車即到 P免費 **MAP** P.28 A-2

人氣作品淵源之地

天童市 超人氣漫畫《3月的獅子》集章活動引發熱烈討論！

將棋之鄉・天童市和描寫職業棋士的暢銷漫畫《3月的獅子》合作舉行集章活動。作品中的登場人物「島田開」出身地正是天童市，因而引發熱烈討論。

⊙在天童市內的觀光景點設置集章站

日本第一個獲選電影部門！

山形市 山形市獲選為聯合國教科文組創意都市

⊙「聯合國教科文組創意都市山形」的LOGO

透過電影促進城市發展的山形市，為日本第一個加盟「聯合國教科文組創意都市」電影部門的城市。隔年舉辦的「山形國際紀錄片影展」等文化藝術活動獲得了極高評價。

2年舉辦一次的藝術祭

山形市 舉辦陸奧藝術祭 山形雙年展！

由山形市的藝術大學主辦的2年一度地域型藝術祭。由繪本作家、作曲家等各個領域的藝術家和市民共同參與作品製作。

📞023-627-2091（東北藝術工科大學地域連攜推進課） 🕘2020年（舉辦日期尚未公布） ¥入場免費 所視會場而異 交視會場而異 P視會場而異 **MAP** P.59 B-1

⊙山形縣鄉土館「文翔館」等市內各個地方都有活動展開

山のようす

山形ビエンナーレ2018 みちのおくの芸術祭 東北芸術工科大学 2018.9.1 sat～9.24 mon

⊙2018年的主題是「如山」。照片中為前屆作品

YAMAGATA BIENNALE 2018 http://biennale.tuad.ac.jp

體驗聯合國教科文組飲食文化創意都市的豐富美食

鶴岡市 ●つるおかしょくぶんかいちばふーでゔぁー 鶴岡食文化市場 FOODEVER 開張

➡P.23

傳遞日本第一個聯合國教科文組飲食文化創意都市・鶴岡食文化的設施。設有以「地產地消」為主題的美食廣場，還有販售新鮮蔬果的市集。現場也有觀光服務處，方便蒐集資訊。

📞0235-25-7678（鶴岡市觀光服務處） 🕘視店舖而異 休視店舖而異 所鶴岡市末広町3-1 マリカ東館1F 交JR鶴岡站即到 P免費 **MAP** P.28 B-1

⊙位於JR鶴岡站前，方便於出發觀光前過來逛逛

出羽三山 鶴岡・酒田

感受港埠城市繁榮的歷史與豐富的飲食文化

つるおか・さかた・でわさんざん

此地區受過歷史和文化的薰陶，可遊訪縕含著高雅庄內文化的鶴岡、酒田街道，以及必訪的能量景點。出羽三山等地。也不可錯過新鮮的漁產和地產地消的美食。

鶴岡市立 ●つるおかしりつかもすいぞくかん
加茂水族館 **P.20**
展示世界各國水母蔚為話題。海月水母在巨大水槽「水母夢之劇場」中群泳的畫面看起來相當夢幻♪

其他必訪景點

東北數一數二的能量景點
●はぐろさん
羽黑山 **P.38**
開山1400年。與月山、湯殿山合稱「出羽三山」，是日本宗派「修驗道」的聖地。

這個地區的必吃美食

庄內食材好美味！
●つるおかぐるめ
鶴岡美食 **P.22**
世界認可的美食之都，鶴岡孕育出了許多優質食材，不妨來此盡情享用地產地消的美味。

Contents

介紹的地區在 **這裡**

鶴岡・酒田
出羽三山
地區

最上
新庄・銀山溫泉
地區

山形市區・藏王
天童・上山
地區

米澤・赤湯
地區

Area Map

象潟
羽越本線
秋田縣

鳥海山

鳥海Blue Line
11月中旬到4月中旬
冬季禁止通行

鳥海山周邊

日本海

酒田みなとIC
酒田
酒田站
酒田中央IC
酒田IC

余目IC

庄內機場
到酒田・鶴岡
有利木津巴士運行

庄內空港IC

酒田到鶴岡
利用日東道
車程35分，
搭JR特急「稻穗號」
約20分

陸羽西線

新庄

湯野濱溫泉

鶴岡站
鶴岡

鶴岡IC

いらがわIC

庄田川溫泉 山形縣

溫海溫泉站
あつみ溫泉IC

庄內あさひIC

一瀨IC

湯殿山IC

溫海溫泉

鶴岡
到溫海溫泉
搭JR特急「稻穗號」
約20分

出羽三山

月山IC

山形自動車道

寒河江IC

新潟縣

村上

周邊地圖請參閱
附錄② P.5・7・10

世界最大的水母水族館

鶴岡市立 加茂水族館

慢慢觀賞的話大約 **2** 小時

主要展示水母的特色展覽大受好評，
一年約有50萬人來訪的超人氣水族館。除了有海月水母在巨大水槽中群泳的
「水母夢之劇場」之外，還有許多值得一看的地方。
一起感受水母悠然徜泳的夢幻世界吧。

水族館的驚人事蹟

因展示水母
讓水族館起死回生

這間水族館過去有段時間訪客稀少，1997年整年入館人數銳減至9萬人。自從1999年正式推出水母特展後，入館人數直線上升，順利克服閉館危機，讓水族館重新起死回生。

5000隻以上的
海月水母看起來好療癒～

水母夢之劇場

海月水母在直徑5m的巨大水槽中優雅徜泳，是水族館中最受歡迎的人氣景點。在階梯狀的觀賞空間中，可以悠閒地坐著觀賞水母。

介紹的地區在這裡

最上
★鶴岡
山形
米澤

這裡是這樣的地方！

這裡曾是庄內藩14萬石的城下町，現在也還保有當年繁榮時的面貌。水母水族館和豐富的飲食文化相當有名。

交通資訊

開車 10分
山形自動車道鶴岡IC經由國道7號、縣道47號4km

鐵道 3小時50分
東京站搭JR上越新幹線和特急「稻穗（Inaho）」號，鶴岡站下車

MAP
P.28、附錄②P.5・7・10

住宿資訊
P.29・41・44・45・46・48

洽詢處
◉鶴岡市觀光物產課
✆0235-25-2111
◉庄內觀光代表協會
✆0235-68-2511

海月水母
透明無色。頭頂的透明傘狀體中可看見宛如四葉草的4個圖，因此亦稱為「四目水母」。
- **尺寸** 約15～30cm
- **飼料** 動物性浮游生物
- **壽命** 6個月

參觀重點1
望著悠然浮游的水母
讓身心獲得療癒♪

水母星象儀

赤水母
傘狀體上有細細的咖啡色條紋，還有長達2m以上的觸手。觸手有毒，被螫到會感到強烈疼痛。
- **尺寸** 傘徑約15cm（觸手長度1～3m）
- **飼料** 海月水母
- **壽命** 3～6個月

除了從庄內濱捕獲的水母之外，還有展示來自世界各地約超過50種的珍貴水母。館內還有5000隻海月水母優雅徜泳的「水母夢之劇場」，以及「水母栽培中心」等設施。

❥在「水母栽培中心」可用放大鏡和顯微鏡觀察僅有數公釐的小水母。

馬賽克水母
⬆身體有藍色、紅色、綠色等各種顏色。為東南亞進口種

用放大鏡觀察水母

雨傘水母
⬆呈半透明白色，傘狀體表面有小小的突起。棲息於水深100m以上的深海

炮彈水母

傘狀體為水藍色，急忙移動的樣子看起來相當有趣。棲息於南美洲，也可食用。
- **尺寸** 傘徑約10～20cm
- **飼料** 鹵蟲屬（微生物）
- **壽命** 6個月～1年

櫛水母

特徵是宛如頭盔般的外型。會反射光線，發出螢光色的閃亮光芒。夏天到秋天會大量出現在庄內濱。
- **尺寸** 約5cm
- **飼料** 鹵蟲屬（微生物）
- **壽命** 3個月

→在水槽中悠然徜徉的綠蠵龜

←表演跳圈圈和接飛盤等華麗的技巧

參觀重點2

和水母以及海中小伙伴變得更加親近吧！

表演秀&體驗活動

館內除了展示空間之外，還有海洋動物的表演秀，餵食在空中翱翔的黑尾鷗，以及了解水族館後台的行程等許多愉快的體驗活動。參加前記得確認舉辦時間喔。

需時 30分　海獅表演秀

演出時間 ▶10:00 ▶11:30 ▶13:30 ▶15:00

海獅水池每天都會舉辦海獅表演秀。飼育員和海獅合作無間，是非看不可的表演。（12月～3月中旬停演）

海獅秀停演時　後台之旅

介紹平常看不到的水母和水槽後台。1天開放4次，每次開放前10名進場。

需時 15分　黑尾鷗餵食秀　夏季限定

演出時間 ▶10:30 ▶12:00 ▶14:00 ▶15:30

飼育員一敲響鐘聲，黑尾鷗就會飛過來，帥氣地接住丟出的小魚！

↑餵食住在庄內濱的黑尾鷗吧

需時 15分　水母的餵餌解說

直接用實物來解說水母吃什麼？怎麼吃？等問題。

演出時間 ▶9:30 ▶11:00 ▶14:30 ▶16:00

↑深受小孩喜愛的鯰魚

參觀重點3

重現庄內的美麗河川

庄內淡水魚水槽

重現庄內美麗河川的水槽。重現了從河川上游，山間小瀑布流入河中，再往中游、下游延續下去的樣子。同時介紹每個棲息處的魚。可觀賞岩魚和真鱒等生存於清流的魚悠然徜徉的模樣。

↑可就近觀看棲息於清流的岩魚和真鱒

水母美食 & 商品

看看獨創的水母料理，以及可愛的水母紀念品吧！

巧克力棉花糖 380日圓

→水母形狀的可愛餅乾，裝也是水母形狀，是相當有人氣的伴手禮

水母酥餅 5片650日圓

↑巧克力餡棉花糖上印著彩色水母的圖案

水母娃娃(中) 700日圓

原創毛巾 各380日圓

→水母圖案為特色。迷你size可當成手帕，平常也很方便使用

水母霜淇淋 350日圓

→水母的顆粒口感讓霜淇淋更添一味。有牛奶、巧克力、綜合3種口味

水母拉麵 750日圓

→拉麵上的配料有水母。麵條中也含有水母

↑附吊環和吸盤，可掛在包包或貼在車窗上

↑海月水母徜徉的「水母夢之劇場」打著藍、粉、綠等7種繽紛色彩的光。

發光水母

→碗狀的透明水母。在紫外線的照射下，傘緣會發出綠光。3～6月會大量出現在庄內濱

珍珠水母

→狀似章魚的可愛水母。傘狀體上有很多小小的圓點

北海月水母

→棲息於北日本海的水母。形狀和海月水母相似，但傘緣為咖啡色

倒立水母

→顧名思義是會倒立生存的水母。體內有共生藻，會透過光合作用獲得養分

深海櫛水母

呈淡粉紅色、形狀為橢圓形的瓜狀水母。身體會反射光線，出現條紋狀的七彩光芒。

尺寸 5～10cm
餌料 有櫛動物
壽命 6個月～1年

館內MAP

1F

黑尾鷗餵食區　海洋動物區

觀賞區域

展示室

從2F

海獅水池海洋動物區

觀眾席

海獅秀

導覽標示是可愛的水母圖案

2F

餐廳　入口看板

商店　出入口

入口大廳　展示室入口　往1F·屋頂

展示室出口　庄內淡水魚展示區

水母夢之劇場

海獅秀水池

表演秀觀賞台

水母解說

海水母展示區　學習教室

水母展示區　水母繁殖室

鶴岡市立加茂水族館

つるおかしりつかもすいぞくかん

☎0235-33-3036

🕐9:00～16:30（17:00閉館）、暑假期間～17:00(17:30閉館)　休無休

¥1000日圓、國小·國中生500日圓

所鶴岡市今泉大久保657-1　交JR鶴岡站搭庄內交通巴士往湯野浜溫泉方向，加茂水族館前下車即到　P免費　※黃金週、盂蘭盆節等旺季請在離水族館3.6km處的臨時停車場搭接駁巴士到水族館

MAP附錄②P.5 A-6

（左側直欄）

鶴岡·酒田 出羽三山

鶴岡市立加茂水族館

P.19

天童·上山

山形市區·藏王

P.49

新庄·最上

銀山溫泉

P.81

米澤·赤湯

P.97

交通指南

品嘗鶴岡栽種的超美味食材！

鶴岡環山繞海，充滿礦物質的伏流水從鳥海山流至庄內平原，孕育出許多營養價值高的蔬菜。除了滋味豐富的日本料理店，還有可品嘗到食材原有美味的義式料理店，可大快朵頤新鮮食材烹調出來的各式美食。

鶴岡蔬菜料理美味可口的來由

山中孕育的清冽水源、肥沃的土壤和四季分明的氣候，讓庄內平原有豐富多彩的獨特蔬菜。特有的飲食文化也在此扎根。

達達茶豆
7月下旬～9月上旬
被譽為「毛豆之王」的品種。有濃郁的甘甜味和特殊的風味。

庄內柿
10月中旬～11月
四角形且無籽的柿子。甜度高，水分含量多，多汁，果肉偏硬。

庄內產的傳統蔬菜有這些！

介紹農家中代代傳承的苗和種子栽培出來的獨特蔬菜

孟宗筍
4月下旬～5月中旬
庄內的春季美味。早上挖掘出來的孟宗筍較無苦味，軟嫩滑順。
↑當日午餐（1080日圓）

民田茄子
6月下旬～10月上旬
一個10～15g的小型蛋狀茄子。嚼勁十足，適合拿來做漬物。

溫海蕪菁
10～12月
皮薄，口感脆，肉質緊實，有恰到好處的甜味。

↑與田商量的主廚精選定食（1200日圓）
↑店內充滿懷舊氛圍

令人心情放鬆、清淡爽口的家庭料理

現採時令蔬菜的魅力在於可以品嘗到最濃郁的風味。請享用農家家庭的美味

知憩軒（ちけいけん）

提供運用自家田地和當地食材的家庭料理而大受好評的農家餐廳。調味簡單，可品嘗到新鮮素材原有的美味。鬆鬆軟軟、熱騰騰的庄內米越嚼越甘甜。

📞0235-57-2130
🕚11:30～13:30（打烊）
🈺週二、三　📍鶴岡市西荒屋宮の根91　🚃JR鶴岡站車程20分
🅿免費
MAP 附錄②P.7 C-2

這是住宿旅客的限定菜單

店主 長南光女士

↑庄內豬的瘦肉味道濃郁，肥肉口感清爽甘甜

PICK UP

PICK UP
運用素材本身的美味，僅提供調味簡單的無農藥蔬菜料理

↑午膳（1130日圓）

可在古民宅品嘗現採蔬菜的庄內料理

やさいのしょうのかていりょうりなぁ

やさいの荘の家庭料理 菜あ

在屋齡130年的古民宅中，品嘗使用現採新鮮蔬菜製作的餐點。在從養土就十分講究的自家菜園裡，栽種了約60種農作物。運用素材原味的調味方式和有機栽培米都大受好評。

↑日光照射的明亮店內

📞0235-25-8694
🕚11:30～14:30、17:30～21:30（晚上僅接受預約）　🈺週二、第3週三　📍鶴岡市福田甲41　🚃JR鶴岡站車程10分　🅿免費
MAP 附錄②P.10 F-4

請享用鬆鬆軟軟閃閃發亮的白米飯♪

↑使用無農藥、無化學肥料栽培的米

在從養土就十分講究田地，栽種本地的傳統蔬菜

老闆 小野寺紀允先生

品嘗鶴岡栽種的超美味食材！
P.19

山形市區・藏王 天童・上山 **P.49**

新庄・最上・銀山溫泉 **P.81**

米澤・赤湯 **P.97**

交通指南

別忘了晚上喝酒的店！

稻米之鄉庄內也盛行釀酒。在特產酒種類豐富的日本料理店，配酒享用當地美食吧！

享用滋味豐富的鄉土料理，感受季節性的味蕾

いな舟

懷舊風味的小巧料理店。可以享用庄內食材的懷舊家庭料理和特產酒。

特產酒介紹
「榮光富士」
300ml 1000日圓

→醃漬鱈魚子（400日圓）

☎0235-22-1061
🕐17:30～22:30　🈺週日
📍鶴岡市本町2-18-3　🚉JR鶴岡站車程10分　🅿免費
MAP P.28 B-2

搭配特產酒，享用庄內濱的新鮮漁產

庄內ざっこ

庄內濱的嚴選海鮮料理搭配特產酒、特產葡萄酒一起享用。高級又令人放鬆的氣氛正是本店的魅力所在。

特產酒介紹
「庄內ZAKKO」
4合 2800日圓

↑鹽烤赤鯥（1800日圓～）、生魚片（1580日圓）
↑炸河豚（1600日圓）

☎0235-24-1613
🕐11:30～13:30、17:00～22:00
🈺週一或週日
📍鶴岡市本町1-8-41　🚉JR鶴岡站車程5分　🅿免費
MAP P.28 B-2

緑のイスキア

曾在拿坡里學習廚藝的老闆，使用大量有機栽培蔬菜做成的披薩是該店的招牌。將完全發揮素材原有的美味，外皮酥脆，內餡鬆軟，是山形縣唯一獲得「拿坡里披薩協會（AVPN）」認證的店家。

←佇立於田園地帶的獨棟餐廳

☎0235-23-0303
🕐11:00～14:00、17:30～20:30，週六、日、假日為11:00～14:30、17:30～21:00
🈺週二（逢假日則營業）
📍鶴岡市羽黑町押口川端37-7
🚉JR鶴岡站車程7分　🅿免費
MAP 附錄② P.10 F-5

使用現採蔬菜製作

↑在自家農園栽種義大利蔬菜和7種番茄

↓迷你懷石全餐（午餐限定、2268日圓）

全是包廂的閑靜空間

→使用當地產素材的午餐全餐。每道料理的擺盤都相當精緻美麗

大量使用庄內海陸食材的日本料理店

鶴岡料理 すず音

可以經濟實惠的價格享用到廚藝高超的日本料理。推薦使用老闆每天早上親自競標進貨的當季新鮮漁產料理。味道不用說，符合季節的華麗擺盤也大受好評。

☎0235-22-3231
🕐11:30～14:00、18:00～22:00
🈺週二　📍鶴岡市錦町7-68
🚉JR鶴岡站步行12分　🅿免費
MAP P.28 B-1

FOODEVER開幕！

2017年7月於JR鶴岡站前開幕的餐飲複合設施。這裡有庄內出身的主廚監製的餐廳，和匯聚當地食材的市集等

鶴岡食文化市場FOODEVER

☎0235-25-7678（鶴岡市觀光服務處）　→P.18
🕐視店舖而異　🈺視店舖而異
📍鶴岡市末広町3-1 マリカ東館1F
🚉JR鶴岡站即到　🅿免費
MAP P.28 B-1

↑「Al ché-cciano」奧田主廚的店「farinamore dolce」Zuccotto推出的義式圓頂蛋糕（1片、432日圓）

披薩DOC（M尺寸、980日圓～）

濃郁的拿坡里產起司和現採番茄、羅勒味道絕配

PICK UP

使用新鮮食材的拿坡里披薩

→可以品嘗到有機栽培蔬菜的披薩

主廚 庄司建人先生

↑設有多種類型包廂的人氣名店，建議先預約

↑紅色椅子打造店內時尚氛圍

Al ché-cciano

使用庄內充滿獨特風格的當季食材的超人氣義式餐廳。老闆是擔任美食之都，庄內「親善大使」的奧田主廚。店內的獨創料理連調味料都相當講究，有來自日本全國各地的客人前來品嘗。

↑店內氣氛居家溫馨，可感受到木頭的溫暖

☎0235-78-7230
🕐11:30～14:00、18:00～21:00　🈺週一　📍鶴岡市下山添一里塚83　🚉JR鶴岡站車程15分　🅿免費
MAP 附錄② P.10 F-6

↓全餐料理（4104日圓～）的其中一道。庄內濱現捕的小口鰈魚搭配當地的傳統蔬菜——外內島小黃瓜

庄內濱的厚實小口鰈魚搭配帶有苦味的當地傳統蔬菜、外內島小黃瓜

PICK UP

使用風格獨特的當地素材

地產地消的義式餐廳

請品嘗以庄內食材為主角的義式料理

主廚 奧田政行先生

↑也有庄內產「伏豬肉」的肉類料理

推薦使用當地蔬菜的餐點

走進小巷尋找「鄉愁情懷」

鶴岡懷舊老街散步

鶴岡曾經因是庄內藩14萬石的城下町而興盛繁榮，在鶴岡街上四處可見藩政時期的建築，和明治·大正時期的懷舊建築。走在充滿鄉愁情懷的街道上，沉浸在彷彿時光倒流的氛圍裡吧。

懷舊階梯
大正時期建造的懷舊扶手裝飾仍保留著當時的樣貌。

↩以紅色圓頂和白色牆壁為特徵的洋風建築

夜間點燈
12月中旬到2月下旬的「鶴岡冬季祭典」期間會每天點燈。

2 大寶館 ▷ 參觀20分

傳統古風的洋館是鶴岡公園的象徵

大正4（1915）年為紀念大正天皇即位所蓋的洋風建築。展示明治時期的文豪·高山樗牛和直木賞作家·藤澤周平等和鶴岡相關人物的資料。

☎0235-24-3266
MAP P.28 A-2
🕘9:00～16:30
🈺週三（逢假日則翌日休）
💰免費
🏠鶴岡市馬場町4-7
🚌JR鶴岡站搭庄內交通巴士往湯野浜溫泉方向，市役所前下車，步行5分
🅿利用附近的停車場

順道資訊 — 莊內神社
建於鶴岡公園內的鶴岡城本城遺跡，主要供奉4位歷代庄內藩主。 ☎0235-22-8100
MAP P.28 A-2

繡有鶴岡城圖案的莊內神社特製朱印帳（1200日圓）

舊澀谷家住宅
特徵為兜造建築的茅草屋頂。為了傳遞山村文化，已從湯殿山山麓移建到致道博物館。

步行5分

1 致道博物館 ▷ 參觀50分

在貴重的歷史建築物中接觸庄內文化

舊西田川郡公所和多層民宅等3棟值得一看的重要文化財建築物移建至此。館內展示許多歷史、民俗、考古、美術等傳遞庄內生活的文物資料。

☎0235-22-1199 **MAP** P.28 A-2
🕘9:00～16:30(17:00閉館)、12～2月為～16:00(16:30閉館)
🈺無休(12～2月休週二)
💰700日圓、高中、大學生380日圓、國小、國中生280日圓
🏠鶴岡市家中新町10-18
🚌JR鶴岡站搭庄內交通巴士往湯野浜溫泉方向，致道博物館下車即到
🅿免費

夜間點燈
「鶴岡冬季祭典」期間，會和大寶館一起點燈的舊西田川郡公所。

懸吊式樓梯
從2樓前往塔屋的樓梯，採用下方沒有支撐柱的文藝復興初期樣式。

↑舊西田川郡公所展示了庄內出土的考古學資料等文物

周遊一圈 3 小時

在歷史建築物群集的鶴岡公園周邊散步。搭乘「鶴岡觀光周遊巴士」或租騎自行車也很方便。

Start	鶴岡站
↓	巴士12分
1	致道博物館
↓	步行5分
2	大寶館
↓	步行即到
3	日本指定史蹟 庄內藩校 致道館
↓	步行3分
4	鶴岡天主教會 天主堂
↓	步行3分
5	舊風間家住宅 丙申堂
↓	巴士5分
Goal	鶴岡站

環鎮建議！
鶴岡觀光周遊巴士
市內觀光景點周遊循環巴士以鶴岡站為起訖站。使用1日自由乘車券可在有效區間自由上下車（視年度運行期間、路線會有變更）。
☎0235-25-2111
（鶴岡市觀光聯盟）

山形市區
天童・上山・藏王
P.49
新庄・最上・銀山溫泉
P.81
米澤・赤湯
P.97
交通指南

聖廟

展示孔子像和祭器的聖廟。研究孔子學說的徂徠學正是藩學的基礎。

3 日本指定史蹟 庄內藩校 致道館

參觀30分

東北唯一現存的貴重藩校建築

庄內藩酒井家9代・忠德在文化2（1805）年創設的藩校。正門、講堂和祭祀孔子的聖廟至今仍保存著，腹地一帶被指定為日本的史蹟。

📞0235-23-4672
MAP P.28 A-2
🕐9:00～16:30
🚫週三（逢假日則翌日休）　💴免費
🏠鶴岡市馬場町11-45
🚌JR鶴岡站搭庄內交通巴士往湯野浜溫泉方向，市役所前下車即到
🅿利用附近的停車場

➡參觀入口的表御門為當時藩主專用的門

步行即到

順道資訊 莊銀Tact鶴岡

2018年3月開幕，由國際級建築師・妹島和世設計的文化會館。
📞0235-24-5188
MAP P.28 A-2

步行3分

步行3分

特徵為用約4萬顆石頭建造而成的石置屋頂

4 鶴岡天主教會 天主堂

參觀20分

一定要參觀世界罕見的黑色聖母瑪利亞像

紅色尖塔令人印象深刻，被譽為明治羅馬式美術建築之傑作的教堂。由經手許多日本教堂的法國神父・帕皮諾所設計，建於明治36（1903）年。

📞0235-22-0292　MAP P.28 B-2
🕐8:00～18:00（10～3月為～17:00）
🚫無休　💴免費
🚌JR鶴岡站搭庄內交通巴士往湯野浜溫泉方向，瑪利亞幼稚園下車即到
🅿免費

黑色聖母瑪利亞像

法國的代利夫朗德修道院所贈與的黑色聖母瑪莉亞像，世界上極為罕見。

富有意趣的小房間

可參觀保留過往面貌的房間和地板間。小房間也經常拿來當電影佈景。

5 舊風間家住宅 丙申堂

參觀30分

在壯觀的住宅中緬懷昔日榮景

鶴岡城下數一數二的富豪・風間家的舊住宅。「丙申堂」當時為當家的住宅兼店鋪，當年的繁榮保留至今。石置屋頂、廣大的木板間和大黑柱等，有許多值得一看的地方。

📞0235-22-0015
MAP P.28 B-2
🕐9:30～16:00（16:30閉館）🚫7月13日、12～4月9日　💴400日圓，國小、國中生200日圓　🏠鶴岡市馬場町1-17　🚌JR鶴岡站搭庄內交通巴士往湯野浜溫泉方向，銀座通り下車，步行5分　🅿免費

彩繪玻璃

將畫在透明紙上的聖書夾在玻璃當中的「窗繪」，在日本只有這裡看得到。

要已↑指定為文化財定於明治日本時期的重。

稍微走遠一點 到鶴岡山王通商店街

走到洋溢著懷舊氛圍山王町地區，享受尋找伴手禮和逛店家的樂趣。

木村屋 ➡P.29

人氣維持130年以上沒變的傳統點心店。有講究紅豆餡的和菓子和紅豆麵包等豐富的種類可供挑選。

➡據傳是建於大正末期的店鋪

➡鶴岡自古流傳的鄉土點心「狐面」（1片、64日圓）

阿部久書店

有舊書也有新書的復古書店。舊書多為山形的鄉土誌和當地作家的作品。

尋找喜歡的書　在氣氛沉穩的書店

📞0235-22-0220
MAP P.28 B-1
🕐9:30～19:00　🚫無休
🏠鶴岡市山王町8-21
🚌JR鶴岡站搭庄內交通巴士往湯野浜溫泉方向，山王町下車即到　🅿免費

午餐&咖啡廳 在這裡小休片刻

介紹散步途中可以享用午餐和點心的休閒空間。

◎鶴岡站即到

享用新鮮水果度過美味的下午茶時光

以山形為主，提供全日本水果的專賣店。2、3樓的咖啡廳可享用當季水果塔。

Fruit Shop 青森屋
📞0235-22-0341　MAP P.28 B-1
🕐8:30～19:00，水果塔販售、咖啡廳為10:30～18:30　🚫無休　🏠鶴岡市末広町7-24　🚌JR鶴岡站即到　🅿免費

➡綜合水果塔（480日圓）

◎日本指定史蹟 庄內藩校 致道館即到

在寬敞的店內享用庄內食材的午餐

在統一為木頭裝潢的寬廣店內享用自家焙煎咖啡。使用庄內產食材的午餐也大受好評。

➡番茄咖哩（880日圓）
cafestudio CINQ
📞0235-64-1182　MAP P.28 A-2
🕐10:00～18:00（19:00打烊）、午餐時間11:30～14:00、週日、假日為11:00～　🚫不定休　🏠鶴岡市馬場町8-13 鶴岡商工会議所会館1F
🚌JR鶴岡站搭庄內交通巴士往湯野浜溫泉方向，市役所前下車即到　🅿免費

貴重建築物和史蹟林立

鶴岡
つるおか

鶴岡曾是庄內藩14萬石的城下町而興盛繁榮，風情萬種的街道正是其魅力所在。鶴岡也是日本數一數二的穀倉地帶，栽種各種作物。因為有傳統作物和鄉土料理等代代傳承的豐富飲食文化，鶴岡成為日本國內第一個受到認定的「聯合國教科文組飲食文化創意都市」。

美食 | 懷石料理　　　MAP P.28 B-2
●くらやしきるな
蔵屋敷LUNA
☎0235-22-1223

在屋齡170年的酒倉品嘗庄內美食

食用菊「Mottenohoka」和品牌米「艷姬米」與當季特產魚等，全餐料理使用了豐富的庄內食材。午餐「紅花膳」（2160日圓）也很受歡迎。來品嘗懷石料理特有的各項精緻料理吧。

⏰11:00～14:00 (L.O.)、17:30～21:00 (L.O.)
休週一　所鶴岡市昭和町12-23　🚌JR鶴岡站搭庄內交通巴士往湯野浜溫泉方向，南銀座下車，步行3分　🅿免費

➡店內擺設來自日本國內外的骨董傢俱

景點 | 寺社　　　MAP附錄②P.10 E-4
●ぜんぽうじ
善寶寺
☎0235-33-3303

氣氛莊嚴的寺廟

可向龍神許願的祈禱場。境內建有「龍王殿」、「山門」、「總門」、「五百羅漢堂」等已登錄的有形文化財和壯觀的建築物。引起話題的人面魚水池也不容錯過。

⏰境內自由參觀(本堂祈禱需申請。祈禱時間為8:00、10:00、12:00、14:00、16:00)
休無休　所鶴岡市下川關根100　🚌JR鶴岡站搭庄內交通巴士經由善宝寺往湯野浜溫泉方向，善宝寺下車即到　🅿免費

➡有許多歷史悠久的建築物

美食 | 創意料理　　　MAP P.28 A-2
●みずのしょくたくひゃっけんぼり
水の食卓 百けん濠
☎0235-29-0888

在水邊餐廳享用創意料理

佇立於水邊地理位置極佳的高級餐廳。運用庄內的海陸食材製作全新感覺的創意料理。除了改造鄉土料理的「麥切麵」外，精選食材的特製菜單也相當優秀。

⏰11:00～20:30(21:00打烊)　休不定休　所鶴岡市馬場14-2　🚌JR鶴岡站搭庄內交通巴士往湯野浜溫泉方向，致道博物館下車，步行3分　🅿使用共同停車場

濠特餐」（1630日圓）⬆充滿當地素材的「百けん

美食 | 壽司　　　MAP P.28 B-1
●ちばずし
千葉寿司
☎0235-23-5637

用超級新鮮的魚作成的豐盛料理

可品嘗到庄內濱的新鮮魚做成的壽司、生魚片、烤魚、煮魚等各式料理。丼類3選1的「御好膳」也很受歡迎。午餐950日圓起，相當經濟實惠。

⏰11:30～13:30(14:00打烊)、16:30～21:00(21:30打烊)、週日、假日晚上～20:00(20:30打烊)　休週一　所鶴岡市山王町10-47　🚌JR鶴岡站搭庄內交通巴士往湯野浜溫泉方向，銀座通り下車，步行9分　🅿免費

➡御好膳（1500日圓）

景點 | 公園　　　MAP P.28 A-2
●つるおかこうえん
鶴岡公園
☎0235-25-2111 (鶴岡市觀光物產課)

櫻花渲染的城跡公園

鶴岡城遺址整建而成的公園，護城河、石牆都還可以感受到藩政時期的風貌。同時也是賞花名勝，春天會有約730棵櫻花樹盛開。4月中旬預定會在莊內神社境內舉辦賞花茶會。

⏰自由入園　所鶴岡市馬場町4　🚌JR鶴岡站搭庄內交通巴士往湯野浜溫泉方向，致道博物館下車即到　🅿免費

➡點綴護城河的櫻花行道樹

©花火Collection

➡搭配音樂演出的煙火蔚為壯觀

PICK UP!

●あかがわはなびたいかい
赤川煙火大會
點綴夜空的光之饗宴

是全日本設計煙火競賽，可在全長700m的施放場地上，觀賞到壯觀磅礴的煙火。當中充滿許多創意十足、令人目不暇給的作品。

2018年8月18日、18:45～21:00
💴平面座6000日圓～、情侶座10000日圓、鐵椅座3500日圓～※需預約　所鶴岡市赤川河畔 羽黑橋～三川橋　🚌JR鶴岡站步行15分　🅿免費　MAP P.28 C-2

☎0235-64-0701 (赤川煙火大會執行委員會)

美食 | 壽司　　　MAP P.28 B-2
●おうぎずし
扇寿し
☎0235-22-1911

豐富的配料為魅力所在

經常備有30種以上當季配料的壽司店。散壽司和海鮮丼飯等季節限定菜單也深受好評。醋飯的甜度適中，用的是能襯托配料鮮味的笹錦米。

⏰11:00～22:00　休週二　所鶴岡市本長1-7-28　🚌JR鶴岡站車程10分　🅿免費

➡繽紛的上等握壽司（1575日圓）

景點 | 資料館　　　MAP附錄②P.10 E-5
●わたらいほんてんでわのゆきしゅぞうしりょうかん
渡會本店 出羽ノ雪酒造資料館
☎0235-33-3262

接觸酒廠的歷史

自2001年，在日本的全國新酒鑑評會獲得8次金賞的「出羽雪」的酒廠。酒廠資料館中除了展示傳統的製酒用具、美術品之外，還有展示意趣盎然的酒標。

⏰8:45～16:30(17:00閉館)　休無休　💴100日圓　所鶴岡市大山2-2-8　🚌JR鶴岡站車程20分　🅿免費

➡陳列著許多貴重資料

鶴岡·酒田 出羽三山

還想去這些地方！

P.19

天童·上山

山形市區·藏王

P.49

新庄·最上

銀山溫泉

P.81

米澤·赤湯

P.97

交通指南

美食 | **麥切麵** | **MAP** 附錄②P.10 E-5

●すずきや

鈴木屋

📞0235-33-2041

香氣濃郁的麥切麵

有許多麵類料理的餐廳。精心挑選小麥，並每天現做的「麥切麵」只加入少許鹽分，襯托出小麥的味道。此外，為了保持固定溫度和濕度，製麵室設於地下室。

🕐11:00～18:30
休週二
所鶴岡市大山3-24-26
🚃JR鶴岡站搭往庄內交通巴士往湯野浜溫泉方向，大山公園口下車即到
P免費

→滑順好入口的「麥切麵」（670日圓）

美食 | **拉麵** | **MAP** 附錄②P.10 F-5

●ほんかくらーめんせんごくや

本格拉麵千石や

📞0235-25-7242

自家製麵條和風味絕佳的湯頭

使用嚴選素材的湯頭，用海鮮、雞骨調配出絕佳風味。麵條可選擇自家製的直細麵或粗捲麵（沾麵除外）。美味可口的叉燒使用的是「最上川豬肉」。

🕐11:30～15:00(L.O.)、17:00～19:00(19:30打烊)
休不定休
所鶴岡市大宝寺日本国378-10
🚃JR鶴岡站步行15分
P免費

→叉燒麵（900日圓）

一定會大排長龍的期間限定人氣店

●こんぴらそう

琴平荘

→自家製麵「中華麵」（700日圓）

位於海岸沿岸旅館的拉麵店。海鮮清香的湯頭搭配粗捲麵的拉麵大受好評。可品嘗到簡單卻有深度的美味。

🕐10月1日～5月31日、11:00～14:00
休開店期間週四
所鶴岡市三瀬己381-46
🚃JR鶴岡站車程25分
P免費

MAP 附錄②P.7 A-1

📞0235-73-3230

美食 | **和食** | **MAP** P.28 B-1

●すたんどかっぽうみなぐち

すたんど割烹みなぐち

📞0235-23-3791

在土藏建築中享用招牌鄉土料理

慶應年間建造的土藏建築改裝而成的店內，照明燈光營造出沉穩氛圍，打造出懷舊風情。有豐富的單點料理，當中以「庄內三元豬角煮」和「自家製鮮蝦燒賣」最有人氣。

🕐11:00～14:00(L.O.)、17:00～21:00(22:00打烊)
休第1·4·5週一、第2·3週日(視預約狀況有所變更)
所鶴岡市山王町8-10
🚃JR鶴岡站步行10分
P免費

→人氣的「招牌定食」（16…20日圓）

美食 | **和食** | **MAP** P.28 B-1

●しょくぶんかのみせわしょくたきすいてい

食文化の店·和食滝水亭

📞0235-23-6311

盡情享用庄內的鄉土料理

料理都是使用酒田港當天捕獲的當季魚類和當地蔬菜等，可享用豐盛的海陸美食。春天的山菜，秋天的「芋煮」、冬天的「魚雜鍋」等鄉土料理組成的「季節定食」也大受好評。還可以吃到庄內名產「麥切麵」。

🕐11:00～14:30、14:30～17:00(僅咖啡廳)、17:00～20:30(21:00打烊)
休無休
所鶴岡市末広町5-24 マリカ西館2階
🚃JR鶴岡站即到
P免費

→每月更換當季食材的宴席料理3240日圓（需預約）

美食 | **麥切麵** | **MAP** 附錄②P.10 E-4

●ねざめやはんべえ

寝覚屋半兵エ

📞0235-33-2257

「清醒」麥切麵

創業140年的蕎麥麵老店，被譽為「美味到能喚醒正在睡覺的人」。獨自調配的糖色麵條嚼勁十足，美味絕倫。搭配味道滑順的沾麵汁和黃芥末享用。

🕐10:00～15:00(L.O.)
休週三、第2週二
所鶴岡市馬町枇杷川原74
🚃JR鶴岡搭往庄內交通巴士往湯野浜溫泉方向，椙尾神社前下車即到
P免費

→盛裝於木板盒上的「麥切麵」（4人份、3100日圓）

採訪筆記 鶴岡引以為傲的冬季美食

日本海波濤洶湧，令漁產更加鮮美，入寒時分捕獲的鱈魚稱為「寒鱈」。每年1月中旬會在市內的鶴岡銀座商店街舉辦「日本海寒鱈祭」，可品嘗到使用寒鱈的鶴岡冬季代表性火鍋料理「寒鱈鍋」。

旬菓処 福田屋

購物 | 和洋菓子 | **MAP** 附錄②P.10 E-5

●しゅんかどころふくだや

☎0235-33-2229

運用素材美味的甜品魅力十足

使用當季食材、充滿季節感的甜品大獲好評。高人氣的「地瓜羊羹」內有加入地瓜皮，添加多層次的口感。其他還有使用當地蔬菜的法式鹹派等。

🕐9:00～18:30　休週三　所鶴岡市大山中道139-21
🚉JR羽前大山站步行10分　P免費

圓～ 地瓜羊羹（1個、130日）

清川屋 鶴岡インター店

購物 | 和洋菓子 | **MAP** 附錄②P.10 E-5

●きよかわやつるおかいんたーてん

☎0235-28-3111

陳列許多山形・庄內的特產品

鶴岡產達達茶豆和和風派，以及大量使用新鮮牛奶的瑞士捲蛋糕等，使用山形特產品的特製甜點種類豐富。店內還設有可以享用美味咖啡的休息處。

🕐10:00～19:00　休無休　所鶴岡市美咲町33-21
🚉JR鶴岡站搭庄內交通巴士往あつみ溫泉方向，ウェストモール下車，步行5分　P免費

店 ●外觀時髦有型的伴手禮

Au Bon Accueil

購物 | 西點 | **MAP** 附錄②P.10 F-5

●おーぼなくいゆ

☎0235-33-9403

如寶石般美麗的蛋糕

在法國學藝的甜點師傅所製作的美味甜點深受好評。當季水果塔、蛋糕、泡芙等約200種甜點當中，現場經常備有30種。

🕐10:00～18:30　休不定休　所鶴岡市大宝寺日本国378-47　🚉JR鶴岡站步行15分　P免費

● 覆盆每慕絲「Baccarat」（395日圓）等

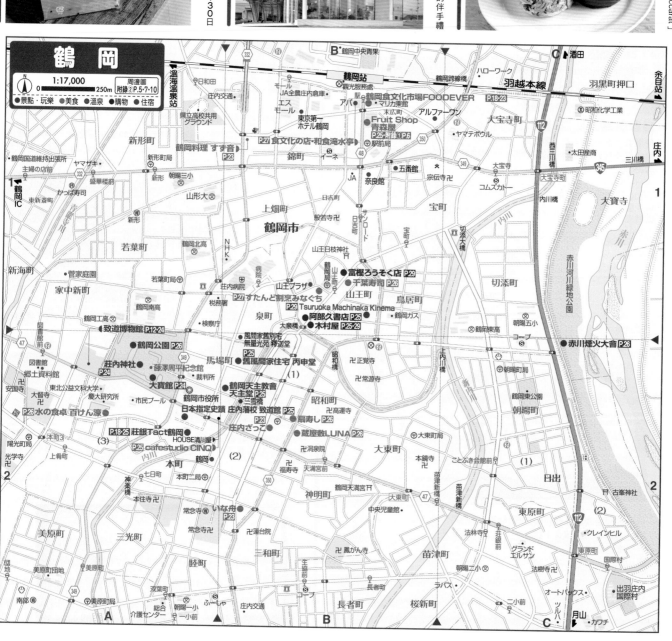

購物　和風蠟燭　MAP P.28 B-1

●とがしろうそくてん
富樫ろうそく店
☎0235-22-1070

體驗蠟燭彩繪

陳列著各式各樣美麗圖案的手繪蠟燭。被江戶幕府11代將軍德川家齊譽為「日本第一手工藝術」的傳統逸品，最適合當伴手禮。店內還可體驗彩繪蠟燭（需預約）。

🕗8:30～18:00
休第3週日，另有不定休
¥彩繪體驗500日圓～
所鶴岡市山王町10-52
🚃JR鶴岡站步行15分
Ｐ免費

➡色彩鮮艷的的手繪蠟燭（324日圓～）

購物　和菓子　MAP P.28 B-1

●きむらや
木村屋
☎0235-22-4530

購買特產點心「古鏡」當伴手禮

創業於明治20（1887）年的老字號點心店。「古鏡」的高雅甜餡裡包著一層求肥餅，是鶴岡代表性的特產點心之一。期間限定販售的「冬水羊羹」（648日圓）等鄉土點心也深受好評。

🕗9:00～18:30（週日為～18:00）
休不定休
所鶴岡市山王町9-25
🚃JR鶴岡站搭庄內交通巴士往湯野浜溫泉方向，銀座通り下車，步行3分
Ｐ免費

➡古鏡（3個裝、486日圓）

住宿　飯店　MAP 附錄②P.5 A-6

●ほてるさんりぞーとしょうない
Hotel Sunresort Shonai
☎0235-38-8088

可欣賞夕陽沒入海中的溫泉飯店

建於可眺望由良海岸的高地。寬敞的大浴場可一邊泡溫泉，一邊欣賞夕陽沒入大海原的景色，使人心情更加愉悅。大量使用「美食之都」庄內海陸美食的料理也大受好評。

🕗IN15:00　OUT10:00　¥1泊2食8640日圓～
所鶴岡市由良3-17-20　🚃JR鶴岡站搭庄內交通巴士往あつみ溫泉方向，由良溫泉下車，步行13分　Ｐ免費

➡豪華美味的庄內豬涮涮鍋

購物　漬物　MAP 附錄②P.10 E-5

●つけものどころほんちょう
つけもの処 本長
☎0235-33-2023

手工製作出層次豐富的漬物

創業於明治41（1908）年，使用原本是酒廠的建築物當漬物倉庫。是庄內產蔬菜和山菜的著名漬物店家。使用木桶、全程手工製作的道地風味大受好評。倉庫可免費參觀（需預約）。

🕗8:30～17:00
休無休
所鶴岡市大山1-7-7
🚃JR羽前大山站步行3分
Ｐ免費

➡外觀莊嚴穩重。「粕漬禮盒」（1134日圓）是經典人氣商品

➡昭和初期為絹織物工廠的懷舊建築物

➡在kibiso區也展示了紡織機等貴重文物資料

何謂「kibiso」？

「kibiso」是指蠶最初吐出的絲，據說有保濕和抗氧化的作用。運用其自然的質感開發出來的新絲綢製品「鶴岡絲」就是「kibiso」。

➡書衣。俐落的設計感令人愉悅（各1944日圓～）

➡顯色美麗、輕巧結實的購物袋（6696日圓）
※商品可能會更換

鶴岡まちなかキネマ

●つるおかまちなかきねま

建於昭和初期的木造工廠改造而成的電影院。可一邊感受木頭溫暖，一邊欣賞電影。特製的座位也大受好評。可免費進入的入口大廳有以洗練設計著稱的鶴岡絲綢人氣品牌「kibiso」的展示、販售區，陳列著質感滑順的披肩和絲綢方巾等。

☎0235-35-1228
🕗視上映時間而異
休無休
所鶴岡市山王町13-36
🚃JR鶴岡站搭庄內交通巴士往湯野浜溫泉方向，山王町下車，步行5分
Ｐ免費
MAP P.28 B-1

旅情報

在懷舊電影院沉浸於電影的世界

山形市區・藏王　P49
新庄・銀山溫泉　最上　P81
米澤・赤湯　P97
交通指南

採訪筆記 品嚐風味濃郁的名產霜淇淋　鶴岡IC附近的「清川屋 鶴岡インター店」（→P.28）有很多使用山形素材的特製商品。推薦大量使用庄內特產風味濃郁的達達茶豆的「達達子霜淇淋」（320日圓）

重點看過來！
欅木林
保護倉庫不受日本海強風和夏天日光侵襲所種植的樹木，新綠和楓葉時節尤其美麗。

重點看過來！
倉庫屋頂
巨大的三角屋頂採用二重結構，讓室內免受夏天的高溫侵擾，使稻米得以長期保存。

遊訪 港埠城市
古典名勝 的

北前船文化棲息的雅緻小鎮

舊藩主·酒井家建造的
儲米倉庫

欅木林和倉庫的風景充滿情懷

這裡是這樣的地方！
面向日本海的港埠城市，有各式各樣的海陸食材，可品嘗到豐富多元的料理。懷舊的建築物也是一大看點，可從被認定為日本遺產的北前船寄港地眺見其歷史。

交通資訊

開車 10分
日本東北自動車道酒田中央IC車程5km

鐵道 4小時15分
東京站搭JR上越新幹線和特急「稻穗(Inaho)」號，酒田站下車

MAP
P.37、附錄②P.5・10

洽詢處
● 酒田市觀光振興課
☎0234-26-5759
● 酒田觀光物產協會
☎0234-24-2233
● 庄內觀光代表協會
☎0235-68-2511

港埠城市·酒田曾有過相當繁榮的過去，曾被稱為「西堺、東酒田」。街上還保留著許多深受到藩政時期的京都文化影響的江戶、明治時期建築物，不妨到街上走走逛逛吧。

1 山居倉庫
◆さんきょそうこ

建於明治26（1893）年的儲米倉庫，至今仍作為農業倉庫使用。全12棟中有3棟用來開設資料館、餐廳、販賣部等。

☎0234-23-7470（庄內米歷史資料館）
🕐9:00～17:00（12月為→16:30）
休無休（庄內米歷史資料館12月29日～2月底休）
¥免費（庄內米歷史資料館為300日圓）
📍酒田市山居町1-1-8
🚌JR酒田站搭庄內交通巴士往湯野濱溫泉方向，山居倉庫前下車即到 🅿免費 **MAP P.37 A-2**

↑山居倉庫內的「庄內米歷史資料館」展示了稻米相關的史資料和農具等

伴手禮都在這裡！
酒田夢の倶樂 ◆さかたゆめのくら

民藝品、工藝品、特產點心、漬物等，販售各式各樣的伴手禮。附設介紹酒田歷史和文化的博物館「華之館」，入場免費。

☎0234-22-1223 🕐9:00～18:00（12～2月為→17:00）
休無休 📍酒田市山居町1-1-20 🚌JR酒田站搭庄內交通巴士往湯野濱溫泉方向，山居倉庫前下車即到 🅿免費 **MAP P.37 A-2**

女鶴大福
（1個）165日圓
↑陳列著滿滿的伴手禮

飛魚沾麵汁
（300ml）864日圓

在可眺望港口的公園觀覽復原後的北前船

↑從展望台可看見六角燈台

重點看過來！
北前船的復原船
江戶時代的酒田因和京阪一帶的海運往來繁盛一時。園內水池上有海運時期活躍的北前船復原船。

↑公園內的木造洋館，舊白崎醫院也不可錯過

標準玩樂路線♪

START	
① 山居倉庫	自行車11分/步行25分
GOAL JR酒田站	

JR酒田站 → 自行車2分/步行5分 → ⑤本間美術館 → 自行車8分/步行17分 → ④雛藏畫廊 相馬樓 舞娘茶屋 → 自行車2分/步行4分 → ③山王倶樂部 → 自行車2分/步行5分 → ②日和山公園 → 自行車10分/步行20分 → ①山居倉庫 → 自行車11分/步行25分 → JR酒田站

周邊地圖
請參閱P.37

2 日和山公園
◆ひよりやまこうえん

位在小山丘上，可將酒田港景觀盡收眼底的休憩場所。園內有日本最古老的木造六角燈台，以及北前船的復原船等景點。春季是著名的賞櫻名勝，總是擠滿賞花遊客，熱鬧非凡。同時也是絕佳的夕陽觀景點。

☎0234-26-5745（酒田市土木課）
🕐自由入園 📍酒田市南新町1-10 🚌JR酒田站搭庄內交通巴士市內迴A路線，寿町下車，步行10分
🅿免費 **MAP P.37 A-1**

騎乘免費租借自行車 遊覽街道

酒田站和「Marine 5清水屋」等，酒田市共15個地點可免費租借自行車。不論在哪個地點都可還車，非常便於遊覽市內。不訪租借一輛，自由地遊逛酒田吧。

也很推薦這裡！順路景點

本間家獻給庄內藩主的豪宅
本間家舊本邸
◆ほんまけきゅうほんてい

本間家3代光丘為幕府巡見使而新建的宿舍，並獻給庄內藩酒井家，屋齡250年的宅邸。絕對不可錯過武士宅院搭配商家造型建築的罕見建築物。

☎0234-22-3562
🕐9:30~16:30(11~2月~16:00)　休無休　¥700日圓，國、高中生300日圓，國小生200日圓　所酒田市二番町12-13　🚃JR酒田站搭るんるん巴士酒田站大學線，二番町下車即到　P免費　MAP P.37 B-2

酒田代表性的迴船問屋建築
舊鎧屋　◆きゅうあぶみや

當年的繁榮盛景被記載於井原西鶴的「日本永代藏」中。並以「酒田三十六人眾」的身份參與町政，對日本海海運發揮了極大的貢獻。

☎0234-22-5001
🕐9:00~16:30　休12~2月的週一(逢假日則翌日休)　¥320日圓，高中、大學生210日圓，國小、國中生100日圓　所酒田市中町1-14-20　🚃JR酒田站搭內交通巴士酒田市內迴A路線，本町在銀前下車即到　P利用酒田市役所停車場

↑如今已登錄為日本指定史跡　MAP P.37 B-2

酒田出身的世界級攝影師
土門拳紀念館
◆どもんけんきねんかん

靜靜佇立於水邊的美術館。收藏昭和攝影界代表性巨匠・土門拳的作品約7萬件。

☎0234-31-0028　🕐9:00~16:30
(17:00閉館)　休12~3月的週一(逢假日則翌日休)　¥430日圓，高中、大學生210日圓，國小、國中生免費(視企劃展而異)　所酒田市飯森山2-13 飯森山公園內　🚃JR酒田站搭るんるん巴士酒田站大學線往かんぽの宿方向，土門拳記念館下車即到　P免費

MAP附錄②P.10 F-2

↑美麗的庭院也是一大看點

←力十足的展示室裡陳列著許多魄力十足的印刷攝影作品

5
本間美術館
◆ほんまびじゅつかん

展示酒田大地主・本田家代代相傳，來自東北諸藩的賞賜品，以及富有歷史價值的各式文物。借景鳥海山的池泉迴遊式庭園也令人百看不厭。

☎0234-24-4311　🕐9:00~17:00(11~3月為~16:30)　休無休(12~2月休週二、三)　¥900日圓，高中、大學生400日圓，國小、國中生免費　所酒田市御成町7-7　🚃JR酒田站步行5分　P免費　MAP P.37 B-1

↩隨著季節變換風情的庭園

可欣賞豐富的本間蒐藏品和優雅的庭園設施

不可不知！ 酒田家與本田家
本間家為江戶時代的富商，也是個地方知名的大地主，擁有凌駕大名的龐大財力。曾參與過許多慈善事業和公益事業，深受人民敬愛。

3
山王俱樂部
◆さんのうくらぶ

原本為建於明治28（1895）年的老字號料亭。氣派的建築裡有雕花隔間等許多值得一看的地方。並展示人偶作家・辻村壽三郎氏的人偶，也有「傘福」的體驗工房。

已登記為日本有形文化財

☎0234-22-0146　🕐9:00~17:00　休12~2月的週二(逢假日則翌日休)　¥310日圓，高中、大學生210日圓，國小、國中生100日圓(特別展示期間除外)，傘福製作體驗600日圓~　所酒田市日吉町2-2-25　🚃JR酒田站車程5分　P免費　MAP P.37 A-1

傳遞華麗料亭文化的酒田舞娘演舞

華麗的演舞每天14時開始，無需預約

採用紅花染的榻榻米！

4
舞娘茶屋 雛藏畫廊 相馬樓
◆まいこちゃやひなぐらがろうそうまろう

由江戶時期的料亭「相馬屋」的建築修復而成，已登錄為日本的有形文化財建築物，極具歷史價值。除了可欣賞酒田舞娘的演舞之外，還有展示與酒田有所淵源的竹久夢二作品。

不可不知！ 何謂酒田舞娘？
江戶時代，在北前船為其帶來繁榮的背景下，華麗的京都料亭文化也傳到了酒田。將舞妓稱為「舞娘」是酒田特有的稱呼。

☎0234-21-2310　🕐10:00~17:00　休週三　¥700日圓，國、高中生500日圓，國小生、幼兒300日圓　所酒田市日吉町1 舞娘坂　🚃JR酒田站步行15分　P免費　MAP P.37 A-1

↩情懷館內充滿和風

↩朱紅色的圍牆相當引人注目

←曾為老字號料亭的店內展示著可愛的「傘福」

重點看過來！
傘福　為了祈求兒童健康成長的吊掛裝飾。山王俱樂部裡展示著相當華麗絢爛的「傘福」。

↑吊著許多色彩繽紛的吉祥小裝飾

外帶美食&漁港伴手禮都在這裡！

豐富家常菜的精肉店
さいとう精肉店
●さいとうせいにくてん

家常菜和便當之美味，在當地獲得極高評價的精肉店。當中以炸豬內豬肝（100g，175日圓）最有人氣，回客率最高。

☎0234-22-1619　🕐8:30~18:30　休無休　所酒田市中町3-5-27　🚃JR酒田站搭るんるん巴士市內循環左迴線，中町3丁目下車即到　P利用附近的停車場　MAP P.37 A-2

↩每週三店面還會擺設手工麵包

手工義式冰淇淋專賣店
ジェラート モアレ

現場經常備有17~18種義式冰淇淋的專賣店。使用當地水果、蔬菜，充滿季節感的義式冰淇淋，和Q彈的義大利生麵也很有人氣。

☎0234-22-5280　🕐10:00~21:00　休無休　所酒田市中町1-7-18　🚃JR酒田站搭るんるん巴士市內循環右迴線，中町下車即到　P免費　MAP P.37 B-2

↩雙球(右、320日圓)、三球(左、390日圓)

漁港伴手禮豐富
みなと市場
●みなといちば

以「市民的廚房」為概念，販售日本海捕獲的新鮮漁產、乾物等海產。同時也提供多種特產品和日本酒等伴手禮。

☎0234-26-0190　🕐9:00~18:00、餐廳~16:00(材料用完即打烊)　休週三　所酒田市船場町2-5-56　🚃JR酒田站搭庄內交通巴士市內迴A路線，山形銀行前下車，步行5分　P免費　MAP P.37 A-2

↩也有很多適合自家用的商品

海鮮美食

盡情享用港町·酒田的新鮮漁產

寒暖流交會的酒田外海一年約可捕獲130種以上的新鮮漁產，是東北數一數二的大漁場。可盡情享用肉質緊實飽滿、鮮味凝聚的海產做成的壽司和海鮮丼。

酒田的漁產為何如此美味？

從鳥海山和朝日連峰流入庄內灣的水源含豐富的礦物質，加上氣候溫差大，更是孕育出優質的海產。

赤鯥
炙烤過後會散發出誘人的香味

馬糞海膽

蝦蛄

鮪魚

紅斑魚

比目魚

鮑魚

剝皮魚
淡白的纖細白肉魚適合搭配肝醬油

竹莢魚

玉子燒

夏花枝

用庄內濱孕育的新鮮漁產完成風味濃郁的握壽司

預算：午1080日圓～、晚3000日圓～

寿し割烹こい勢
●すしかっぽうこいせ

☎0234-24-1741
MAP P.37 B-1

客人來自市內外各地的人氣店。使用庄內濱內捕獲的當季海鮮，和無農藥的庄內產笹錦米炊煮的Q軟醋飯，兩種美味加乘，成功捕捉了美食饕客的胃。特別熬煮過的壽司醬油也充分襯托出了海鮮的美味。

↑距離酒田站也很近

🕐11：00～13：30（14：00打烊）、16：00～21：30（22：00打烊） 🈺週一（逢假日則翌日休） 🏠酒田市相生町1-3-25 🚃JR酒田站步行5分 🅿免費

◆經常備有25～30種配料

必吃
主廚精選握壽司 3240日圓

從當天捕獲的漁產中嚴選配料，共可品嘗到10貫握壽司。

其他 人氣 菜單
●散壽司（正常分量） 1080日圓
●握壽司（上等） 1950日圓

必吃
庄內濱特產魚握壽司
3000日圓

僅使用特產魚的握壽司。附酒田名產·蕎麥麵和鄉土料理魚雜鍋。

和食店附設的壽司店

其他 人氣 菜單
●伊豆菊御膳 2850日圓
●季節御膳 2400日圓～

預算：午1000日圓～、晚1000日圓～

割烹食堂 伊豆菊·すし処 武蔵
●かっぽうしょくどういずぎくすしどころむさし

☎0234-22-3216
MAP P.37 A-1

「伊豆菊」為日本料理店，「武蔵」為壽司店，入口不同但店內是連在一起的特殊店家。庄內產當季魚類的鮮度和種類之多在酒田算是數一數二。可搭配特產酒享用。

↑設有可以讓腳悠閒伸展的高席座

🕐11：00～21：30 🈺週四不定休 🏠酒田市中町2-1-20 🚃JR酒田站搭るんるん巴士市內循環左迴線，中町下車，步行5分 🅿免費

↑店口，店左邊為一個壽司入口

↑排滿當季新鮮食材的吧檯

↑建於石階步道旁

陳列著當季新鮮海產的吧檯座

其他 人氣 菜單
●握壽司（上等） 1620日圓
●特產魚握壽司
　主廚精選全餐 3240日圓～

必吃
特上握壽司 2160日圓

握壽司使用精選的當季配料。樸實的白身魚搭配粗鹽和白芝麻是鈴政流的吃法。

預算：午1500日圓～、晚1500日圓～

寿司割烹 鈴政
●すしかっぽうすずまさ

☎0234-22-2872　**MAP** P.37 A-1

以當地海港捕獲的漁產為主，嚴選當季海鮮的握壽司風味絕倫。為了將配料的美味提煉到極致，分別選用肝醬油、壽司醬油、粗鹽當調味料。配料通常備有25～30種。

🕐11：30～13：30（14：00打烊）、17：00～21：30（22：00打烊） 🈺不定休 🏠酒田市日吉町1-6-18 🚃JR酒田站車程10分 🅿免費

櫻鱒	岩牡蠣	鰈魚	鱈魚
盛產期：3月中旬～5月下旬	盛產期：6月上旬～8月下旬	盛產期：6月中旬～9月下旬	盛產期：12月下旬～2月下旬
從河川流入海洋，成魚之後再溯河溪而上。滯留在河川裡的為「真鱒」	鳥海山的伏流水孕育出的Q彈肉質為特徵。6～8月會出海捕撈	可捕獲代表初夏的小口鰈魚等20種以上的鰈魚	名產為以味噌為基底的魚雜鍋。冷天時捕獲的鱈魚稱為「寒鱈」

確認庄內產海鮮的當季漁產

吧！季，在美味的時節享用確認日本海的盛產

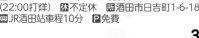

帶著煙霧登場！

↑在乾冰的環繞下華麗登場

新鮮漁產的海鮮塔！帶來視覺衝擊的巨無霸丼

必吃
山鉾丼 1850日圓
大量使用鮪魚等當季漁產的名物丼。建議可以跟大家一起分著吃。

預算：午850日圓〜、晚850日圓〜

みなと市場 小松鮪專門店
●みなといちばこまつまぐろせんもんてん

📞0234-26-0190
MAP P.37 A-2

有種類豐富的丼飯和定食，使用鮪魚的各種部位，是喜歡鮪魚的美食客無法抗拒的餐廳。可品嚐專門店特有的高級新鮮鮪魚料理，還有一個銅板就能吃到的超划算美食。

其他 **人氣** 菜單
●鮪魚中腹丼 850日圓
●3種生魚片丼飯(盛) 850日圓

↑中午會有許多客人，熱鬧非凡
↑店裡還有販售適合當伴手禮的加工品

🕐9:00〜18:00、餐廳〜16:00(材料用完即打烊) 休週三 所酒田市船場町2-5-56 🚌JR酒田站搭るるん巴士簡保線，さかた海鮮市場前下車即到 🅿免費

↑店家就位於海岸旁的海鮮市場內

↑店內寬敞，朝氣蓬勃

市場才會有的新鮮程度

預算：午1080日圓〜、晚1080日圓〜

海鮮どんや とびしま
●かいせんどんやとびしま

📞0234-26-6111 MAP P.37 A-2

位於酒田港附近的市場直營店。新鮮海產美味可口，還可以吃到份量飽滿的平價丼飯和御膳料理，是大受好評的名產店。早上7點就開始營業，因此有很多觀光客會來這裡吃早餐。

🕐7:00〜9:00(L.O.)、11:00〜18:30(19:00打烊) 休不定休 所酒田市船場町2-5-10 さかた海鮮市場2F 🚌JR酒田站搭るるん巴士簡保線，さかた海鮮市場前下車即到 🅿免費

必吃
海鮮丼 1080日圓
使用當天捕獲的新鮮食材，共有13種以上的配料，澎湃飽滿。內容視進貨狀況而不同。

其他 **人氣** 菜單
●生魚片定食 745日圓
●主廚推薦御膳 1296日圓

海鮮擺滿寶石狀的

預算：午1100日圓〜、晚1100日圓〜

四季の寿司処 すしまる
●しきのすしどころすしまる

📞0234-22-1138 MAP P.37 A-2

新鮮的特產魚壽司和海鮮丼大受好評。醋飯使用庄內米，並透過高級淨水器過濾水質等，對於素材相當講究。庄內的黑水雲等當地料理也相當有人氣。

🕐11:30〜13:30、17:00〜22:00(週日、假日晚上〜21:00) 休週一 所酒田市日吉町2-3-8 🚌JR酒田站車程5分 🅿免費
↑店面氣氛沉澱著穗糧

必吃
寶石散壽司 1300日圓
丼飯上布滿切丁狀的10種當季漁產，相當讓人滿足的一道料理。

其他 **人氣** 菜單
●松握壽司 2700日圓
●竹散壽司 2000日圓

↑可在吧檯座和老闆愉快聊天

晚上就吃奢華的懷石料理
享用當季漁產的全餐料理

擺盤精緻的懷石料理

預算：午2160日圓〜、晚3240日圓〜

日本料理 ほたる
●にほんりょうりほたる

↑店內為充滿木頭溫暖的空間

📞0234-28-8797 MAP附錄②P.10 F-2

完全不使用化學調味料，提供以庄內產食材美味為主角的懷石料理。能夠平易價格享用各式高級料理的午餐也很受歡迎。

🕐11:30〜14:00、18:00〜21:00 休週二 所酒田市こがね町2-28-6 🚌JR酒田站車程15分 🅿免費

酒田料理款待方案 4320日圓

富有意趣的老字號料亭

預算：午2160日圓〜、晚5000日圓〜

料亭 香梅咲
●りょうていかめざき

↑每間包廂可搭配滿足需求

📞0234-23-3366 MAP P.37 A-1

創業超過160年、歷史悠久的老字號料亭。可品嚐到大量使用當季食材的懷石料理。精心佈置的美麗中庭也值得關注。

🕐11:30〜22:00 休不定休 所酒田市日吉町1-3-16 🚌JR酒田站車程5分 🅿免費

當季三菜懷石 2160日圓

大快朵頤需預約的全餐料理

↑也有包廂

預算：午1500日圓〜、晚3000日圓〜

旬味鮮心 魚屋 富重
●しゅんみせんしんさかなやとみしげ

📞0234-26-8044 MAP P.37 A-2

原本是船員的老闆精心挑選新鮮漁產，色彩繽紛的料理大受好評。有很多遠道而來的客人，午晚都需預約。

🕐11:30〜14:00、17:00〜22:00 休週日 所酒田市本町3-5-16 🚌JR酒田站搭內交通巴士酒田市內迴A路線，本町荘銀前下車即到 🅿免費

晚間全餐 3240日圓〜

酒田（さかた）法式料理

在地產地消的餐廳 享用午餐！

環山繞海的酒田有許多海陸美食。眾多的料理人在此大展廚藝，而長年以來深受當地人喜愛的料理就是運用庄內產食材原有美味的「酒田法式料理」。在法式料理店享用滋味豐富的料理吧。

酒田法式料理的歷史

最初起源於昭和42（1967）年，「Restaurant 欅」的經理・佐藤久一提出「要在酒田開一間可以嘗到正宗法式料理的店」。使用庄內食材的餐點深深抓住了眾多美食客的心，於是逐漸聞名於全日本。

以當地食材為主角的超誘人法式料理

必吃
午間迷你全餐　2000日圓

前菜2道、湯品、主食、甜點、麵包、飲料。照片中的主食為清炒鯛魚

這道也很推薦
庄內產烤和豬もち豚佐綠胡椒醬　1365日圓

預算：午2000日圓～、晚3000日圓～
預約：全餐需於一天前預約

Restaurant Nico
●れすとらんにこ

☎0234-28-9777　MAP P.37 B-3

這裡可享用酒田特有的濃郁食材所製作的法式料理，有日本海剛捕獲的漁產，還有鄰近農家直接引進的蔬菜等。除了味道之外，口感和視覺美觀也精心講究，提供費時耗工的獨創法式料理。

🕐11:30～14:00(L.O.)、17:30～20:30(21:30打烊)※週六、日、黃金週、盂蘭盆節時期需預約　休週一(逢假日則翌日休)　所酒田市亀ケ崎3-7-2　交JR酒田站車程10分　P免費

↑在寬敞的店內享受悠閒時光

→位於閑靜馬路旁的獨棟餐廳

「酒田法式料理」老字號餐廳運用鄉土美味烹調出來的鄉土素材

當季食材的美味全都凝聚在這一盤

預算：午1200日圓～、晚3500日圓～
預約：全餐需於一天前預約

フランス風鄉土料理　欅
●ふらんすふうきょうどりょうりけやき

☎0234-22-7019
MAP P.37 A-2

對素材相當堅持的「酒田法式料理」人氣老字號餐廳，總是視當天港口捕獲的魚來決定菜單。並運用海鮮的鮮度，佐以簡單的醬汁調味。

🕐11:30～14:00(L.O.)、17:00～20:30(21:00打烊)　休週二　所酒田市中町2-5-10 酒田產業会館B1F　交JR酒田站搭庄內交通巴士酒田市內迴A路線5分，本町莊銀下車即到　P免費

必吃
美食之都午餐　2160日圓
（價錢視當天菜色而定）

前菜、湯品、主食、甜點、麵包or米飯、飲料

這道也很推薦
每週午餐　980日圓～

→氣派的老字號洋溢著高雅的氛圍

必吃
主廚推薦午餐　2700日圓

前菜、湯品、主食、甜點、麵包、飲料。照片中的主食為香煎櫻花鯛

預算：午2700日圓～、晚3500日圓～
預約：包廂需預約

Le pot-au-feu
ル・ポットフー

☎0234-26-2218　MAP P.37 B-1

主廚會每天親自到港口精心挑選新鮮漁產，使用當天最鮮美的食材，提供能夠發揮素材美味的法式鄉土料理。搭配料理的日本酒和葡萄酒種類也很豐富。

🕐11:30～14:00(15:00打烊)、17:30～20:00(21:00打烊)　休週三(逢假日則營業)　所酒田市幸町1-10-20 日新開發ビル3F　交JR酒田站步行3分　P免費

這道也很推薦
A全餐　3500日圓

↑店內有許多古典傢俱擺設

→雅緻的店內氛圍

精通庄內美味的主廚招待料理

預算：午2300日圓～、晚3500日圓～
預約：全餐需於一天前預約

Restaurant L'oasis
レストランロアジス

☎0234-24-0112　MAP P.37 A-2

將庄內豬和日本海漁產、當季蔬菜等食材魅力提煉出來的法式料理大受好評。大主廚太田政宏先生也是「美食之都・庄內」的親善大使。

🕐11:30～13:30(14:00打烊)、17:00～19:30(21:00打烊)　休週三　所酒田市中町2-5-1 マリーン5清水屋5F　交JR酒田站搭庄內交通巴士酒田市內迴A路線7分，中町下車即到　P免費

←位於百貨公司5樓

這道也很推薦
鮮魚午餐　1720日圓～

必吃
A午餐　2370日圓

前菜、湯品、主食、甜點、麵包、飲料。照片中的主食為香煎庄內豬

鶴岡・酒田 出羽三山

還想去這些地方！酒田

P.19

山形市區・藏王 天童・上山

P49

新庄・銀山溫泉 最上

P81

米澤・赤湯

P97

交通指南

酒田法式料理

美食　創意料理　MAP P.37 A-2

食彩旬味 芳香亭
●しょくさいしゅんみほうこうてい
☎0234-21-1036

山居倉庫內的餐廳

老字號料亭「香梅咲」（→P.33）的姊妹店。沉著穩重的店內，可品嘗到酒田名物「蕎麥麵」等鄉土料理和創意料理。晚上可小酌一杯特產酒和燒酎，搭配當季的小菜一起享用。

⏰11:00～14:00、17:30～21:30（週一僅中午營業）
休無休　所酒田市山居町1-1-20　交JR酒田站搭乘內交通巴士往鶴岡南中心方向，山居倉庫前下車即到　P免費

飯、碗、竹籠飯詰籠膳」（附1620日圓）

玩樂　屋形船　MAP P.37 B-2

屋形船Mizuki
●やかたぶねみづき
☎0234-21-8015（屋形船觀光）

巡遊酒田灣

觀光船巡航於流經市內的新井田川和酒田灣，可眺望鳥海山和日和山公園。新井田川堤防上有櫻花行道樹，春天可在船上賞花用餐。

⏰10:30～、12:00～、14:00～、18:00～（需預約）
休無休　僅搭船1960日圓～、用餐1050日圓～
所酒田市入船町5-1　交JR酒田站車程10分　P需洽詢

從山居倉庫附近的山居橋正下方搭船前往酒田灣

美食　蕎麥麵　MAP 附錄②P.10 F-2

手打そば出羽
●てうちそばでわ
☎0234-25-4580

精心講究的自家製素材

每天堅持自製麵粉，手工桿麵的香Q蕎麥麵大獲好評。天婦羅、小菜、山菜幾乎都是庄內產。獲得酒田地區特產認定第1號的濁酒也不可錯過。

⏰11:00～15:00（15:00以後需預約）休週三（逢假日則營業）所酒田市兩羽町5-4　交JR酒田站車程15分　P免費

湯頭入味的「鴨汁蕎麥麵」（普通分量，1050日圓）使用的是國產鴨肉

美食　創意料理　MAP P.37 A-2

まごころ茶屋 三代目 兵六玉
●まごころちゃやさんだいめひょうろくだま
☎0234-23-5688

名產・豆腐料理和鄉土料理

提供大量使用庄內濱特產魚等地方當季食材的和洋折衷鄉土料理，並可搭配特產酒慢慢享用的居酒屋。口味豐富的豆腐料理約有10種，獲得極高人氣。也有很多種正宗燒酎。

⏰17:00～22:30（23:00打烊）、有變動　休無休
所酒田市中町2-1-9　交JR酒田站車程5分　P免費

全餐2700日圓起，加1620日圓可無限暢飲（2小時、6名以上，需預約）

景觀　寺社　MAP P.37 A-1

海向寺
●かいこうじ
☎0234-22-4264

安奉兩尊即身佛的寺廟

湯殿山信仰的寺廟。本堂旁的即身佛堂安奉著為了拯救末世之人的痛苦，進行嚴厲的千日修行，即身成佛的忠海上人和圓明海上人。

⏰9:00～17:00（視時期而異）休週二（假日可參拜）
¥400日圓，國小、國中生200日圓　所酒田市日吉町2-7-12　交JR酒田站車程5分　P免費

8月1～3日的節慶期間，夜晚也可參拜即身佛

開建於最上川河口的港埠城市。江戶時期因海運而興盛，當地還保留著舞娘茶屋、雛藏畫廊、相馬樓、本間家舊本邸等可緬懷昔日榮景的建築物。此地還盛產各種海陸食材，「酒田法式料理」和酒田拉麵等美食也大受好評。

Pick UP!

酒田拉麵
●さかたのらーめん

蔚為話題的當地拉麵

使用海鮮高湯的湯頭口味濃郁而清爽，清澈的湯頭搭配小麥的麵香，是讓人想一吃再吃的美味。大多數的店家都是使用自製麵條。

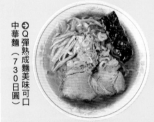
中華麵（730日圓）
Q彈熟成麵美味可口

麵処 味龍
●めんどころあじりゅう

使用日本產小麥的自家製麵條熟成後更加Q彈有勁。小魚乾和昆布熬煮的湯頭層次豐富，搭配軟嫩的「三元豬」叉燒風味更佳。

⏰11:00～15:00　休週三（逢假日則翌日休）
所酒田市錦町1-2-24　交JR酒田站車程15分
P免費　MAP 附錄②P.10 F-2
☎0234-31-3717

味道清爽的餛飩麵（780日圓）

ワンタンメンの満月
●わんたんめんのまんげつ

創業58年的店家，特色招牌為如羽衣般極薄的手工餛飩。高雅的飛魚湯和充滿餡料及肉汁的餛飩口感絕佳。

⏰11:00～16:30（週五～日～21:00）
休不定休　所酒田市東中ノ口町2-1　交JR酒田站車程5分　P免費　MAP P.37 B-2
☎0234-22-0166

景觀　美術館　MAP 附錄②P.10 F-2

酒田市美術館
●さかたしびじゅつかん
☎0234-31-0095

位於山丘上的摩登美術館

以日本洋畫界的巨匠・森田茂的作品為中心，收藏・展示了酒田市出身的作家作品。同時也舉行不分國家、主題廣泛多元的特別展。建築師・池原義郎設計的現代感建築也是一大看點。

⏰9:00～16:30（17:00閉館）休不定休（12～3月週一休、逢假日翌日休）¥540日圓，高中、大學生270日圓，國小、國中生免費（視企劃展有所變更）
所酒田市飯森山3-17-95　交JR酒田站搭るんるん巴士酒田站大學線，出羽遊心館・美術館下車即到　P免費

特色遮雨棚為美術館入口的標誌

採訪筆記　大獅子山車列隊遊行的「酒田祭」
每年5月舉行的酒田傳統活動。除災祛病的靈獸・大獅子山車列隊會在市內遊行。大獅子的頭長寬各2m，身體10m，大步走在街上的景象相當壯觀。

購物・麺包店
●なかまちきむらや
中町木村屋
📞0234-23-1515
MAP P.37 A-2

深受在地人喜愛的老字號麵包店
市內有3間店舖的麵包店。提供馬鈴薯沙拉、巧克力奶油等7種夾心麵包，每一款都百吃不厭。還有販售許多裝飾蛋糕和適合送禮的點心類。

⏰9:00～18:15　休週三　所酒田市中町3-5-29
🚃JR酒田站搭庄內交通巴士酒田市內迴A路線，山銀前下車，步行3分　Ｐ利用附近的停車場

夾心麵包有馬鈴薯沙拉（292日圓）、果醬（194日圓）等口味

購物・精肉・家常菜
●ひらたぼくじょうほんてん
平田牧場本店
📞0234-21-0111
MAP附錄②P.10 F-2

提供超有人氣的「三元豬」和「金華豬」
平田牧場的「三元豬」和「金華豬」是日本國內知名的優質豬肉。稀有的「金華豬」精肉和熱騰騰的家常菜便當等，本店特有的豐富商品陣容為其魅力所在。

⏰10:30～18:30　休不定休　所酒田市松原南5-7
🚃JR酒田站車程10分　Ｐ免費

金華豬生火腿（50g）648日圓（右）、款待平牧香腸540日圓（左）

咖啡廳・咖啡廳
●さざんか
山茶花
📞0234-24-1691
MAP P.37 A-2

古典咖啡廳
雅緻的店內擺飾著骨董飾品和中古鐘，在這裡可以品嘗深焙咖啡。甜品會隨季節更換，種類豐富，當中以「冰淇淋餡蜜愛玉」最為人津津樂道。

⏰9:00～23:00
休無休
所酒田市中町1-14-26
🚃JR酒田站步行15分
Ｐ免費

「冰淇淋餡蜜紅豆愛玉」（700日圓）

賽之河原
位於飛島海水浴場延伸出來的海岸遊步道前方。漂浮於海面上的鳥帽子群島在海浪的沖打之下，有許多圓石子高高堆疊。在島上傳說這裡是靈魂聚集的地方。

遊步道旁可看到宛如長毛象的岩石

巨木之森
島上氣候溫暖，樹幹圍周超過4m的紅楠和赤松生長繁茂，遊步道也整頓完善。穿過森林可從鼻戶崎瞭望台眺望整座鳥海山。

荒崎頸部植物群落
僅生長於飛島和新潟縣佐渡島的飛島萱草群生地。5月下旬至7月的賞花季會有許多前來高山健行的遊客。

飛島海水浴場
水質透明度極高，可就近看到魚在游泳。四周灣環繞，海浪平穩。7月中旬～8月中旬可以來泡海水浴。

觀光用自行車
建議可利用免費租借的觀光用自行車來環繞這座小島。4月中旬到10月可使用。

飛島
●とびしま
飛島位於酒田港西北39km處，是個周長10.2km的小島。在酒田港搭定期船75分便可抵達這座山形縣唯一的離島。飛島周圍有對馬暖流流過，氣候溫暖，一年四季都有茂密的紅楠等常綠闊葉林。可在大自然中進行海水浴、釣魚、高山健行等休閒活動，樂趣無窮。飛島也是日本數一數二的野鳥聚集地，有很多人會前來賞鳥。無論是當天來回還是下榻島上的飯店，都可以玩得很盡興。2016年獲認定為「鳥海山・飛島地質公園」。

洽詢處
酒田市觀光振興課📞0234-26-5759
MAP附錄②P.5 A-1

旅情報
前往自然美景環繞的日本地質公園・飛島

位於「Marine Plaza」內

位於勝浦港前「Marine Plaza」2樓的伴手禮店家。有使用飛島名產飛魚的高湯醬油、烤魚乾等伴手禮。還有設置用餐區，和刺子刺繡工藝展覽。

⏰4月29日～9月、10:00～14:00　休不定休
所酒田市飛島勝浦177　🚃勝浦港即到

飛魚高湯沾麵汁豪華原味 400日圓
高級飛魚高湯相當入味的沾麵汁

飛島冰淇淋
各350日圓
島產岩海苔、五島芋等，共有5種口味
MAP附錄②P.5 A-2

伴手禮店家
●しまのえきとびしま
島の駅とびしま
購買飛島產的美味伴手禮

📞0234-96-3800（飛島有限責任公司）

一邊感受海風一邊吃飯喝酒
當日午間套餐

位於定期船起訖的勝浦港不遠處的咖啡廳，營業時間為春天到秋天。推薦使用島上海藻、海產、蔬菜等食材的「當日午間套餐」。島產飛魚和岩海苔等口味的冰淇淋也深受好評。

⏰4月29日～10月中旬、10:00～21:00
休不定休　所酒田市飛島勝浦乙177
🚃勝浦港即到
MAP附錄②P.5 A-2

在這裡享用午餐
●しまかへ
しまかへ
島民和觀光客的休憩咖啡廳

📞0234-96-3800（飛島有限責任公司）

從飛島可以瞭望到鳥海山漂浮在海上的絕景

從酒田港搭乘定期船「ニューとびしま」到飛島75分。乘船費往返4200日圓、兒童2100日圓、單程2100日圓、兒童1050日圓。海上氣候惡劣時停駛。詳情洽TEL0123-22-3911（酒田市定期航路事業所）

採訪筆記　可以遇見海豚!?　4月到6月搭船前往飛島時，有機會遇到大群海豚。

山形の地酒専門店 木川屋新橋本店
●やまがたのじざけせんもんてんきかわやしんばしほんてん

☎0234-23-6300

有各式各樣充滿魅力的特產酒

要在酒田市內買特產酒就要到這裡。有縣內特別訂做的特產酒與葡萄酒等，種類齊全。這裡也有製造在競賽中獲得日本第一的濁酒，還可以品嘗到美味的庄內米，人氣相當高。

🕐9:00～19:00(假日為～18:00)　休週日　所酒田市新橋4-5-15　🚌JR酒田站搭庄內交通巴士酒田市內迴B路線，第二中學校前下車即到　Ｐ免費

評價◐葡萄類的選擇也獲得高度

産直たわわ
●さんちょくたわわ

☎0234-61-1601

販售鳥海山麓的健康蔬菜

除了時令蔬果之外，還有販售春天的山菜和季節性花卉，店前全年會販售多種當季蔬果。特別是山菜種類豐富，包括食用土當歸、蕨菜、水菜等。店家位於國道旁，停車場也很寬敞。

🕐9:00～18:00(1·2月為～17:00)　休無休　所酒田市法連寺茅針谷地130-3　🚌JR本楯站車程10分　Ｐ免費

◐以平易近人的價格販售當地產新鮮蔬菜

小松屋
●こまつや

☎0234-22-5151

為文豪所愛的名產羊羹

天保3（1832）年創業的老字號和洋菓子店。高人氣的伴手禮特產點心「吳竹羊羹」加了青海苔在羊羹當中。在大正時期的作家·竹久夢二的《如風》一節中也有出現。

🕐9:00～18:00　休無休　所酒田市日吉町1-2-1　🚌JR酒田站搭庄內交通巴士酒田市內迴A路線，寿町下車，步行3分　Ｐ免費

◐有濃郁青海苔風味的「吳竹羊羹」（864日圓）

オランダせんべいFACTORY
●おらんだせんべいふぁくとりー

☎0234-25-0017

在當地備受喜愛的經典點心

位於「酒田米菓」工廠內的設施。販售山形代表性的點心之一「荷蘭煎餅」等多種伴手禮。館內還可參觀工廠和體驗手烤煎餅。

🕐9:00～18:00、參觀工廠～15:40(16:00閉館)、咖啡廳～17:30(L.O.)　休無休　所酒田市兩羽町2-24　🚌JR酒田站車程10分　Ｐ免費

◐「禮盒BOX 荷蘭女孩」（864日圓）

菓子の菊池
●かしのきくち

☎0234-26-3331

購買人氣的酒田特產點心當伴手禮

製造·販售酒田的特產點心「酒田娘」的地方，內餡共有紅豆、咖啡、烤地瓜等3種口味。綿密溼潤的外皮搭配內餡的絕佳美味，最適合在下午茶時間享用。建議可以買來當酒田伴手禮。

🕐9:30～18:10　休無休　所酒田市二番町8-19　🚌JR酒田站搭庄內交通巴士酒田市內迴A路線，本町荘銀前下車，步行8分　Ｐ免費

◐酒田娘（120日圓）

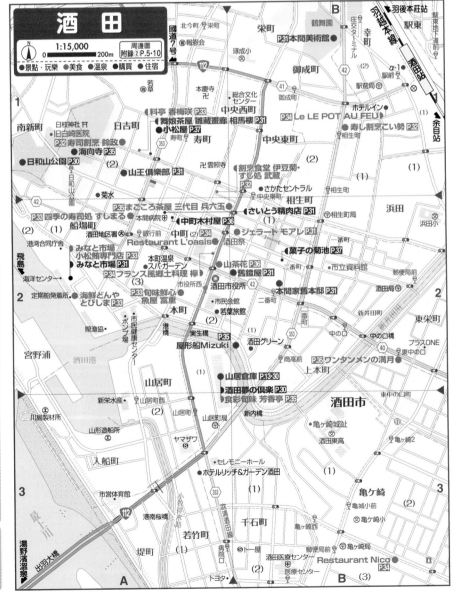

酒田

1:15,000
●景點·玩樂　●美食　●溫泉　●購買　●住宿

採訪筆記◆尋找酒田的象徵·獅子　酒田街上的人孔蓋和石階上經常可看到表情幽默的獅子圖案。源自每年5月舉辦的「酒田祭」中登場的大獅子。

出羽三山
（でわさんざん）

山岳信仰的聖地

羽黑山

出羽三山為開山以來擁有1400年歷史的御山。位於中心地位的羽黑山上有五重塔、巨型杉木林參道等許多值得一看的地方。在莊嚴神聖的氣氛中，感受神祕之山的能量吧。

介紹的地區 在這裡

注意！夜間點燈活動

7月中旬～10月下旬的週六、日、假日和盂蘭盆節期間，從日落到20時30分在羽黑山五重塔會舉行點燈活動。詳情請洽羽黑山五重塔點燈執行委員會（☎0235-62-4727）

米其林指南三顆星佇立在杉木林中的木塔

2 羽黑山五重塔
◆はぐろさんごじゅうのとう

建於老杉樹林之中，高度29.9m的莊嚴木塔。據傳是平安中期由平將門所創建。目前的建築物重建於室町時代中期，被稱為東北最古老的塔。

所需時間 約2小時
（上山1小時、下山40分）

約10分

↑昭和41（1966）年獲指定為日本國寶

前往登拜 GO！

穿過門後，就是2446階的石梯！

1 隨神門
◆ずいしんもん

通往出羽三山神域的入口。穿過月山，遠達湯殿山都是神域。門後就是通往山頂長達2446階的石梯。這座門原本是元祿年間（1688～1704年）有人奉贈的仁王門。

↑從這裡開始就是出羽三山的神域

羽黑山
◆はぐろさん
MAP 附錄②P.10 H-6
☎0235-62-2355（出羽三山神社社務所） ▶8:30～16:30
休無休 ¥免費 所鶴岡市羽黑町羽黑山 ∷JR鶴岡站搭庄內交通巴士往羽黑山頂方向，羽黑隨神門下車即到 P免費

補充能量！

登拜羽黑山之前 先到這裡來一趟

出羽文化紀念館
◆いではぶんかきねんかん

展示多項出羽三山的歷史和文化遺產。影像電影院中也會介紹出羽三山四季的風景和舉辦節慶的模樣。
☎0235-62-4727
（羽黑町觀光協會）▶9:00～16:30（12～3月為9:30～16:00）休週二（7、8月無休）¥400日圓，高中、大學生300日圓，國小、國中生200日圓 所鶴岡市羽黑町手向院主南72 ∷JR鶴岡站搭庄內交通巴士往羽黑山頂方向，いでは文化記念館前下車即到 P免費

↑先到這裡參觀，再前往羽黑山
MAP 附錄②P.10 H-6

山伏修行體驗
◆やまぶししゅぎょうたいけん

還可以進行這些體驗！

羽黑山有舉辦開放一般人參加（17人以上）的山伏修行體驗班。可換上白衣，透過修行淨化內心。夏季亦會舉行鍊成修行道場。詳情請洽出羽文化紀念館。

這裡是這樣的地方！
羽黑山、月山、湯殿山合稱為「出羽三山」，自古為傳遞山岳信仰的神祕之山。除了參拜訪客之外，前來高山健行的人也絡繹不絕。

交通資訊
羽黑山
開車 40分
山形自動車道鶴岡IC經由縣道332、縣道47號到羽黑山車程20km

巴士 40分
鶴岡站前搭庄內交通巴士往羽黑山頂方向40分，羽黑隨神門巴士站下車

MAP
附錄②P.7·10

住宿資訊
P.41

洽詢處
●庄內觀光代表協會
☎0235-68-2511
●鶴岡市觀光物產課
☎0235-25-2111

天童・上山
P.49 新庄・最上・銀山溫泉
P.81 米澤・赤湯
P.97 交通指南

山伏大人！請告訴我！

出羽三山是？

出羽三山是羽黑山、月山、湯殿山的總稱，也是擁有開山1400年歷史的山岳信仰靈場。三山各司其職，羽黑山掌管現世的幸福，月山掌管死後的極樂淨土，湯殿山則掌管累積功德，以在現世重生。

山容賞心悅目，是高山植物的寶庫

有北萱草等植物盛開

月山
◆がっさん

月山為出羽三山的主峰，海拔1984m，也是高山植物的寶庫，夏天前來健行的遊客絡繹不絕。位於山頂的月山神社本宮祭祀著象徵月亮的神「月讀命」。

☎0235-62-2355（出羽三山神社社務所）
⏰7月1日～9月15日、5:00～17:00 休期間中無休 所庄內町立谷澤本澤31 交JR鶴岡站搭庄內交通巴士往月山八合目方向，終點下車，步行2小時30分抵達山頂 P免費
MAP附錄②P.7 D-3

隔離世俗的聖域

三山之中距離世俗最遙遠的御山

湯殿山
◆ゆどのさん

湯殿山為戒律嚴格的神域，在此的所問所聞皆「不可談論、不可聽聞」。現在想要前往湯殿山神社本宮參拜，仍得先接受淨化儀式才得以進入。

☎0235-62-2355（出羽三山神社社務所）
⏰5月上旬～11月上旬、8:00～16:00 休期間中無休 所鶴岡市田麦俣六十里山 交JR鶴岡站車程1小時3分 P免費
MAP附錄②P.7 D-3

出羽三山MAP

羽黑山MAP

留意柱子上的龍雕刻 嚴島神社
可品嘗到素食料理 羽黑山齋館
尾崎神社
塩山姬神社
八幡神社

羽山人之皇子 蜂子神社
祭祀出羽三山人之皇子蜂子皇子
羽山開山之祖

参集殿
六所神社
靈祭殿
東照宮
神輿舍
大雷神社
建角身神社
稻荷神社
大山祇神社
白山神社
思兼神社
八坂神社

4 羽黑山三神合祭殿
鏡池
鐘樓堂
夏天會有蓮花綻放
庭場（山頂廣場）
平和塔

蜂子皇子之墓

南谷別院遺跡
從登山口步行約15分處。芭蕉曾在此逗留，為此吟出「殊勝雪得，山風飄來雪香，南谷薰然」的詩句。

舊御本坊遺跡

想情有可能會實現！？締結良緣的能量景點

芭蕉塚

出羽三山歷史博物館
羽黑山頂
羽黑山休息處
出羽三山的寶館

P
WC
P
販賣處
出羽三山和庄內伴手禮種類齊全

二の坂茶屋
三の坂
薬山祇神社
3
2 一之坂 杉木林
羽黑山五重塔
岩戶分神社
羽黑山自動車道
普通車、輕自動車通行費400日圓

杉 爺杉
據說為樹齡1000年的老杉已列為日本的天然紀念物
保食神社
大直日神社
子守神社
磐裂神社
天神社
竟然是江戶時期建造的人工瀑布
須賀瀑布

豐玉姬神社

大年神社

隨神門
出羽文化紀念館

五十猛神社 根列神社
1 隨神門
出羽三山神社社務所

3 一之坂 杉木林
◆いちのさかすぎなみき

陡峭的參道旁林立著多達約400棵的巨型杉木，瀰漫著神域特有的莊嚴氣息。此地已登錄為日本天然紀念物，並獲得米其林指南三顆星的肯定。

注意！找到就能實現願望！？
石梯上的雕刻據聞為江戶初期，羽黑山的中興之祖・天宥當命令石工所刻。據說只要找到33個酒瓶、蓮花等雕刻，願望就能成真。

莊嚴神聖的參道兩旁是樹齡超過350年以上的杉木林

充滿神秘力量的參道

約50

在這裡小休片刻

二の坂茶屋
◆にのさかちゃや

可眺望日本海的茅草屋頂茶屋，力餅為這裡的名產。爬完這裡的石階可獲得證書，詳情請洽工作人員。
MAP附錄②P.10 H-6

↑力餅（附抹茶、700日圓）

午餐享用素食料理

「秋之御膳」（2160日圓）

羽黑山齋館
◆はぐろさんさいかん

一直以來供給修行者的素食料理。完全不使用肉或魚，主要食物為當地摘採的山菜、蔬菜、穀物等。菜色會視季節更換。

☎0235-62-2357 ⏰11:00～14:00（需預約）休無休 所鶴岡市羽黑手向羽黑山33 交JR鶴岡站搭庄內交通巴士往羽黑山頂方向，羽黑山頂下車，步行10分 P利用羽黑山停車場
MAP附錄②P.10 H-6

抵達山頂

4 羽黑山三神合祭殿
◆はぐろさんさんじんごうさいでん

祭祀月山、羽黑山、湯殿山三尊神明的重要社殿。此為文政元（1818）年重建後的建築，擁有高28m、厚約2.1m的日本最大茅草屋頂。

厚達2m的茅草屋頂為日本最大規模！

要文化財

獲指定為日本的重

舊遠藤家住宅

景點　舊宅　**MAP附錄②P.7 C-3**

●きゅうえんどうけじゅうたく

☎0235-54-6103（民宿茅葺屋）

豪雪地帶的多層民宅

歷史悠久的多層民宅，位於連結庄內地帶和內陸的六十里越街道要衝的田麥俣地區。可參觀現存的兜造建築、3層樓茅草屋。擁有200年以上的歷史，已獲認定為日本遺產。

🕘9:00～17:00　休週一　¥300日圓，國小、國中生200日圓　所鶴岡市田麦俣七ツ滝139　🚌JR鶴岡搭庄內交通巴士往田麦俣方向，田麦俣下車，步行3分　Ｐ免費

➔同時也被指定為山形縣有形文化財

玉川寺庭園

景點　寺社　**MAP附錄②P.10 G-5**

●ぎょくせんじていえん

☎0235-62-2746

設有迴遊式庭院的花寺

鎌倉時期開設的曹洞宗寺院。百花盛開的庭院春天開櫻花，初夏開杜鵑花和花芭蕉，秋天開萩花，在當地擁有「花寺」的暱稱。此庭院獲指定為日本的文化財名勝。

🕘9:00～17:00（有時節性變動）　休無休　¥400日圓，國小、國中生200日圓　所鶴岡市羽黑町玉川35　🚌JR鶴岡站搭庄內交通巴士往羽黑山頂方向，大鳥居下車，步行20分　Ｐ免費

➔以水池為中心的池泉迴遊式蓬萊庭園

月山湖大噴水

景點　噴水池　**MAP附錄②P.7 D-4**

●がっさんこだいふんすい

☎0237-75-2555（水之文化館）

高高噴起的水柱相當壯觀

高達112m的噴水，是世界上數一數二的大噴水池。每隔1小時約噴水10分，平日噴水7次，週六、日、假日噴水8次。也有販售輕食的販賣部，尤以霜淇淋特別受歡迎。

🕘4月下旬～11月上旬、10:00～16:00每小時噴水10分（週六、日、假日為～17:00）　休期間中不定休　所西川町砂子関　🚌JR山形站搭庄內交通巴士・山交巴士往鶴岡・酒田方向高速巴士，西川巴士站下車轉搭町營巴士，ダム展望台下車即到　Ｐ免費

➔氣勢磅礡、高高噴起的大水柱值得一看

松岡開墾紀念館

景點　紀念館　**MAP附錄②P.10 G-6**

●まつがおかかいこんきねんかん

☎0235-62-3985

展示開墾的歷史資料

明治5（1872）年舊庄內藩士3000人在松岡開墾。現存的5棟大蠶室保存下來當紀念館使用。不妨到歷史悠久的莊嚴建築物中，參觀將開墾精神傳遞至今的貴重資料吧。

🕘4～11月、9:30～16:00（逢假日則開館）　休週一　¥450日圓，高中、大學生350日圓，國小、國中生150日圓　所鶴岡市羽黑町松ヶ岡29　🚌JR鶴岡站車程15分　Ｐ免費

➔公開展示明治時期的舊蠶室

羽黑山 荒澤寺

景點　寺社　**MAP附錄②P.10 H-6**

●はぐろさんこうたくじ

☎0235-62-2380（正善院）

歷史悠久的莊嚴寺院

被稱為羽黑山奧之院的寺院。過去為允許女性參拜的羽黑山中，唯一禁止女性進入的聖地。現在為羽黑修驗重要的修行之一「秋之入峰」的修行場。

🕘自由參拜　所鶴岡市羽黑町手向字羽黑山24　🚌JR鶴岡站搭庄內交通巴士往羽黑山頂方向約30分，羽黑山荒澤寺前下車，步行5分　Ｐ免費

➔2018年開帳期間為5～10月

還想去這些地方！

東北首屈一指的能量景點

出羽三山

でわさんざん

「出羽三山」為月山、羽黑山、湯殿山的總稱，位於山形縣中央，據傳於6世紀開山。羽黑山表示現世，月山表示前世，湯殿山表示來世，有許多人前往三山進行「重生之旅」。

Studio Sedic 庄內Open Set

Pick UP!

想徜遊在電影的世界裡

●すたじおせでぃっくしょうないおーぷんせっと

這裡是日本數一數二的大型攝影場所，有多數電影和電視劇在此拍攝。宿場町、漁村、農村、山間聚落等風格迥異的地區，都能讓人聯想到許多作品。除了參觀之外，也有展示作品劇照，還可租借服裝，也有紙箱迷宮、射箭場、大太鼓表演等遊樂場所。也別錯過紀念照景點。

↑充滿魄力的外景地。佈景後方可看到月山

🕘4月下旬～11月下旬、9:00～16:00(17:00閉園)，10、11月為～15:00(16:00閉園)　休期間中無休(拍攝時部分地區無法參觀)　¥1300日圓，國小生900日圓，國小以下免費　所鶴岡市羽黑町川代東增川山102　🚌山形自動車道・庄內あさひIC車程40分　Ｐ免費

MAP附錄②P.7 D-2

☎0235-62-4299

➔手持刀劍，拍攝武士紀念照

注連寺

旅情報

米其林指南2顆星的古寺・注連寺

●ちゅうれんじ

2009年獲得「米其林日本綠色指南」2顆星評價的古寺。鐵門海上人的即身佛安置於此，樹齡約200年的「七五三掛櫻」也相當美麗。

☎0235-54-6536　🕘9:00～17:00（11～4月為10:00～16:00）　休無休　¥500日圓　所鶴岡市大網中台92-1　🚌JR鶴岡站車程40分　Ｐ免費

MAP附錄②P.7 C-2

➔也因為是作家・森敦的名作《月山》的舞台而聞名

採訪筆記　莊嚴深層的羽黑山火祭

「松例祭」是羽黑山從除夕夜到元旦舉行的神秘火祭。會舉行山伏模仿烏鴉飛行的「烏飛」大賽，以及由年輕人點燃大火炬的「大松明引」等祭神儀式也相當精彩。

40

鶴岡・酒田 出羽三山

還想去這些地方！出羽三山

P.19

山形市區・天童・上山

P.49 新庄・最上・銀山溫泉

P.81 米澤・赤湯

P.97 交通指南

| 購物 | 漬物 | MAP 附錄② P.10 G-6 |

●つけもののさと
漬物の里
☎0235-62-4192

商品陣容包括許多庄內產蔬菜的漬物
製造、販售使用庄內特產食材的特製漬物。種類豐富，經常備有30種以上的漬物。鶴岡特產品和酒類也很齊全，適合來此挑選伴手禮。

🕐9:00～17:00 休週三不定休 所鶴岡市羽黑町川代川代山406 交JR鶴岡站車程20分 P免費

右：溫海蕪菁柿醋漬（250日圓）

| 玩樂 | 果樹園 | MAP 附錄② P.10 G-6 |

●がっさんこうげんすずきのうえん
月山高原 鈴木農園
☎0235-62-4042

採收多汁的藍莓
位於月山高原海拔250m的農園，栽種濃郁甘甜的「月山高原藍莓」。7月上旬～8月下旬會舉辦藍莓採收體驗活動，可盡情享用剛現採藍莓。

🕐9:00～17:00 休無休 ¥採收體驗1000日圓、3歲～國小生500日圓 所鶴岡市羽黑町上野新田上台80 交JR鶴岡站搭庄內交通巴士往今野方向，上野新田下車，步行3分 P免費

右：採收後會招待1杯藍莓汁

| 美食 | 當地產料理 | MAP 附錄② P.10 H-6 |

●おやすみどころずいしんもん
お休み処zuisin門
☎090-1495-9330

大快朵頤庄內特產
位於前往羽黑山・國寶五重塔登山口的畫廊兼休息處。可以享用麻薏麥切麵和庄內柿義式冰淇淋等庄內特產料理。店內還有日式雜貨和伴手禮可以選購。

🕐4～11月、10:00～16:00
休期間中週四
所鶴岡市羽黑町手向5
交JR鶴岡站搭庄內交通巴士往羽黑山頂方向，隨神門下車即到
P免費

➡可隨意來訪的休息處

| 美食 | 烏龍麵 | MAP 附錄② P.10 G-5 |

●ささがわしょくどう
笹川食堂
☎0235-62-2295

味道清爽的肉烏龍麵
僅靠肉烏龍麵決勝負的超人氣專賣店。使用大塊蔥提味的烏龍麵湯汁是帶有甜味的日式高湯，滋味豐富，沁人心脾。圓狀麵條吃起來Q彈順口。

🕐10:00～18:00(售完打烊)
休週三 所鶴岡市羽黑町野荒町街道上7-2 交JR鶴岡站搭庄內交通巴士往羽黑山方向，荒町下車，步行5分
P免費

➡簡樸的肉烏龍麵（中碗，650日圓）

| 住宿 | 旅館 | MAP 附錄② P.10 H-6 |

●りょかんたもんかん
旅館 多聞館
☎0235-62-2201

登月山時可入住的旅宿
方便前往出羽三山的旅宿，尤其適合當登月山時的起點。使用當地新鮮食材的家庭式料理也很受歡迎。只要先預約，也可僅用午餐。

🕐IN14:00 OUT10:00
¥1泊2食8100日圓～
所鶴岡市羽黑町手向115 交JR鶴岡站搭庄內交通巴士往羽黑山頂方向，羽黑荒町下車即到
P免費

➡招牌為使用山菜和香菇的季節料理

| 美食 | 蕎麥麵 | MAP 附錄② P.7 C-3 |

●てうちそばどころだいぼんじ
手打ちそば処 大梵字
☎0235-53-3413

大啖當地產的十割蕎麥麵
僅用朝日地區採收的玄蕎麥製成的蕎麥麵麵條很細，美味順口，也相當適合搭配較濃的沾麵汁。將醬油山菜紫萁餡包在蕎麥外皮中的「大梵字烤餅」（430日圓）也很受歡迎。

🕐11:00～16:30(17:00打烊)、12～3月為～16:00(16:30打烊) 休第4週一
所鶴岡市越中名平4-2 交JR鶴岡站搭朝日交通巴士往田麥俣方向，月山あさひ博物館村下車即到
P免費

➡大竹籠蕎麥麵（3人份、2400日圓）

快速奔馳在可俯瞰
日本海的高原上

●ちょうかいぶるーらいん

鳥海Blue Line

適合前往
的季節
5〜10月

經由鳥海山5合目，連接山形縣遊佐町和秋田縣仁賀保市的觀光道路。不斷出現溪谷和彎道，從3合目開始可看到日本海和庄內平原一望無際的絕美景觀。

☎0184-43-6608（仁賀保市觀光協會）
🕐4月下旬〜11月上旬、自由通行　所山形縣遊佐町〜秋田縣仁賀保市　🚗日本海東北自動車道：酒田みなとIC車程25分　P免費
MAP附錄②P.5 C-2

介紹的地區
在這裡
★鳥海山
最上
鶴岡　山形
米澤

獨占山海大環視圖！

鳥海Blue Line

絕景兜風之旅

這裡是這樣的地方！
面臨日本海的鳥海山麓有著名瀑布和湧泉群等許多美麗水景。山岳路線整備完善，可享受愉快的兜風樂趣。

全長34.9km的「鳥海Blue Line」可從鳥海山眺望日本海。位於海拔2236m的靈峰中可一邊兜風，一邊感受充滿負離子的瀑布美景，還有可看見美麗夕陽的公路休息站等各式各樣的絕美景觀。

鳥海山
小檔案

聳立於山形和秋田縣境的獨立山峰。2016年鳥海山、飛島地區獲認定為日本地質公園。

泉水不斷湧出的
夢幻水池

絕美景觀
丸池水底可看見水湧出來的畫面

② 丸池樣·牛渡川
まるいけさまうしわたりがわ

鳥海山山麓上遍布著湧泉。丸池被稱為「丸池樣」，為當地信仰的對象，是水源僅來自湧泉的罕見水池。旁邊有鳥海山湧泉流經的牛渡川。

☎0234-72-5666（遊佐為鳥海觀光協會）
🕐自由參觀　所遊佐町直世荒川57　🚃JR吹浦站車程8分　P免費　MAP附錄②P.5 C-3

交通資訊

開車 約18分
日本海東北自動車道酒田みなとIC經由縣道59號、國道7號到吹浦15km

鐵道 約20分
酒田站搭JR羽越本線20分，吹浦站下車

MAP
附錄②P.5

洽詢處
●遊佐鳥海觀光協會
☎0234-72-5666
●仁賀保市觀光協會
☎0184-43-6608
●庄內觀光代表協會
☎0235-68-2511

兜風路線

金浦IC		⑥公路休息站 象潟ねむの丘		⑤奈曾白瀑布		④元瀧伏流水		③鉾立展望台		②丸池樣·牛渡川		①十六羅漢岩		酒田みなとIC
	5分		15分		10分		25分		40分		12分		28分	
	5km		8km		2.5km		15.5km		22km		3km		16.5km	

守護著日本海的
巨岩雕刻石佛群

神祕莊嚴的石佛

① 十六羅漢岩
じゅうろくらかんいわ

據傳為明治元（1868）年海禪寺第21代寬海和尚為了供養諸靈與祈禱海上安全，指揮當地石工雕製而成。在巨岩上雕刻出來的16尊羅漢像和釋迦三尊看起來相當有魄力。

☎0234-72-5666（遊佐鳥海觀光協會）
🕐自由參觀　所遊佐町吹浦西楯
🚃JR吹浦站車程3分　P免費
MAP附錄②P.5 B-3

絕美景觀
守護著海上安全的22尊石像。7月下旬會有點燈活動

公路休息站 象潟ねむの丘
土田牧場
⑥ 蚶滿寺
仁賀保高原
象潟
秋田縣
象潟九十九島
仁賀保市
中島台休閒之森
上濱
⑤ 奈曾白瀑布
④ 元瀧伏流水
羽越本線
鳥海Blue Line
日本海
小砂川
三崎公園
三崎
女鹿
稻倉山莊
③ 鉾立展望台
太平山莊
鳥海山
十六羅漢岩
① ② 丸池樣·牛渡川
山形縣
吹浦
遊佐町

鶴岡・酒田 出羽三山

鳥海Blue Linerm絕景兜風之旅

P.19

山形市區・藏王
天童・上山

P.49
新庄 最上 銀山溫泉

P.81
米澤・赤湯

P.97
交通指南

絕美景観
鳥海山1天有5萬t的水湧出

從海拔1150m處觀賞的大環景圖

絕美景観
將雄偉的鳥海山和魄力十足的奈曾溪谷盡收眼底

放晴時可遠眺一整片日本海

④ 元瀧伏流水
もとたきふくりゅうすい

鳥海山的雨雪經過約80年的歲月過濾後湧出的瀑布。寬約30m，覆蓋著青苔的岩肌上流著好幾條清流，綠色青苔和白色飛沫呈現鮮明對比。

☎0184-43-6608
（仁賀保市觀光協會）
⏱自由參觀 🏠秋田縣にかほ市象潟町町関 🚃JR吹浦站車程25分 🅿免費
MAP附錄②P.5 C-2

③ 鉾立展望台
ほこだててんぼうだい

位於鳥海Blue Line的最高點，鳥海山5合目的觀景點。從停車場步行5分處有展望台，可眺望雄偉的鳥海山和深337m的V型奈曾溪谷，以及浩瀚無垠的日本海。

☎0184-43-6608
（仁賀保市觀光協會）
⏱自由參觀 🏠秋田縣にかほ市象潟町小滝 🚃JR吹浦站車程30分 🅿免費
MAP附錄②P.5 C-2

⑤ 奈曾白瀑布
なそのしらたき

昭和7（1932年）被選為日本名勝的知名瀑布，高26m，寬11m。豐富的融雪水從鳥海火山熔岩流形成的絕壁上傾瀉而下。有石梯可走到瀑布潭附近，就近感受莊嚴氣息。

溪谷聲轟隆響起的壯觀瀑布

☎0184-43-6608
（仁賀保市觀光協會）
⏱自由參觀 🏠秋田縣にかほ市象潟町小滝 🚃JR吹浦站車程23分
MAP附錄②P.5 C-1

絕美景観
可就近觀看呈現深藍色的神秘瀑布潭

⑥ 公路休息站 象潟ねむの丘
みちのえききさかたねむのおか

1樓有物產館，2樓有可享用許多當地料理的餐廳，4樓有可遙望日本海的景觀浴池。從展望塔可眺望鳥海山、日本海，晴天時可看到遠方的男鹿半島。

眺望日本海的展望浴池相當受歡迎

絕美景観
泡湯時可一邊眺望西沉的夕陽

特產天然岩牡蠣料理於夏天登場！

☎0184-32-5588
⏱9:00～21:00 休第3週一（逢假日則翌日休，7、8月無休）💴入浴費350日圓、國小生200日圓
🏠秋田縣にかほ市象潟町大塩越73-1
🚃JR象潟站車程5分 🅿免費
MAP附錄②P.5 C-1

午餐＆伴手禮店家

提供庄內和秋田縣的觀光資訊

にかほ市觀光據點中心「にかほっと」

介紹庄內地區和秋田縣內的觀光資訊和販售特產品。附設餐飲店、兒童遊樂空間和免費的足浴。

☎0184-43-6608（仁賀保市觀光協會）
⏱9:00～21:00（視店鋪而異）休第3週三、7、8月無休
🏠秋田縣にかほ市象潟町大塩越36-1 🚃JR象潟站車程5分 🅿免費

夏季販售岩牡蠣，冬季販售叉牙魚等日本漁產

鱈魚拉麵324日圓

吃拉麵，看夕陽

さんせっとじゅうろくらかん
サンセット十六羅漢

十六羅漢岩旁的餐廳。招牌為使用鳥海山湧泉和飛魚高湯、有爽口醬油味的「飛魚拉麵」。

☎0234-77-3330 MAP附錄②P.5 B-3
⏱9:00～17:00
休無休 🏠遊佐町吹浦西楯7-30 🚃JR吹浦站車程5分 🅿免費

飛魚拉麵600日圓

鳥海山甜椒義大利麵（紅・黃）各410日圓

使用遊佐町產的甜椒當素材的螺旋麵

甜椒素食沙拉醬（200㎖）各610日圓

使用生產者數日本第一的遊佐町產甜椒的沙拉醬

森林與海洋環繞的公路休息站

みちのえきちょうかい
公路休息站 鳥海

建築物分為森林區和海洋區，森林區有販售日本海當季魚產和當地蔬菜的直銷處，海洋區有不住宿溫泉和住宿設施。

☎0234-71-7222 MAP附錄②P.5 B-3
⏱8:30～18:00（11～2月為～17:00），餐廳、拉麵區為9:00～（11～2月為～17:00），入浴設施為6:00～22:00 休無休 💴入浴費400日圓、國小生170日圓
🏠遊佐町菅里菅野308-1 🚃JR吹浦站車程5分 🅿免費

銀鱗燒（一片）430日圓

鮮魚直銷處的銀鱗燒

湯野濱溫泉的溫泉旅宿

湯野濱溫泉（ゆのはまおんせん）

在景觀絕佳的浴池裡，享受夕陽沒入海中的感動

温泉介紹

起源於天喜年間（1053～58年）。有個傳說是當時有海龜用海邊湧出的溫泉來治療傷口。這裡的旅宿大都有能看到夕陽西下的浴池，與新鮮的漁產料理。

泉質 氯化物泉等
功效 神經痛、腰痛、虛寒體質等

介紹的地區在這裡

深受女性喜愛的近代和風料理旅館

游水亭ISAGOYA
●ゆうすいていいさごや ●部分放流

☎0235-75-2211　MAP P.45

所有房間都可眺望日本海的觀景旅宿。大浴場「湯野濱六湯」有可觀海的露天浴池、檜木浴池、露天檜木桶浴池等6種不同的浴池。晚餐可享用當季海產烹調的鄉土懷石料理。

魅力介紹：散發檜木香的展望露天浴池
「吟水湯」展望露天檜浴池的日本海景觀美麗絕倫，大受好評。

●可眺望日本海的人氣浴池「吟水湯」
●可盡情享用高級海鮮的御膳晚餐

住宿資訊
1泊2食 18510日圓～（假日前日）
IN 14:00　OUT 11:00
浴池 室內浴池：男女輪流制2／露天浴池：男女輪流制4
包租 室內浴池1　客房 和室45、洋室1、和洋室2
接送 有（鶴岡站14:30、需預約）
所 鶴岡市湯野浜1-8-7　交通 JR鶴岡站搭庄內交通巴士往湯野濱溫泉方向，終點下車，步行3分　P免費

不住宿溫泉資訊
純泡湯▶不可
含用餐▶10:30～15:00／6555日圓～／需預約

可遼望日本海的大浴場

可觀賞180度景觀的展望露天浴池

建於海岸邊際的絕景旅宿

愉海亭 宮島
●ゆかいていみやじま ●部分放流

☎0235-75-2311
MAP P.45

湯野濱溫泉街最靠近海岸的旅宿。特色招牌為屋頂的展望露天浴池。從客房眺望的景觀美麗絕倫，落日美景也會成為旅遊的美好回憶。

魅力介紹：漁船形狀的浴缸很受歡迎
「天空大漁之湯」的浴缸使用真正的漁船改造而成，可享受與眾不同的泡湯樂趣。

住宿資訊
1泊2食 15270日圓～（假日前日）IN 15:00　OUT 10:00
浴池 室內浴池：男2女2／露天浴池：男1女1
包租 無　客房 和室21、洋室3、和洋室5
接送 有（詳情請在預約時確認）
所 鶴岡市湯野浜1-6-4　交通 JR鶴岡站搭庄內交通巴士往湯野浜溫泉方向，終點下車，步行3分　P免費

不住宿溫泉資訊
純泡湯▶不可
含用餐▶10:30～16:00／5880日圓～／需預約

特色招牌為「地爐自助餐」 放流

華夕美日本海
●はなゆうびにほんかい

☎0235-75-2021
MAP 附錄②P.10 E-4

可看到松林對面遼闊的日本海景觀。有觀賞大浴場和視野良好的松林環繞露天浴池。晚餐的「地爐自助餐」可吃到現烤的蝦、蟹、干貝等，深受好評。

住宿資訊
1泊2食 8250日圓～（假日前日等）IN 15:00
OUT 10:00　浴池 室內浴池：男1女1／露天浴池：男1女1
包租 無　客房 和室36、洋室6
接送 有（請在預約時確認詳情）
所 鶴岡市下川窪畑1-523　交通 JR鶴岡站搭庄內交通巴士往湯野浜溫泉方向，西松並町下車即到　P免費

泡在溫泉中眺望西下的夕陽

魅力介紹：可眺望西沉的夕陽
5樓的大浴場「荒崎之湯」可眺望松林對面西沉的夕陽。

這裡是這樣的地方！
連接波浪寧靜的遼闊沙灘、風光明媚的溫泉地。眼前就是一片日本海，幾乎所有旅宿都能看到美麗的景觀。

交通資訊
開車 20分
山形自動車道鶴岡IC經由國道7、112號11km
巴士 38～41分
鶴岡站搭庄內交通巴士往湯野濱溫泉方向38～41分，終點下車。

MAP
P.45、附錄②P.5・10

住宿資訊
P.44・45

洽詢處
●湯野濱溫泉觀光協會
☎0235-75-2258

 毛巾　 沐浴乳　 洗髮精　 吹風機　■免費　▨收費　□無

住宿 溫泉旅宿
●かめや
龜屋
☎0235-75-2301

有開湯傳說的日式旅館

文化10（1813）年創業的老字號溫泉旅宿。庭園和可眺望日本海的大浴場，以及富有野趣的露天浴池等充滿和風氣息的浴場都大受好評。大量使用當地食材的料理也深受旅客喜愛。

🕐IN15:00、OUT10:00 💴1泊2食17430日圓～ 📍鶴岡市湯野浜1-5-50 🚌JR鶴岡站搭庄內交通巴士往湯野浜溫泉方向，終點下車，步行5分 🅿免費

➡女性專用露天浴池「羽衣」

玩樂 海水浴場
●ゆのはまかいすいよくじょう
湯野濱海水浴場
☎0235-75-2258（湯野濱溫泉觀光協會）

泡完海水浴後還能看夕陽

縣內規模數一數二的海水浴場。溫泉鄉位於長長的海岸線上，夕陽美景也很出名。據說是日本衝浪的發源地，江戶時期的文獻中早已有介紹「衝浪」的記述。

🕐自由參觀（游泳期間為7月中旬～8月中旬）📍鶴岡市湯野浜海岸 🚌JR鶴岡站搭庄內交通巴士往湯野浜溫泉方向，湯野浜溫泉海岸下車即可 🅿免費

➡夏天的海水浴場有滿滿的遊客

住宿 溫泉旅宿
●はまあかりちょうおんかく
はまあかり潮音閣
☎0235-75-2134（電話預約～21:00）

大快朵頤當季食材做的鄉土料理

老闆親自烹調的美味料理和無微不至的服務吸引了許多遊客回流。講究鮮度和品質的海陸鄉土料理除了味道可口之外，外觀也是賞心悅目，令人相當滿足。

🕐IN15:00、OUT10:00 💴1泊2食9330日圓～ 📍鶴岡市湯野浜1-26-4 🚌JR鶴岡站搭庄內交通巴士經由加茂水族館往湯野浜溫泉方向，うしお荘前下車，步行3分 🅿免費

➡食材的美味打造出來的豐盛料理

購物 直營店
●ファーマーズマルシェ
Farmer's Marche
☎0235-68-5806

直營農場的完熟番茄汁

位於湯野濱溫泉入口的「窪畑農場」直營店。明亮的店內陳列著有機番茄的加工品，吸引了不少喜歡番茄汁濃郁美味的愛好者。夏天首推番茄做的義式冰淇淋。

🕐9:00～18:00 🚫不定休 📍鶴岡市湯野浜泉444-38 🚌JR鶴岡站車程約25分 🅿免費

⬆店內以白色為基調

⬆人氣番茄汁（160ml、540日圓）

景點 海水浴場
●ゆらかいがん
由良海岸
☎0235-73-2250（由良溫泉觀光協會）

絕對不可錯過的日本海夕陽

被譽為「東北江之島」的美麗海岸。遠方的淺海透明度極高，夏天有許多旅客前來泡海水浴。聳立於海岸的白山島也是散步的好去處，春天到晚秋也是著名的海釣場。

🕐自由參觀 📍鶴岡市由良海岸 🚌JR鶴岡站搭庄內交通巴士往あつみ溫泉方向，由良溫泉下車，步行5分 🅿免費（夏季收費）

➡美麗的景觀吸引了大批觀光客來訪

位於海岸邊的溫泉街
湯野濱溫泉
ゆのはまおんせん

湯野濱溫泉是個溫泉度假村，面向以夕陽美景聞名的由良海岸。擁有1000年的開湯歷史，據說是有漁夫在海邊看到海龜在泡溫泉浴，而開始推廣此地的溫泉。可隨興泡湯的共同浴場，和販售許多當季食材的早市也很受歡迎。夏天也有許多觀光客前來衝浪和泡海水浴等。

湯野濱溫泉
1:14,000
0─────150m
周邊圖附錄②P.5・10

Shirahama屋
海山
一力荘
湯野浜①
高見屋湯之濱露台西洋專寮
Ushio荘
庄内機場
湯野浜②
はまあかり潮音閣 P.45
うしお荘前
湯野濱海水浴場 P.45
112
日本海
海邊之御宿一久
竹屋
海邊之宿 福住
龍之湯
奥湯野濱溫泉
鶴岡市
游水亭ISAGOYA P.44
湯之濱View
UMI no HOTEL
湯野浜溫泉早市 P.45
レストハウス前
湯野浜溫泉共同浴場・上區公眾浴場 P.45
愉海亭 宮島 P.44
龜屋 P.45
鶴岡市區

🔍Pick UP!

➡就在湯野濱海岸旁

不住宿就可泡到知名溫泉
湯野濱溫泉共同浴場・上區公眾浴場
ゆのはまおんせんきょうどうよくじょう・かみくこうしゅうよくじょう

以親民的價格，就能泡到源泉放流溫泉的人氣共同浴場，當地民眾和觀光客都會使用。早上也能入浴，因此也有很多當地民眾會在上班前來泡溫泉。

🕐6:00～6:30（入浴～7:00）、10:00～21:00（入浴～21:30）🚫第2、4週二 💴200日圓、國小生100日圓 📍鶴岡市湯野浜1-6-1 🚌JR鶴岡站搭庄內交通巴士往湯野浜溫泉方向，湯野浜溫泉海岸下車即可 🅿免費
☎0235-75-2300（湯野濱社群中心）

湯野濱溫泉朝市
●ゆのはまおんせんあさいち

在地居民也經常利用的居家型早市。販售從由良漁港捕獲的新鮮漁產，以及周邊農家直送的大量蔬果。可以一邊跟海邊的阿姨聊天，享受購物樂趣。

☎0235-75-2258（湯野濱溫泉觀光協會）🕐4月下旬～11月初旬、6:00～8:00 🚫不定休 📍鶴岡市湯野浜字長岩広場 🚌JR鶴岡站搭庄內交通巴士經由加茂往湯野浜溫泉方向，レストハウス前下車即到 🅿免費

➡也有很多穿浴衣前來購物的觀光客

旅情報
早市 販售最新鮮海產的

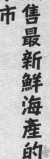

左側邊欄（直排）：

鶴岡・酒田 出羽三山

還想去這些地方！湯野濱溫泉的溫泉旅宿 P.19

湯野濱溫泉 還想去這些地方！湯野濱溫泉的溫泉旅宿

天童・上山 山形市區・藏王 P.49

新庄・銀山溫泉 最上 P.81

米澤・赤湯 P.97

交通指南

溫海溫泉的溫泉旅宿

景點

溫海溫泉
（あつみおんせん）

溫海溫泉是因為從河口流出的溫泉讓日本海變得溫暖而得此名。木造3層建築的老字號旅館林立的溫泉街上瀰漫著悠長歷史的氣息。

溫泉介紹

泉質｜鈉、鈣、氯化物、硫酸鹽泉

功效｜割傷、神經痛、風濕等

魅力介紹！
老字號旅館的奢華時間

可盡情享受日本庭園、使用庄內食材的宴席料理和溫和不刺激肌膚的名湯泉。

↑充滿滑順名湯的大浴場

↑庄內食材打造出滋味豐富的宴席料理

鄰接露天浴池的開放式大浴場

有美麗庭園的老字號旅館

Tachibanaya
●たちばなや
部分放流

☎0235-43-2211
MAP P.47

旅館各處皆可看到有錦鯉池和四季花朵盛開的日本庭園，還可在天花板挑高的開放式大浴場和別具風情的露天浴池享受名湯。大量使用庄內海陸食材的宴席料理也大受好評。

1泊2食	**15810**日圓～（假日前日）
IN 15:00	OUT 10:00

浴池｜室內浴池：男1女1／露天浴池：男1女1
包廂｜露天浴池2
客房｜和室75、洋室3
接送｜有（詳情請在預約時確認）

🏠鶴岡市湯溫海丁3　🚌JR溫海溫泉站搭庄內交通往あつみ溫泉方向巴士，荘內銀行前下車即到　🅿免費

♨不住宿溫泉資訊

純泡湯▶12:00～20:00／1000日圓／無需預約（繁忙時無法使用）

含用餐▶11:00～15:00／5475日圓～／需預約

在庭園露天浴池「桃里之湯」享受最幸福的時刻

在寬敞的庭園露天大浴池悠閒泡湯

魅力介紹！
無微不至的服務

館內可感受到老字號旅宿的格調，在此可度過一段高雅的時光。庄內料理也是美味非凡。

創業超過300年的老字號旅宿

萬國屋
●ばんこくや
部分放流

☎0235-43-3333
MAP P.47

創業超過300年的老字號旅館。建於溫海川治岸，可眺望療癒心靈的清流。館內裝飾著四季的花卉，無微不至的貼心展現出老字號的格調。運用庄內食材的和風料理也大獲好評。

住宿資訊

1泊2食	**16350**日圓～（假日前日）
IN 15:00	OUT 10:00

浴池｜室內浴池：男女輪流制3／露天浴池：男女輪流制3
包廂｜露天浴池2
客房｜和室113、和洋室、離館15
接送｜有（詳情請在預約時確認）

🏠鶴岡市湯溫海丁1　🚌JR溫海溫泉站搭庄內交通往あつみ溫泉方向巴士，足湯あんべ湯前下車，步行5分　🅿免費

♨不住宿溫泉資訊

純泡湯▶11:30～19:00／1000日圓／需洽詢

含用餐▶11:00～15:00／5475日圓／需預約（2名～）

富有意趣的摩登日式旅館

自家源泉部分放流

高見屋別邸 久遠
●たかみやべっていくおん

☎0235-43-4119
MAP 附錄②P.7 A-2

創業300年的「高見屋飯店」集團在縣內有12間旅館，這裡為其旗下的一間日式旅館。建於溫海溫泉入口，充滿現代感的外觀魅力十足。館內有源泉放流的露天浴池，和風宴席可享用使用日本海海產和山形當季食材烹調的美味料理。

源泉放流的露天浴池

↑溫泉煙霧繚繞的露天浴池充滿了風情

魅力介紹！
享用地產地消料理療癒身心

可盡情享用以日本海新鮮海產為中心的山形地產地消料理。

住宿資訊

1泊2食	**13110**日圓～（假日前日）
IN 15:00	OUT 10:00

浴池｜室內浴池：男女me流制2／露天浴池：男女輪流制2
包廂｜室內浴池2
客房｜和室43、和洋室2、有床和室12
接送｜有（詳情請在預約時確認）

🏠鶴岡市湯溫海之尻83-3　🚌JR溫海溫泉站搭庄內交通往あつみ溫泉方向巴士，NTT前下車即到　🅿免費

♨不住宿溫泉資訊

純泡湯▶14:00～19:30（有變動）／600日圓／無需預約（繁忙時需確認）

含用餐▶11:00～15:00・3000日圓～／15:00～21:00・5000日圓～／需預約（2名～）

介紹的地區
在這裡

最上
溫海溫泉
山形
米澤

這裡是這樣的地方！
這裡是開湯1000年的溫泉地，清流·溫海川旁建有許多具有風情的溫泉旅宿。距離日本海也很近，還有早市、足浴咖啡廳和玫瑰園等處可以遊訪。

交通資訊

🚗開車 5分
日本東北自動車道あつみ溫泉IC經由縣道348、44號3km

🚌巴士 6分
溫海溫泉站搭庄內交通巴士往溫海營業所方向6分，足湯あんべ湯前下車

MAP
P.47、附錄②P.7

住宿資訊
P.46

洽詢處
●溫海觀光協會
☎0235-43-3547
●鶴岡市觀光物產課
☎0235-25-2111

這就是最幸福的時光

可免費使用足浴，現場備有毛巾和陽傘

小巧可愛的手工藝品

←附設藝廊兼商店

和「香蕉紅豆花」（右，442日圓）

←「白巧克力拿鐵」（左，496日圓）

溫海溫泉的溫泉旅宿
溫泉街散步
P.19

山形市區
天童・上山・藏王 P.49
新庄・銀山溫泉 最上 P.81
米澤・赤湯 P.97
交通指南

泡足浴，享用海鮮午餐
溫泉街 散步

足湯カフェ ChittoMotche
あしゆかふぇちっともっしぇ

泡足浴暖和身體的咖啡時光

店名源自庄內方言「有點有趣」的意思。可浸泡視野良好的足浴，同時享用時髦的咖啡廳餐點。足浴還有季節限定的花草精油池。店內附設展示陶藝和手織品的藝廊。面對溫海川處設有露台座。

←溫泉街的特色咖啡廳

📞0235-43-4390

🕙10:00～18:30　休第3週四無休(12～3月休第3週四・逢假日則營業)　所鶴岡市湯溫海甲170　交JR溫海溫泉站搭庄內交通巴士往あつみ溫泉方向，足湯あんべ湯前下車，步行3分　P免費　MAP P.47

溫海溫泉玫瑰園
あつみおんせんばらえん

一覽整遍玫瑰和溫泉街

約90種3000朵玫瑰會在6月到9月陸續開花。玫瑰園位於可俯視溫泉街的高地，每年6月會舉辦「玫瑰園祭」。

📞0235-43-3547
(溫海觀光協會)

🕙自由入場　💴免費　所鶴岡市湯溫海 熊野神社境內　交JR溫海溫泉站搭庄內交通巴士往あつみ溫泉方向，熊野神社前下車，步行3分　P利用附近的停車場　MAP P.47

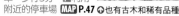

←也有古木和稀有品種

末広寿し
すえひろすし

請享用海港直送的新鮮漁產

吧檯前方的櫃子陳列著鼠關和寢屋漁港剛捕獲的新鮮漁產。可大快朵頤鯛魚、比目魚、甜蝦等海鮮握壽司和散壽司。創意和食全餐也很受歡迎，只要事先預約，中午也可享用。

午餐

←散壽司午餐（1200日圓）

📞0235-43-3128

🕙17:00～24:00、午間時段有預約則營業　休週一　所鶴岡市湯溫海甲229　交JR溫海溫泉站搭庄內交通巴士往あつみ溫泉方向，足湯あんべ湯前下車即到　P免費　MAP P.47

あんべ湯
あんべゆ

位於馬路正中央的足浴

位於溫泉街馬路正中央的足浴。「あんべ」一詞源自Avenue（道路）和溫泉方言的「你好嗎」之意。足浴旁也設有飲泉所。

📞0235-43-3547(溫海觀光協會)

🕙自由浴　💴免費　所鶴岡市湯溫海　交JR溫海溫泉站搭庄內交通巴士往あつみ溫泉方向，足湯あんべ湯前即到　P利用附近的停車場　MAP P.47

↑散步途中可隨興浸泡

伴手禮店家

↑粗糙的觸感也是一大魅力

關川科織中心
せきかわしなおりせんた一

充滿溫暖的傳統編織品

製作、販售日本三大古代織之一「科織」。筆袋、包包等商品種類豐富。穩重的風格大受好評。

📞0235-47-2502

🕙9:00～17:00　休無休（1～2月休週日）　所鶴岡市關川222　交JR溫海溫泉站車程30分　P免費　MAP 附錄②P.7 A-3

↑很多人穿浴衣來逛早市

溫海溫泉朝市
あつみおんせんあさいち

擁有300年以上歷史的早市

擁有300年傳統的早市，現場販有水產加工品、漬物、工藝品等。和當地被稱為「阿巴」的阿姨們交流也是一大樂趣。

📞0235-43-3547
(溫海觀光協會)

🕙4月1日～11月30日、5:30～8:30　休期間中無休　所鶴岡市湯溫海　交JR溫海溫泉站搭庄內交通往あつみ溫泉方向，足湯あんべ湯前下車，步行3分　P免費　MAP P.47

溫海溫泉
1:15,000　0　150m
周邊圖附錄②P.7

足湯カフェ ChittoMotche P.47
P.47 溫海溫泉朝市
柏屋旅館
溫泉中心
P.47 末広寿し
足湯「勿怪湯」
銀行前
あつみ溫泉IC
Tachibanaya 萬國屋 P.46
P.46 あんべ湯 P.47
P.47 溫海溫泉玫瑰園
熊野神社前
鶴岡市
國道345号

↑四方邊長1.2m。附近也有共同浴場

充滿溫泉情懷的足浴
湯田川溫泉 白鷺之湯
● ゆだがわおんせんしらさぎのゆ

據說是出羽三山參拜者齋戒結束後會順道拜訪的傳統溫泉場。足浴上方有瓦砌亭子，以及鋪滿圓石子的地面，充滿溫泉情懷。

🕐3～11月、7:00～21:00
🈺開放期間無休 💴免費 🏠鶴岡市湯田川乙48
🚌JR鶴岡站搭庄內交通巴士往湯田川溫泉方向，湯田川溫泉下車即到 🅿利用住民會・共同浴場的停車場 **MAP**附錄②P.10 H-1
☎0235-35-4111(湯田川溫泉觀光協會)

為出羽三山參拜者「齋戒」結束後的溫泉地，因而繁榮一時。4月下旬到6月上旬有很多觀光客前來品嘗口感滑嫩的「孟宗筍」（→P.22）。

洽詢處	
◉湯田川溫泉觀光協會	☎0235-35-4111
MAP	附錄②P.10
交通資訊	🚌巴士 25～30分

鶴岡站搭庄內交通巴士往湯田川溫泉方向25～28分，湯田川溫泉下車

住宿　旅館　　　　　　　　　　**MAP**附錄②P.10 H-1

📷 **珠玉屋**
● たまや
☎0235-35-3535

有3間包租浴池和美食的旅宿

除了有展望浴池、檜木浴池等3座包租浴池之外，也可利用姊妹旅館「九兵衛旅館」的大浴場。包租浴池全部免費，人氣極高。餐點為以當地食材為主的手工料理。

🕐IN14:00　OUT11:00　💴1泊2食14000日圓～
🏠鶴岡市湯田川乙39 🚌JR鶴岡站搭庄內交通巴士往湯田川溫泉方向，終點下車即到 🅿免費

↑包租展望浴池「滿點」

住宿　旅館　　　　　　　　　　**MAP**附錄②P.10 H-2
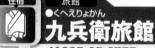
📷 **九兵衛旅館**
● くへえりょかん
☎0235-35-2777

可享用庄內美食的旅宿

隨季節變換的料理創意十足，美味豐盛，令人大飽口福。浴室有設置金魚水族箱的「川之湯」，和有可愛兔子擺飾的「山之湯」，此外還有免費的包租浴池。

🕐IN14:00
OUT11:00　💴1
泊2食15810日
圓～ 🏠鶴岡市湯
田川乙19 🚌JR鶴
岡站搭庄內交通巴
士往湯田川溫泉方
向，終點下車即到
🅿免費

↓設有露天浴池的大浴場「山之湯」

景點　公園　　　　　　　　　　**MAP**附錄②P.10 H-2

📷 **梅林公園**
● ばいりんこうえん
☎0235-35-4111(湯田川溫泉觀光協會)

約有300棵梅樹簇擁

竹林環繞、風光明媚的公園。3月下旬到5月上旬，在可俯瞰溫泉街的金峯山中約有300棵紅梅和白梅盛開。賞花期的假日會舉辦「梅花祭」，舉行露天茶會。

🕐自由入園 🏠鶴岡市湯田川丙64 🚌JR鶴岡站搭庄內交通巴士往湯田川溫泉方向，湯田川溫泉下車，步行5分 🅿利用附近的停車場

↑紅白交錯，美不勝收

螢火蟲之里
● ほたるのさと

溫泉街附近的寬廣水田是最適合螢火蟲的棲息地。也有旅館會在每年6月上旬到7月中旬晚上8～9點舉辦螢火蟲參觀之旅。

☎0235-35-4111
(湯田川溫泉觀光協會)
🕐自由參觀。參觀之旅詳情需洽詢各旅館 🏠鶴岡市湯田川 🚌JR鶴岡站搭庄內交通巴士往湯田川溫泉方向，湯田川溫泉下車，步行5分 🅿利用住民會・共同浴場的停車場
MAP附錄②P.10 E-6

旅情報

沉醉於夢幻的光舞
美景之中

也一番風情穿浴衣觀賞螢火蟲也別

採訪筆記 ◆極品美食孟宗筍之鄉 ┊ 鶴岡市湯田川地區是庄內地方的在來種「孟宗筍」的產地。軟嫩、苦味少的「孟宗筍」可製成孟宗竹筍湯等各式料理。「孟宗筍」的盛產季為4月下旬到5月中旬。

天童・上山 山形市區・藏王

やまがたたうん・ざおう・てんどう・かみのやま

這裡有松尾芭蕉知名俳句中吟詠的山寺，以及適合兜風和戶外休閒活動的藏王等豐富多彩的景點。如紅寶石般鮮紅的櫻桃，和風味獨特的麵條都是必吃的美食。

介紹的地方在這裡！

這個地區的 No.1 必訪景點

山寺（寶珠山立石寺） ●やまでらほうじゅさんりっしゃくじ **P.50**

開山1100年的歷史名寺。走在靜謐的參拜道路上，朝著1015階石梯上方的遼闊絕景前進吧。

其他 必訪景點

照耀天空的神秘之湖 ●はぐろさん
御釜 **P.65**

佇立於藏王山頂的翡翠綠火口湖。是藏王兜風的絕佳景點。

這個地區的 必吃美食

代表山形的靈魂食物 ●いもに
芋煮 **P.55**

僅加入牛肉和甜口醬油的簡單調味。芋頭的濃稠度也是一大重點。

這個地區的 必吃美食

莊嚴的懷舊建築 ●やまがたけんきょうどかんぶんしょうかん
山形縣鄉土館「文翔館」 **P.53**

被譽為大正建築傑作的英國近世復興風格的舊縣廳舍、舊縣會議事堂。

Contents

Area Map

新庄站
村山站
東根・村山
櫻桃東根溫泉站
月山IC
寒河江
寒河江站
天童
天童站・若松寺
天童溫泉
山形機場
山形到天童搭JR奧羽本線約20分
仙台站
山形到山寺搭JR仙山線約20分
山寺
山寺站
山形市區
山形藏王IC
山形站
山形到上山溫泉搭JR奧羽本線約13分
長井
山形上山IC
上山溫泉
山形到藏王搭JR交巴士37分
藏王
藏王溫泉
上山溫泉站
赤湯站

周邊地圖請參閱
附錄：P.6・8・11・12

山形市區

やまがたたうん

介紹的地區 在這裡

鶴岡 最上 山形市區 ★ 米澤

這裡是這樣的地方！
芭蕉名句中吟詠的山寺、可暢快兜風的藏王、當地美食芋煮等，各種領域的魅力齊聚一堂。

交通資訊

開車 10分
山形自動車道山形藏王IC經由國道286號、縣道267、16號5km

鐵道 2小時25~55分
東京站搭JR山形新幹線，山形站下車

MAP
P.59、71、附錄②P.11、12

洽詢處
- 山形觀光資訊中心 023-647-2333
- 山形市觀光服務中心 023-647-2266
- 山形市商工觀光部觀光物產課 023-641-1212

名勝・山寺

松尾芭蕉也讚嘆的美景

參拜之旅！

建於斷崖絕壁的開山堂和藏經堂

朝著絕景邁進，爬上1015層階梯
單程時間**40分**

```
GOAL ←  ←  ←  ←  ←  START
奧之院・大佛殿
  步行5分  ⑤五大堂
  步行5分  ④中性院
  步行5分  ③仁王門
  步行5分  ②蟬塚
  步行5分  ①姥堂
  步行10分 根本中堂
```

天籟閑寂，蟬聲入山岩

從山頂眺望的景色堪稱一絕

俳聖・松尾芭蕉曾為山形首屈一指的名勝景點・山寺吟詠名句。參道上奇岩怪石遍布，有許多值得一看的景點。朝著1015石梯前方的遼闊美景邁進，努力向上攀爬吧。

Check
芭蕉和山寺
徒步旅行諸國的俳句詩人・松尾芭蕉帶著弟子曾良造訪山寺是在元祿2（1689）年。聽到寂靜的山寺中唯有蟬鳴聲響，深受感動，因此留下名句「天籟閑寂，蟬聲入山岩」。

山寺 やまでら
ほうじゅさんりっしゃくじ
（寶珠山立石寺）
開山1150年的名寺，芭蕉曾在此留下名句

貞觀2（860）年，在清和天皇的發願下，由慈覺大師開山的天台宗佛寺。自古以來便以斬斷惡緣而廣受信仰。通往山頂單程約40分的參道上，有著險峻的岩地和豐富的自然環境，還有大小堂宇佇立，可欣賞到四季不同的風景。
☎023-695-2843
🕐8:00~17:00 休無休 ¥300日圓、國中生200日圓、4歲~國小生100日圓 所山形市山寺4456-1 📍JR山形山寺站步行5分 利用附近的停車場
MAP 附錄②P.11 D-5

\參拜前先CHECK！/

冬季也能參拜嗎？
參道階梯會進行除雪，因此冬季也可參拜，但必須穿著雨鞋或靴子。下大雪則可能會因無法除雪而無法參拜。

- - - - - - - - - - - - - - - - -

山寺觀光服務處
備有手繪的山寺地圖等觀光資訊。亦可預約帶領遊客巡覽山寺的志工導遊服務（需於2天前預約，導覽費2000日圓）

☎023-695-2816
（山寺觀光服務處）
MAP 附錄②P.11 D-5

天皇塔

登山口

句碑

START
根本中堂

START
根本中堂
こんぽんちゅうどう

延文元（1356）年，由初代山形城主重建的佛堂，據說是日本最古老的山毛櫸建築。堂內從比叡山延曆寺遷移過來的法燈，千百年來仍在不間斷地燃燒著。

摸摸布袋和尚會得到保佑喔！

這裡也很推薦！ 順路景點

特產・木盒蕎麥麵
手打ちそば 美登屋
◆てうちそばみとや

使用的蕎麥粉是以山形產為主，混合其他日本產蕎麥。手打蕎麥麵香氣濃郁，Q彈有嚼勁。「木盒蕎麥麵」最具人氣，菜單上還有其他季節限定的蕎麥麵。

☎023-695-2506 ⏰10:30〜16:00（視時節而異）休不定休 所山形市山寺4494-5 交JR山寺站步行5分 P免費
MAP附錄②P.11 D-5

↑木盒蕎麥麵（1360日圓）

購買特產諸越餅當伴手禮
商正堂 しょうせいどう

招牌特產為炭火烘乾的手工諸越餅（1片80日圓）。印有「山寺」字樣，入口即化，口感極佳。不會太甜的金鍔燒也很有人氣。

☎023-695-2048 ⏰1月1〜3日、3月〜11月23日、8:00〜17:00 休期間中不定休 所山形市山寺4437 交JR山寺站步行5分 P免費
MAP附錄②P.11 D-5

↑諸越餅上印有「山寺」字樣

想更了解芭蕉就來這裡
山寺芭蕉紀念館
◆やまでらばしょうきねんかん

為了紀念芭蕉在「奧之細道」之旅中來訪山寺，展示芭蕉及其門人作品的設施。在茶室也可享用味道濃郁的抹茶（收費）。

☎023-695-2221 ⏰9:00〜16:30(17:00閉館) 休不定休 ¥400日圓、高中生以下免費 所山形市山寺南院4223 交JR山寺站步行8分 P免費
MAP附錄②P.11 D-5

↑收藏芭蕉親筆寫下的俳句和信紙

最能讓人感受到日本情懷的風景就在眼前

GOAL 奧之院・大佛殿
◆おくのいんだいぶつでん

正面右手邊為供奉釋迦如來佛和多寶如來佛的如法堂，亦稱為「奧之院」。左手邊為大佛殿，供奉著5m的金色阿彌陀如來像。境內還有名列日本三大燈籠之一的燈籠。

步行5分｜供奉5m的大佛

5 五大堂
◆ごだいどう

山寺第一絕景！

山寺唯一舞台樣式的佛堂，可俯瞰山寺門前町和閑靜的山里風景。山寺開山30年後，由慈覺大師的弟子・安然建立道場，祭祀五大明王，祈求天下太平。

步行5分

4 中性院
◆ちゅうしょういん

被參拜遊客摸得光滑溜溜

據傳江戶時期這一帶曾建立了多達12座塔中支院，許多僧人曾在此勤勉修行。現在院中供奉著阿彌陀如來佛。香油錢箱上鎮座著保佑長壽的賓頭盧尊者。

賓頭盧尊者鎮座於此

なでぼとけ おびんづるさま（賓頭）

壯觀的欅木建築相當美麗

步行5分

新綠、紅葉、白雪點綴的仁王門也是山寺的美景之一

據傳建立於鎌倉時代的門

3 仁王門
◆におうもん

嘉永元（1848）年使用欅木重建的優美大門。大門左右兩側安置著2尊一體成形的仁王像，據說是運慶13代後裔・平井源七郎所造。

寫有名句的短冊收藏之地

位於蒼鬱樹林環繞的長階梯中段。據說松尾芭蕉寫有「天籟閑寂，蟬聲入山岩」的俳句短冊便是收藏於此，並建造了石塚。

步行5分

2 蟬塚
◆せみづか

沿著漫長石梯不斷往上爬

1 姥堂
◆うばどう

斬斷束縛！

奪衣婆看守著通往極樂世界或地獄的分岔路

據說這座佛堂相當於淨土的入口，下方為地獄，前方為極樂世界。參拜者必須先以石清水清潔身體，換上白衣，並將舊衣服奉納給供奉於堂內的奪衣婆。

GOAL 奧之院・大佛殿
五大堂 5
開山堂
藏經堂
百丈岩
4 中性院
金乘院
胎內堂（不可參拜）
性相院
3 仁王門
觀明院
2 蟬塚
彌陀洞
笠岩
1 姥堂
山門
鐘樓
念佛堂
寶物殿
對面石
芭蕉・曾良
寶珠橋
立谷川
山形觀光服務處
公園
郵局
仙山線
山寺站

Check 體驗抄經
念佛堂內可體驗抄寫經書，無需預約。1次1000日圓

Check 販賣部（力蒟蒻丸子）
僅用醬油調味的山寺特產，據說芭蕉也曾品嘗過

山形 YAMAGATA 山形街上散步

やまがたたうん

START JR山形站

巴士🚌4分
或
步行🚶12分

為復古建築注入「全新」的元素

山形市曾是個繁榮一時的城鎮，最上義光曾在此建蓋城下町，江戶初期，石高為全國之冠。當地也保留許多明治・大正時代蓋的西洋式建築，也有老舊建築物改建的新景點。一起上街散步，緬懷歷史吧。

① 山形まるごと館 紅の蔵

やまがたまるごとかんべにのくら

所需時間 30分

紅花商人Marutani長谷川家倉庫改建的複合設施。這是建於明治時期的建築物，有主屋和5棟倉庫。除了蕎麥麵店、咖啡廳、伴手禮店之外，還有販售傳統蔬菜等特產品的直銷處和觀光服務處。

📞023-679-5101
🕐視店鋪而異 休視店鋪而異 📍山形市十日町2-1-8 🚌JR山形站搭小紅巴士，十日町紅の蔵下車即到 🅿免費
MAP P.59 B-2

→建於大馬路旁，莊重有威嚴的建築特別吸引眾人目光

蘊含商人生活文化
氣息的倉庫

あがらっしゃい

販售山形特產品的伴手禮店。還有可試喝特產酒的攤位。

📞023-679-5104
🕐10:00～18:00
休無休

紅之藏 特別純米酒
(720㎖)1860日圓
使用山形品牌米「艷姬米」的特製日本酒

紅花特調咖啡
124日圓
使用山形特產紅花特調出來的咖啡

巴士🚌3分
或
步行🚶10分

② 水の町屋 七日町御殿堰

みずのまちやなのかまちごてんぜき

所需時間 30分

傳統店舖與現代風店面共存的空間

建於約400年前，利用曾是山形市內的生活農業用水路，御殿堰改建修復而成的商業設施。此處為運用堰堤景觀打造出來的空間，町屋風建築物和倉庫裡有餐飲店、雜貨店、和服店等商店。

📞023-623-0466
🕐視店鋪而異 休視店鋪而異 📍山形市七日町2-7-6 🚌JR山形站搭小紅巴士，七日町下車即到 🅿利用附近的停車場
MAP P.59 B-1

以黑色為基調的雅緻外圍

→運用歷史景觀打造的街道，獲得極高評價，榮獲多數獎項

そば処 庄司屋 御殿堰七日町店

そばどころしょうじやごてんぜきなのかまちてん

📞023-673-9639

以山形產的「出羽香」為主，使用純國產蕎麥粉石磨而成的手打蕎麥麵店。除了午餐之外，還有豐富的特產酒和晚酌菜單。

🕐11:00～20:30(21:00打烊) 休不定休

→大快朵頤香氣濃郁的蕎麥麵。最受歡迎的是炸蝦竹籠盤（1670日圓）

岩渕茶舖

いわぶちちゃほ

📞023-623-0140

明治13（1880）年創業的老字號茶屋。設有飲茶空間，提供京都・宇治抹茶霜淇淋、餡蜜、紅豆湯等甜品。

🕐9:30～19:00
休不定休

→「霜淇淋餡蜜」可選擇抹茶、烘焙茶、綜合口味（810日圓）

Classic Cafe

くらしっくかふぇ

📞023-666-3131

運用大正時期的倉庫改建而成的咖啡廳。沉靜的店內可以品嘗到使用山形食材的料理。

🕐11:30～16:00、17:30～22:30、週日・假日為11:30～18:00 休週一(逢假日則翌日休)

→在山形牛上淋上半釉汁的蛋包飯（900日圓）

散步建議

善加利用小紅巴士！

環繞市中心的周遊巴士，起點站為山形站前，每隔15分鐘會有4種顏色的巴士環繞市中心。費用1次100日圓，山形站前巴士服務處販售1000日圓的優惠回數券（100日圓券11張）。巴士抵達山形站後，會在市內東部・西部區域行駛。

奧羽本線（山形新幹線）

山形縣鄉土館「文翔館」④

市公所②
BOTA coffee③
nico
ドーナツ②
水之町屋
七日町御殿堰①

TONGARI BLDG.

山形まるごと館紅の蔵①

霞城公園
山形站

鶴岡·酒田出羽三山 P19

山形市區·藏王 天童·上山

山形街上散步

P.49

新庄 銀山溫泉 P81 最上

米澤·赤湯 P97

交通指南

店家介紹

十三時 じゅうさんじ

🅿非公開
⏰11:30～18:00　休週一
在出羽三山修行的山伏（修行僧）所經營的店。主要販售傳遞山形文化的書籍和手工雜貨。

→使用自然素材編織而成的草鞋和竹籃等，都是由手工職人精心製作的商品

nitaki にたき

📞023-634-8883
⏰11:30～21:30(22:00打烊)
休週一（逢假日則翌日休）
此餐廳提供山形特有的傳統蔬菜和當季食材所做的料理。

→大量使用山形當季食材的「nitaki盤餐」（一人1080日圓）

TIMBER COURT てぃんばーこーと

📞023-665-5331
⏰11:00～18:00　休週一～四，第2、4、5週日
販售可選擇木材和椅皮質料的客製傢俱。

→除了木頭以外，還有各式雜貨俱之外，還有各式自然風格的傢俱

---

③ TONGARI BLDG とんがりびる

所需時間 30分

改建屋齡40年大樓建築的複合式大樓，位於電影街旁。裡面有可品嘗山形食材料理的餐廳，和在出羽三山修行的「山伏」所經營的雜貨店等各種特色商店入駐。

📞023-679-5433（®股份有限公司）
⏰視店鋪而異　休視店鋪而異
🏠山形市七日町2-7-23　🚌JR山形站搭小紅巴士，七日町下車，步行4分
🅿利用附近的停車場

→1樓後方設有藝廊，會舉辦山形藝術家的作品或活動

山形的時尚新景點

步行7分

④ 山形縣鄉土館「文翔館」 やまがたけんきょうどかんぶんしょうかん

所需時間 1小時

📞023-635-5500
⏰9:00～16:30　休第1、3週一（逢假日則翌日休）　¥免費
🏠山形市旅籠町3-4-51
🚌JR山形站搭小紅巴士，旅籠町二丁目下車，步行3分
🅿免費　MAP P.59 B-1

舊縣廳舍和舊縣會議事堂構成的日本指定重要文化財。吊燈、地毯和天花板上的灰泥裝飾全都復原創建當時的模樣。館內也會連同復原的資料，一起介紹山形的歷史和文化。也有志工在館內進行導覽。

→月桂冠形狀的彩繪玻璃

→拱形設計的美麗走廊

魅力景點介紹

天花板的灰泥裝飾
一筆一畫手工雕刻而成。還有櫻桃等表現山形特色的雕刻。

ORIENTAL CARPET

知事室地板上的地毯為山形村的地毯製造商「ORIENTAL CARPET」（→P.58）所製。

鐘塔

據說是日本第二古老的鐘塔。每隔5天會手動轉動砝碼。

→大正5（1916）年完工的英國近世復興樣式建築

日本數一數二的大正建築傑作

歡迎來此小休片刻 ☕

●にこどーなつ nicoドーナツ

紮實有嚼勁的大豆甜甜圈
可品嘗到使用大豆泥和雜糧粉等健康食材製作的甜甜圈。店內通常會備有10種甜甜圈。

📞023-665-4330
⏰10:00～17:00　休不定休
🏠山形市本町1-7-26 三共ビル1F　🚌JR山形站搭小紅巴士，本町下車即到　🅿使用附近的停車場
MAP P.59 B-1

↓不會太過甜膩，帶有懷舊風味的甜甜圈最適合拿來當點心

●ぼたこーひー BOTAcoffee

洋傘店改建而成的咖啡廳
老闆親自改建在當地開了將近100年的洋傘店建築物。可品嘗到自家焙煎咖啡豆沖泡出來的香醇咖啡。

📞023-609-9121
⏰12:00～22:00(週日～17:00)　休週二
🏠山形市七日町2-7-18　🚌JR山形站搭小紅巴士，七日町下車，步行4分
🅿使用附近的停車場
MAP P.59 B-1

↓店長親自蒐集而來的傢俱

GOAL ⑤ 霞城公園 かじょうこうえん

巴士5分或步行15分

所需時間 1小時

山形藩57萬石城主·最上義光的居城遺跡。是山形首屈一指的賞櫻名勝，約有1500棵櫻花盛開，晚上也會進行點燈活動。公園內有最上義光歷史館等設施，可學習山形的歷史。

📞023-641-1212（山形市公園綠地課）
⏰5:00～22:00(冬季5:30～)※車輛只能由北門進入
休無休　¥免費入園　🏠山形市霞城1-7　🚌JR山形站搭小紅巴士，霞城公園前下車，步行4分　🅿免費
MAP P.59 A-1

可感受歷史的當地民眾休息處

→現在正在進行山形城的修復工程

魅力景點介紹

搭巴士回車站吧

山形市鄉土館（舊濟生館本館） やまがたしきょうどかん きゅうさいせいかんほんかん

原本是醫院，多角形的獨特外觀為特色。目前開放一部分的空間，展示鄉土史和醫學相關的資料。

📞023-644-0253　MAP P.59 A-1
⏰9:00～16:30　休無休　¥免費　🏠山形市霞城町1-1　🚌JR山形站搭小紅巴士，霞城公園前下車，步行15分　🅿免費(利用霞城公園內的停車場)

→被譽為明治初期的擬洋風建築的傑作

午餐就來享用

從獨特風格的麵類到山形牛，介紹各種非吃不可的料理

山形的經典美食

山形市區匯集了縣內各種絕佳美食，午餐就來享用當地麵條、鄉土料理、品牌牛等料理吧。適合有點餓意時吃的名產美食也不能錯過！

冷拉麵的發祥店，濃郁的冷湯也非吃不可！

冷拉麵

山形發祥的當地拉麵，冷湯也經過精心調理，讓油脂不會凝固。全年提供，冬天也可以吃到。

栄屋本店 ◎さかえやほんてん

昭和27（1952）年該店應客人要求開發出來的冷麵，就是最原始的冷拉麵。特色為使用牛骨、柴魚片、昆布等口味滑順的湯頭，搭配有Q彈口感、嚼勁十足的麵條。

⬆客人來自日本全國各地的人氣名店　☎023-623-0766　MAP P.59 B-1
🕐11:30～19:50(20:00打烊)、冬季～19:20(L.O.)
休週三(逢假日則翌日休)、1、8月為不定休
所山形市本町2-3-21
🚃JR山形站搭小紅巴士，本町下車即到
Ｐ免費

推薦午餐
冷拉麵 810日圓
一整年都可以吃到的料理。表面浮著冰塊，讓湯汁始終維持冰涼的狀態。

清爽的特製醬油湯頭和中細捲麵味道絕配

山形五十番飯店 ◎やまがたごじゅうばんはんてん

從山形站步行即到的中華料理店。人氣菜單為「冷拉麵」，使用富有嚼勁的細捲麵，加上醬油調味的清爽湯頭，後勁十足的美味。

➡營業到深夜2點，因此有很多人在喝完酒後會順道過來

推薦午餐
冷拉麵 788日圓
冰涼的湯頭中帶有日式高湯的鮮味，很適合搭中細捲麵。

☎023-623-0050
🕐11:30～翌2:00　休週日(週一逢假日則營業)
所山形市香澄町1-8-8 第一ビル1F
🚃JR山形站步行3分　Ｐ使用附近的停車場　MAP P.59 A-2

用大木盒裝盤香氣濃郁的細切手打蕎麥麵

推薦午餐
半板蕎麥麵 (6球) 1512日圓
午餐時間最受歡迎的半板蕎麥麵。此為2.5人份，建議大家分著吃。

山形蕎麥麵

山形自古盛產蕎麥。田舍蕎麥麵嚼勁十足、香氣濃郁，在大木盒放入多人份的「木盒蕎麥麵」最為出名。

三津屋本店 ◎みつやほんてん

大正10（1921）年創業的老字號蕎麥麵店，以「元祖大木盒蕎麥麵」而聞名。偏細的蕎麥麵條好吃順口，搭上海鮮風味的沾麵汁味道絕配。

☎023-644-4973　🕐11:00～19:30(20:00打烊)
休週二(逢假日則營業)　所山形市上町1-1-75
🚃JR山形站步行10分　Ｐ30輛　MAP P.59 A-2

➡也有大的和式座位，方便闔家前往

梅蕎麦 ◎うめそば

使用石臼自製麵粉，精心製作香氣濃郁的江戶風細切蕎麥麵。並搭配青紫蘇和柚子等鮮艷配色，色調特殊，讓視覺和味覺都能感受四季之趣，深受好評。

☎023-622-8377
🕐11:30～14:30　休週二　所山形市東原町3-5-10
🚃JR山形站車程5分　Ｐ免費　MAP P.59 B-2

⬆來的時間正好的話，還可以透過玻璃窗看到裡面正在揉製麵條的樣子

揉入季節素材好吃順口的特色蕎麥麵相當有人氣

推薦午餐
雙色蒸籠麵 1000日圓
十割細打蕎麥麵和加入季節素材的特色蕎麥麵，可品嘗兩種口味。

還有更多！
山形名產 輕盈美食

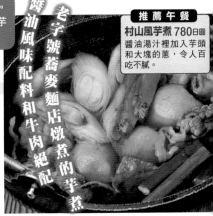

鶴岡・酒田出羽三山 P.19

天童・上山 山形市區・藏王

山形的經典美食 P.49

新庄・最上・銀山溫泉

米澤・赤湯 P.81

交通指南 P.97

推薦外帶美食
玉蒟蒻丸子 1支150日圓
使用醬油燉煮的蒟蒻，建議可以沾芥末吃。

在蒟蒻消費量為日本第一的山形品嘗靈魂美食
千歲山こんにゃく店 ちとせやまこんにゃくてん

除了蒟蒻蕎麥麵和刺身之外，還有提供各式蒟蒻料理的蒟蒻專門店。蒟蒻粉比例偏多，吃起來口感相當Q彈。

📞023-623-6669
🕚11:00～17:30（18:00打烊）
休週一、二（逢假日則營業）
所山形市松山3-14-1　🚌JR山形站搭山交巴士往縣廳方向，附屬学校前下車，步行10分
P免費　MAP附錄②P.12 F-2

推薦外帶美食
咚咚燒 1根200日圓
將什錦燒用筷子捲起來的點心。有醬汁、醬油2種口味。

適合在有點餓意時當點心果腹！
おやつ屋さん おやつやさん

除了經典美食「咚咚燒」之外，還有加入起司的「起司咚咚」等多種創意美食。店內外都有設座位。

📞023-646-1344
🕘9:30～19:00
休第1週一（逢假日則翌平日休）
所山形市城南町2-6-16 ベルシティ霞城1F
🚃JR山形站步行5分
P免費　MAP P.59 A-1

推薦外帶美食
漬物壽司 1296日圓
咬起來口感清脆的壽司。鮮艷的色彩也很美麗。

使用山形傳統漬物的罕見漬物壽司
丸八やたら漬本店 香味庵まるはち
まるはちやたらづけほんてんこうみあんまるはち

明治18（1885）年創業時為味噌・醬油的釀造場。店裡附設的餐廳可品嘗到山形產米和漬物組成的罕見漬物壽司。

📞023-634-4108
🕚11:30～14:30、17:00～21:00（L.O.為各30分前）
休週三不定休
所山形市旅籠町2-1-5　🚃JR山形站車程5分
P免費　MAP P.59 B-1

山形牛

指山形縣內肥育，育成最久的未生產和去勢黑毛和種，且日本肉品等級鑑定協會認定3級以上的牛肉。

📌 とくせんわぎゅうかなざわやぎゅうにくてん
特選和牛 金澤屋牛肉店

明治創業的老字號精肉店所經營的店。使用嚴選山形牛的料理樣樣都是絕品，味道、分量、價格全都令人相當滿意。最有人氣的涮涮鍋可吃到入口即化的鮮嫩肉質。

📞023-631-2106
🕚11:30～13:00（13:30打烊）、17:00～20:30（21:00打烊）、週日、假日晚上～20:00（20:30打烊）　休週二、每月1日不定休
所山形市七日町3-4-16　🚌JR山形站搭山交巴士往山形市役所前方向，終點下車，步行3分　P有簽約停車場　MAP P.59 B-1

享用老字號店家用精準眼光挑選的優質山形牛涮涮鍋

推薦午餐
涮涮鍋 3300日圓～
牛肉有4種部位可供挑選。平日限定的午間餐點也大受好評。

→店內氣氛沉靜，可悠閒用餐

推薦午餐
冷肉蕎麥麵 800日圓
使用老母雞熬煮而成的濃郁湯頭搭上細麵，相當入味可口。

嚼勁十足的細切手打麵 和老母雞湯頭的濃郁口感味道絕配

→寬敞的店內還有一區高席座

冷肉蕎麥麵

河北町谷地地區在大正時代誕生的地方蕎麥麵。使用濃郁的雞湯，搭配冰涼的醬油沾麵汁享用。

📌 しょくじどころきくち
食事処きくち

位於藏王溫泉街入口的蕎麥麵店。麵條使用山形縣產的蕎麥粉「出羽香」，以純熟的技法揉製而成，冰涼的湯頭使用的是老母雞熬煮的濃郁高湯，味道絕配。

📞023-694-9302
🕥10:30～15:00、17:30～19:00　休不定休　所山形市藏王溫泉710　🚌JR山形站搭山交巴士往藏王溫泉方向，終點下車即到　P利用附近的停車場　MAP P.71

芋煮

芋煮是山形秋天代表性的名產。使用醬油風味湯頭燉煮牛肉和芋頭是最標準的烹調方式。

📌 いもこにそばどころさとうや
芋子煮 そば処 佐藤屋

位於霞城公園旁的蕎麥麵店。可以單點加入了大塊餡料的芋煮。「芋煮蕎麥麵」（950日圓）和「芋煮拉麵」（850日圓）也很受歡迎。

📞023-622-2321
🕚11:30～16:00（打烊）、週一～13:30（打烊）　休第2、4週一（逢假日則翌平日休）　所山形市桜町5-6　🚃JR山形站步行7分　P免費　MAP P.59 A-1

→位於霞城公園旁

醬油風味蕎麥麵配料和牛肉絕配

老字號蕎麥麵店燉煮的芋煮

推薦午餐
村山風芋煮 780日圓
醬油湯汁裡加入芋頭和大塊的蔥，令人百吃不膩。

山形市區（やまがたたうん）

山形之夜

用特產酒乾杯

享用山形的招牌銘酒

山形大自然環繞，是遠近馳名的米鄉，出產許多美味的日本酒。同時也是水果大國，是日本數一數二的葡萄酒生產地。品嘗各處店家的招牌料理，搭配山形的特色酒品，盡情享受旅途中的夜晚吧。

持續守護傳統的山形蕎麥麵名店

有蕎麥麵和天婦羅、下酒菜和酒的晚酌套餐（2000日圓）最具人氣

今晚的特產酒

特別純米 五薰男山酒造
1合 790日圓

只有在山形限定的蕎麥麵店才能品嘗到的珍貴美酒！

甘溫 ← → 辛冷

主司言麥先生

そば処 庄司屋 御殿堰七日町店
そばどころしょうじやごてんぜきなのかまちてん

山形持續5代的老字號蕎麥麵店2號店。除了石臼研磨純國產蕎麥粉的手打蕎麥麵之外，2號店還有其他種類充足的特製下酒菜料理。並經常備有10種左右的山形特產酒。

☎ 023-673-9639
🕚 11:00～20:30（21:00打烊）
🈺 不定休 📍 山形市七日町2-7-6 🚉 JR山形站搭中心街小紅巴士，七日町下車即到
🅿 利用附近的停車場　**MAP P.59 B-1**

位在將明治時代的水路善加運用的商業設施「水的町屋 七日町御殿堰」（P.52）內。

預算★午 1000日圓～／晚 2000日圓
最後點餐時間★20:30　座位數★77席

在時尚的空間，品嘗山形的葡萄酒

料理只提供全餐，午餐2700日圓～，晚餐5400日圓～

今晚的特產酒

Sans Soufre（TAKEDA WINERY）
GLASS 700日圓

發酵時放入瓶中，在瓶內繼續發酵的發泡酒。

甘溫 ← → 辛冷

小松正樹先生

wine&dashi-baさんろくまる
わいんあんどだしばさんろくまる

以地產地消為原則，使用嚴選山形素材製作的料理備受好評。葡萄酒由老闆親自挑選，以日本產葡萄酒為主。推薦料理和葡萄酒的組合，以及契合度佳的搭配。

☎ 023-674-8157
🕚 12:00～14:00、18:00～22:00　🈺 週日
📍 山形市七日町2-1-19 セントラルビルウエスト1F
🚉 JR山形站搭小紅巴士，七日町下車即到
🅿 利用附近的停車場　**MAP P.59 B-1**

沉穩的店內。2樓商店可購買葡萄酒和起司。

預算★午 2700日圓／晚 5400日圓
座位數★20席

一整年都可吃到山形特產‧芋煮

提供一人份的芋煮小火鍋（800日圓）和牛風味濃郁可口，是成熟的口味

今晚的特產酒

上喜元 大吟釀（酒田酒造）
1合 1200日圓

帶有水果的香氣、口感微甜爽口。

甘溫 ← → 辛冷

遠藤利惠子小姐

女士家 山形田
いのこややまがただ

位於山形站西口的「霞城Central」內。可搭配特產酒品嘗鄉土料理和涮涮鍋。可大啖芋煮、山形牛和達達茶豆等山形美食的「山形料理全餐」（3000日圓）也很受歡迎。

☎ 023-647-0655
🕚 17:00～22:30（23:00打烊），週六、日、假日為11:30～　🈺 無休
📍 山形市城南町1-1-1 霞城セントラル1F 🚉 JR山形站即到
🅿 利用附近的停車場　**MAP P.59 A-2**

直通山形站，交通便利。除了觀光客之外，也有許多商務人士前來用餐。

預算★午 1500日圓／晚 3500日圓
最後點餐時間22:30　座位數★66席

建議也可在橫丁小酌一杯

山形屋台村 ほっとなる横丁
やまがたやたいむらほっとなるよこちょう

有很多可以隨興閒逛的店家

約有11間小店如昭和長屋風比鄰而居的屋台村。可品嘗使用當地食材的鄉土料理和名產料理等。屋台村裡的店家還可以外送，相當有趣。

☎ 023-666-7604（Renovation山形）
🕚 17:00～24:00、視店家而異　🈺 視店家而異
📍 山形市七日町2-1-14-6 🚉 JR山形站車程5分
🅿 使用附近的停車場　**MAP P.59 B-1**

↑櫛比鱗次的攤販充滿懷舊氣息。聚集了許多當地民眾和觀光客

橫丁的推薦店家
てっぱんいざかやゆめはな

鉄板居酒屋 夢はな

招牌為「米澤牛」內臟鍋

山形的B級美食之王「咚咚燒」、米澤牛內臟鍋、當地美食「芋煮」等，菜色種類豐富。

☎ 090-7566-0965
🕚 16:30～24:00　🈺 無休

→有很多山形代表性的料理

※店家販售的特產酒品牌會有所變動。

美食｜和食

●うなぎきょうどりょうりあげつま
うなぎ・郷土料理 あげつま

MAP P.59 C-1

☎023-631-2738

享用四季更迭的山形料理

天明2（1782年）創業。炭火燒烤的鰻魚美味的關鍵在於秘傳醬汁。「芋煮」等鄉土料理可在每個二十四節氣享用到。搭配料理的縣內縣外純米酒種類也很豐富。

⏰11:30～14:00（15:00打烊）、17:00～20:30（22:00打烊）　休週二（逢假日則翌日休）　所山形市綠町3-7-48　☰JR山形站搭山交巴士往室沢・関沢方向，至誠堂下車即到　P免費

→「四季芋煮膳」（3672日圓）可吃到加入山形牛的芋煮

景點｜資料館

●やまがたけんりつはくぶつかんきょういくしりょうかん
山形縣立博物館教育資料館

MAP P.59 C-1

☎023-642-4397

明治時期的舊師範學校

獲指定為日本的重要文化財的文藝復興樣式建築，館內展示了江戶時代到現代約1300件教育文物資料。也有重現寺子屋（私塾）等各個時代授課模樣的立體模型。

⏰9:00～16:00（16:30閉館）　休週一、假日（4月29日、5月3～5日、11月3日開館）　¥150日圓、大學生70日圓、高中生以下免費　所山形市綠町2-2-8　☰JR山形站搭山交巴士往沼の辺方向，北高前下車即到　P免費

→利用舊山形師範學校的校舍

還想去這些地方！

前往現代感建築物林立的城下町

山形市區
やまがたたうん

東邊有藏王連峰，西邊可仰望月山，這裡是自然和都市融合的城市，同時也是縣廳所在地，縣內名產美食和傳統工藝品全都匯集於此。中心街道上到處都有懷舊風格的西洋式建築，建議可在街上悠閒地散步逛街。

美食｜和食

●おしょうしなそうほんてん
おしょうしな総本店

MAP P.59 B-2

☎023-674-8383

提供縣內55酒倉的特產酒

提供山形縣內所有酒倉和酒廠的酒。日本酒約有130種，葡萄酒約有100種。大量使用當地食材的芋煮和玉蒟蒻丸子等山形風味的料理也大受好評。

⏰11:30～14:00、17:30～24:00（週六、日僅晚上營業）　休不定休　所山形市十日町4-2-2　☰JR山形站步行10分　P利用附近的停車場

→加入大量芋頭和牛肉等配料的「芋煮」（1058日圓）

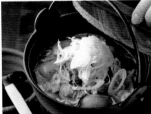

景點｜文化設施

●やまがたまなびかん
山形學習館

MAP P.59 B-1

☎023-623-2285

昭和初期的摩登鋼筋校舍

昭和2（1927）年建蓋的山形縣第一座鋼筋水泥校舍。已登錄為日本的有形文化財。除了可參觀復古摩登建築之外，館內還有咖啡廳和觀光服務室。

⏰9:00～18:00　休週一（逢假日則翌日休）　¥免費　所山形市本町1-5-19　☰JR山形站搭小紅巴士，本町下車，步行3分　P免費

→當年為山形市立第一小學的建築物

景點｜博物館

●やまがたけんりつはくぶつかん
山形縣立博物館

MAP P.59 A-1

☎023-645-1111

國寶土偶「繩文的女神」非看不可

展示多件山形縣的自然和歷史・文化相關的文物資料。當中被指定為國寶的日本最大土偶「繩文的女神」，和世界級大發現「山形大海牛化石」都不可錯過。也有可接觸實物資料的體驗廣場。

⏰9:00～16:00（16:30閉館）　休週一（逢假日則翌日休）　¥300日圓、學生150日圓、中學生以下免費　所山形市霞城町1-8 霞城公園內　☰JR山形站步行10分　P免費

→「繩文的女神」高45cm，為日本最大的完成土偶

旅情報

極上和菓子 最適合當伴手禮的

↑口感清爽的「富貴豆」（100g324日圓）

明治19（1886）年創業的老字號。匠師手藝精心炊煮的嚴選青豌豆「富貴豆」是屹立不搖的長壽商品。

老舖 長榮堂
● しにせちょうえいどう
☎023-622-5556
⏰8:30～18:00　休無休　所山形市印役町1-2-32　☰JR山形站車程20分　P免費　MAP附錄②P.12 F-2

↑在店內的咖啡廳空間享用點心套餐（518日圓）

濕潤的外皮包覆特殊餡料的銅鑼燒最有人氣。除了常見的餡料之外，還有卡門貝爾乳酪和生巧克力等口味。

榮玉堂
● えいぎょくどう
☎023-622-2134
⏰9:00～18:00　休週一　所山形市旅籠町2-1-45　☰JR山形站搭小紅巴士，旅籠町二丁目下車即到　P免費　MAP P.59 B-1

↑將乃梅放在生巧克力上的「玉響」（6顆裝1080日圓）

銘菓「乃梅」是山形的傳統和菓子，僅用山形縣村山產的完熟梅，加入砂糖和寒天後，一片片放到玻璃盒板上成形。

乃し梅本舖 佐藤屋
● のしうめほんぽさとうや
☎023-622-3108
⏰8:30～18:00　休無休　所山形市十日町3-10-36　☰JR山形站步行10分　P免費　MAP P.59 B-2

Pick UP!

↑在會場領取「芋煮兌換整理券（號碼牌）」

每年9月中旬舉辦的山形著名活動・芋煮祭典。使用直徑6m的大鍋，和專用的大型挖土機，燉煮約3萬份餡料的畫面相當壯觀，魄力十足。

⏰2019年9月中旬（預定）　¥芋煮1碗300日圓（納入芋煮協贊金）　所山形市馬見ヶ崎河川敷　☰JR山形站搭山交巴士往沼の辺方向，消防署前下車即到　P縣廳停車場・山形Big Wing停車場（也有送達會場的收費接駁巴士）

MAP P.59 C-1

可大啖芋煮的大型活動 日本第一芋煮會祭典
● にほんいちのいもにかいまつり

☎023-622-0141（日本第一芋煮會祭典協議會）

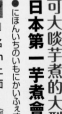

咖啡廳 | 咖啡廳 MAP P.59 B-1

●しゃんそんものがたり
シャンソン物語
☎023-641-6395

在懷舊空間享用自家焙煎的咖啡

除了咖啡之外，還有吐司、鬆餅等品項豐富而大受好評的咖啡廳。店內陳列著老闆蒐集而來的骨董餐具和傢俱，彷彿時光倒流的氛圍魅力無窮。

🕐11:00～19:00（週六、假日為12:00～18:00、週日為14:00～18:00、午餐為平日11:30～15:00）
休不定休 所山形市旅籠町2-2-25 交JR山形站搭小紅巴士，旅籠町二丁目下車即到 P利用附近的停車場

➡咖啡附吐司等輕食的人氣套餐「巴黎的早市」（1000日圓）

美食 | 拉麵 MAP 附錄②P.12 E-2

●けんちゃんらーめんやまがた
ケンチャンラーメン山形
☎023-647-0086

海鮮湯頭和極粗麵條味道絕配

多日大排長龍的人氣拉麵店。使用多種麵粉混合的自家製極粗捲麵嚼勁十足，香氣也特別濃郁，和實力堅強的海鮮湯頭也很搭。加一顆滷蛋是標準吃法。

🕐11:00～14:00，週六、日～20:00 休週一、第1週日 所山形市西田2-1-17 交JR山形站車程10分 P免費

➡中華麵（普通）＋滷蛋（850日圓）

美食 | 和食 MAP P.59 B-1

●たけまるのでんでん
たけまるの傳々
☎023-622-3063

招牌料理為芋煮・肉蕎麥麵・串燒

大量使用山形縣產食材的料理大受好評的居酒屋。可搭配特產酒品嘗自家製蕎麥麵和充滿季節感的鄉土料理，以及縣產肉串燒等料理。「芋煮」需在當天14時前預約。

🕐17:00～23:00（24:00打烊）
休週一（週一逢假日則營業）所山形市七日町1-4-28 交JR山形站車程7分 P利用附近的停車場

➡「芋煮」使用香醇味的牛肉高湯，1人份600日圓起

購物 | 西點 MAP P.59 C-2

●こうしろうようがしてん
コウシロウ洋菓子店
☎023-632-3866

藝術品般的蛋糕佳評如潮

這是一間老字號的西式甜點店，使用嚴選食材，製作味道和外觀都相當講究的美麗西式甜點。使用當季水果的蛋糕，和適合當伴手禮的餅乾等烘焙點心，每樣點心都有層次豐富的甜味。

🕐9:30～18:30 休週四（逢假日則營業）所山形市東原町1-11-14 交JR山形站搭山交巴士往關沢・宝沢・防原方向，專稱寺口下車即到 P免費

➡巧克力內含巧克力慕斯的「慕絲巧克力」（350日圓）

咖啡廳 | 咖啡廳 MAP P.59 B-1

●さくら
瑳蔵
☎023-610-7126

倉庫建築的隱密咖啡廳

明治19（1886）年建的倉庫改建的日式摩登咖啡廳。除了飲品之外，還有日式甜品和每日更換的午餐，餐點豐富。晚上轉身一變為氣氛沉穩的出租活動空間，也相當有人氣。

🕐10:00～16:30（17:00打烊）
休週六、日、假日 所山形市本町2-4-26 交JR山形站步行20分 P利用附近的停車場

➡白玉紅豆湯（附茶、漬物、486日圓）

美食 | 燒肉 MAP P.59 A-2

●やきにくくろげ
燒肉くろげ
☎023-623-8929

超美味的碳烤黑毛和牛

堅持使用「山形牛」和「米澤牛」，僅提供店長嚴選的A5、A4等級的黑毛和牛。炭火烘烤可去除多餘油脂，享用肉本身的美味，也相當受當地客人喜愛。經典五花肉為1069日圓。

🕐17:00～23:00（週日、假日為～22:00）休不定休 所山形市香澄町1-5-10 交JR山形站步行5分 P利用附近的停車場

➡標記店頭招牌上的牛為該店

ORIENTAL CARPET

●オリエンタルカーペット

位於山邊町的國際知名手織地毯工廠。精湛熟練的手工藝人運用卓越的技術，生產藝術性極高的產品。可參觀工廠（需預約）。

☎023-664-5811
🕐參觀工廠的時間為平日10:30和13:30兩次（需預約）休週六、日、假日 所山辺町山辺21 交JR羽前山邊站步行10分 P免費
MAP 附錄②P.11 A-6

這館裡的赤歌舞伎座離宮也使用賓用的地毯

咖啡廳 | 咖啡廳 MAP 附錄②P.12 F-2

●こーひーせんかみち
珈琲專科 道
☎023-631-2483

分量驚人的甜點！

船型外觀令人印象深刻，東南亞風格的木質室內裝潢也相當獨特。除了基本的冰滴咖啡之外，還有豪邁的聖代，以及澎湃的餐點，分量和味道都令人大呼過癮。

🕐9:00～21:00（週日、假日為～19:00）休週三 所山形市鉄砲町3-1-63 交JR山形站步行10分 P免費

➡很受歡迎的鬆餅THETA套餐（1296日圓）

美食 | 法式料理 MAP 附錄②P.12 G-3

●フレンチレストラン ロングベアー
RESTAURANT LONG BEAR
☎023-629-2714

在小木屋風的店面享用正宗法式料理

大自然環繞的正宗法式餐廳。提供食材和醬汁講究的多項平價餐點。可在天花板挑高、具開放感的寬敞店面，悠閒享受美味料理。

🕐12:00～14:00(L.O.)、18:00～20:00(L.O.)
休週四 所山形市下宝沢1877 交JR山形站車程20分 P免費

➡午間套餐A（2300日圓）

創意花笠
也有參加者各自發揮創意，演出獨自特色的舞蹈

笠回系花笠
花笠舞的發源地，尾花澤風格，動感十足的花笠舞

薰風最上川
以吹過最上川的爽快河風和搖晃的稻穗為意境，優雅華麗的正調花笠

藏王曉光
以英勇強壯之舞表達對大自然感謝的正調花笠舞，通稱，男舞

活動時程表

18:00～21:00
● 官方周邊販售區（山形商公會議所1F）
17:00～遊行結束（7日～21:00）
● 山形花笠飲食FESTA in 文翔館
18:00～21:30左右
● 花笠遊行
18:10～18:30左右
● 花笠舞花笠輪舞區
20:30～21:30頃
● 花笠遊行隊伍蒞臨時加入區
其他…
● 白天也有活動！花笠祭（山形學習館）

> 可在此購買花笠
> 有很多美味可口的美食！
> 祭典的重頭戲！
> 在前方隊伍抵達之前，可先在跨點附近參加輪舞！
> 可隨時加入遊行隊伍最尾端！
> 表演花笠舞和教學！（詳情請洽官網）http://www.hanagasa.jp/

山形花笠祭
● やまがたはながさまつり

在「呀咻嘛喀咻」的吆喝聲中跳著華麗群舞的「山形花笠祭」是山形夏天的一大活動。8月5～7日的祭典期間，會有「藏王大權現」的山車位於隊伍前頭，身著鮮艷衣著的人們在花笠太鼓的聲響中表演豐富多彩的舞蹈。

📞023-642-8753（山形縣花笠協議會）
🕐8月5～7日、自由參觀　📍山形市十日町～本町～七日町　🚃JR山形站步行10分
🅿利用附近的停車場
MAP P.59 B-2

→花笠（2916日圓）

手持花笠跳舞

上山溫泉

かみのやまおんせん

溫泉介紹

江戶時代因參勤交代而繁榮的羽州街道宿場町。據傳於約560年前開湯，現在有6個別具風情的溫泉街。端正的上山城和藏王連峰的景觀也很賞心悅目。

泉質 硫酸鹽泉、單純泉、硫磺氫化物泉等
功效 美肌、割傷、婦女病等

可將藏王盡收眼底的展望露天浴池

⭢位於8樓可俯視藏王的展望露天浴池

魅力介紹！米澤牛和展望露天浴池
品嘗最高級的和牛，在可眺望藏王連峰和溫泉街的展望露天浴池泡湯。

⭢壽喜燒，享用入口即化的肉質

晚餐大啖米澤牛和山形牛

日本之宿古窯 (部分放流)
●にっぽんのやどこよう
☎023-672-5454
MAP P.63 A-2

招牌特色為可眺望藏王群山的展望露天浴池，眼前的溫泉街夜景相當美麗。以獨自管道進貨的「米澤牛」霜降紋路細緻，入口即化。館內還展示了各界名人的樂燒作品。

不住宿溫泉資訊
純泡湯▶不可
含用餐▶10:30~15:00/10875日圓~/需預約（2名~）

住宿資訊
1泊2食 21750日圓~（假日前日）
IN 15:00 OUT 10:00
浴池 室內浴池：男女輪流制2/露天浴池：男女輪流制2
包租 露天浴池1
客房 和室113、洋室22、和洋室2
接送 有（無需預約）
所 上山市葉山5-20
☖ JR上山溫泉站車程5分 P免費

介紹的地區 在這裡
鶴岡 最上 上山溫泉★ 米澤

可仰望星空的露天浴池

在滿天繁星之下悠閒泡湯的露天溫泉別有一番風味

魅力介紹！高級的日式摩登空間
可盡情享受室內裝潢沉著穩重的日式空間，和飽富野趣的露天浴池。

在雅緻的隱密浴池悠閒泡湯

旅籠之心 橋本屋 (部分放流)
●はたごのこころはしもとや
☎023-672-0295 MAP P.63 A-2

露天浴池中的浴缸為挖鑿藏王巨石建造而成，泡起來相當舒適。館內設有6間附露天浴池的客房和10間標準客房，每個日式摩登空間都有不同的意趣。

住宿資訊
1泊2食 22680日圓~（假日前日）
IN 15:00 OUT 11:00
浴池 室內浴池：男1女1/露天浴池：男1女1
包租 露天浴池2
客房 和室10、和洋室6
接送 有（詳情請在預約時確認）

不住宿溫泉資訊
純泡湯▶15:00~21:00/1000/無需預約
含用餐▶11:00~15:00/8640日圓~/需預約（5名以上起餐）
所 上山市葉山4-15
☖ JR上山溫泉站車程7分 P免費

江戶時代創業的傳統老字號旅宿

仙溪園 月岡酒店
●せんけいえんつきおかほてる
☎023-672-1212
MAP P.63 B-1

正保元年（1644年）創業的老字號旅宿。湯泉以滑順肌膚、水嫩滋潤聞名。泡完美肌之湯後，還可大快朵頤人氣的鄉土料理。適合搭配料理的特產酒和特產葡萄酒種類也很豐富。

住宿資訊
1泊2食 14190日圓~（假日前日）
IN 15:00 OUT 10:00
浴池 室內浴池：男1女1/露天浴池：男1女1
包租 無
客房 和室87、洋室11、和洋室3
接送 有（詳情請在預約時確認）

魅力介紹！可感受季節變化的露天浴池
上山城外濠遺跡環繞的旅宿，泡湯可感受到季節的變化。

日本庭園環繞的岩造浴池

露天浴池的水面上可放木桶，小酌兩杯

不住宿溫泉資訊
純泡湯▶8:00~21:00（清掃時除外）/1000日圓/無需預約，繁忙日有時間限制
含用餐▶11:00~15:00/6555日圓~/需預約（2名~）

這裡是這樣的地方！

奧州13藩參勤交代時所利用的宿場町。充滿歷史情懷的溫泉街，有許多視野觀景良好的足湯和別有風情的共同浴場。

交通資訊
⛟ 開車 10分
東北中央自動車道山形上山IC經由國道13號、縣道169號7km

🚃 鐵道 12分
山形站搭JR奧羽本線12分，上山溫泉站下車

MAP
P.63、附錄②P.8・12

住宿資訊
P.60

洽詢處
●上山市觀光課
☎023-672-1111
●上山市觀光物產協會
☎023-672-0839

鶴岡・酒田出羽三山 P19
天童・上山
山形市區・藏王
上山溫泉的溫泉旅宿 P.49
新庄・銀山溫泉 最上
P81 米澤・赤湯
P97 交通指南

在充滿青森檜葉香的大浴場放鬆身心

↑透過大片窗戶看到的庭園宛如一幅畫

和洋融合的度假村旅宿
名月莊
●めいげつそう 源泉
📞023-672-0330
MAP P.63 A-2

位於可眺望雄偉藏王連峰的高台，是間閑靜的旅宿。客房全為獨棟建築，相當舒適愜意。使用青森檜葉的大浴場裡設有可眺望綠意庭園的露天浴池。

住宿資訊
1泊2食	34710日圓～（假日前日）
IN 15:00	OUT 11:00
浴池	室內浴池：男1女1／露天浴池：男1女1
包租	室內浴池1、露天浴池1
客房	和洋室20	接送	無

所 上山市葉山5-50 🚋JR上山溫泉站車程5分 Ｐ免費

魅力介紹！ 精緻講究的優質空間
館內有藝廊、圖書室、瑜伽室，充滿許多療癒的要素。

不住宿溫泉資訊
純泡湯▶不可
含用餐▶無

↑可盡情享用當地食材的當季美味

主打露天浴池和鄉土料理
碩果山AZUMAYA
●かみのやまあづまや 源泉
📞023-672-2222
MAP P.63 B-1

展望浴池可遠眺上山市街的四季風景。餐點也大受好評，當中以提供膳食纖維和胺基酸（GABA）含量豐富的超級食品——發酵發芽玄米的自助式早餐最受歡迎。

↑茶室風格的客房舒適愜意

住宿資訊
1泊2食	15270日圓～（假日前日）
IN 15:00	OUT 10:00
浴池	室內浴池：男1女1／露天浴池：男1女1
包租	無	客房	和室41、洋室10、和洋室9
接送	有（詳情請在預約時確認）

所 上山市新湯1-23 🚋JR上山溫泉站步行10分 Ｐ免費

不住宿溫泉資訊
純泡湯▶13:00～16:00／1000日圓／需洽詢
含用餐▶10:00～15:00／6480日圓～／需預約（10名以上）

魅力介紹！ 景觀絕倫的超人氣浴池
在可眺望大自然的大浴場和露天浴池消除旅途的疲勞。

一邊泡湯一邊眺望夜景

↑雄偉的群山環繞的「眺望之湯」露天浴池

被嫩膚滑順的湯泉徹底包覆的

魅力介紹！ 所有客房都有溫泉
客房的室內溫泉全是源泉放流，可盡情泡湯。

↑牆面上設置砂蘚的展望露天浴池

在客房內也能盡情泡湯
葉山館
●はやまかん 源泉
📞023-672-0885
MAP P.63 A-2

可以24小時盡情浸泡100%源泉放流的湯泉是其最大的魅力。大量使用海陸食材的料理，可搭配特產酒或當地酒廠的精品葡萄酒等各式酒類。浴室前的「將棋藝廊」也不容錯過。

住宿資訊
1泊2食	22290日圓～（假日前日）
IN 14:00 OUT 11:00	浴池 室內浴池：男1女1／露天浴池：男1女1
包租 無	客房 和室20、和洋室12
接送	有（詳情請在預約時確認）

所 上山市葉山5-10 🚋JR上山溫泉站車程5分 Ｐ免費

不住宿溫泉資訊
純泡湯▶11:00～20:00／1080日圓／需洽詢
含用餐▶11:00～15:00／4860日圓（入浴費另計）／需預約

↑客房「翠葉亭」的床鋪等傢俱都統一偏低，空間寬敞

柔和光線環繞下的溫泉旅宿
花明之宿 月之池
●はなあかりのやどつきのいけ 源泉
📞023-672-2025
MAP P.63 B-1

到處都有放置花的擺設物，充滿夢幻氣息的旅宿。露天浴池的湯泉上也漂浮著花朵形狀的照明。使用山形縣產食材的料理美味可口，裝盤精緻，獲得極高的評價。

住宿資訊
1泊2食	21600日圓～（假日前日）
IN 15:00 OUT 10:00	浴池 室內浴池：男1女1／露天浴池：男2女3
包租 無	客房 和洋室15、和洋室3
接送	有（詳情請在預約時確認）

所 上山市湯町3-10 🚋JR上山溫泉站步行15分 Ｐ免費

↑以竹葉船為概念的單人露天浴池

↑仿造浮島的休息室

在翡翠綠的單人露天浴池享受如夢夢般的美好時光

魅力介紹！ 在露天浴池賞月飲酒
16時到20時之間可在檜露天浴池泡湯小酌。

↑色彩繽紛的料理在視覺上也很享受

不住宿溫泉資訊
純泡湯▶不可
含用餐▶10:30～16:00／6480日圓～／需預約（4名以上起餐）

巡湯之樂 上山溫泉
城下町 散步導覽

江戶時代為參勤交代的宿場町而繁榮的上山溫泉，四處可見上山城或武士宅院等具有歷史情懷的建築物。不妨來溫泉街走走逛逛，享受足浴和共同浴場的樂趣吧。

周邊地圖
請參閱
→P.63

START
被譽為「羽州名城」的城居

1 上山城 かみのやまじょう

於昭和57（1982）年重建的城。周邊有武士宅院，還保留古時的風貌。城內有傳遞上山歷史的鄉土資料館，展示統治上山的藩主歷史資料等文物。

☎023-673-3660
⏰9:00～16:45（17:15閉館）
休1、3、5、7、9、11月的第2週四（另有不定休）¥410日圓，高中、大學生360日圓，國小、國中生50日圓
所上山市元城內3-7
🚃JR上山溫泉站步行7分
Ｐ免費
MAP P.63 B-1

↑著名的賞櫻名勝

足浴景點 一邊泡足浴，一邊遠眺上山城
交流足浴 ふれあいあしゆ

溫泉街上有5座足浴。上山城北側的足浴可一邊泡湯一邊遠眺城下町和藏王連峰。

☎023-672-0839（上山市觀光物產協會）
⏰6:00～22:00 ¥免費
MAP P.63 B-1

↑上山城前的足浴位於高丘上，視野良好

步行5分

建議申請志工導遊服務！
上山市志工觀光導遊服務
かみのやましかんこうぼらんていあがいど

由精通上山溫泉的導遊為您介紹這個歷史悠久的街道。逛城下町時可到上山城以及武士宅院街道等處遊訪。

☎023-672-0839（上山市觀光物產協會）
⏰需5天前預約（視預約狀況有可能無法受理）
¥免費

仍保留藩政時代的面貌

2 武士宅院 ぶけやしき

約200年建造的武士宅院林立。目前留有茅草屋頂、鉤形曲家等4間。也有些宅院被利用來建蓋蓋家屋，三輪家和舊曾我部家可入館參觀。

←三輪家獲指定為上山市的有形文化財
→舊曾我部家也可參觀

☎023-673-1078（三輪家）
⏰9:00～16:45 休週三（逢假日則翌日休）
¥免費參觀（三輪家入館210日圓、舊曾我部家入館免費）所上山市鶴脛町1
🚃JR上山溫泉站步行10分 Ｐ免費
MAP P.63 B-1

步行3分

午餐 一次品嘗5種口味
3 湯蕎庵 味津肥盧 ゆきょうあんみつひろ

最有名的料理是5層割子蕎麥麵。使用石臼研磨蕎麥粉的自家製手打麵好吃順口。滑菇、納豆、山藥泥等，可以吃到味道變化多端的配菜。

5層割子蕎麥麵 1680日圓
搭配5種配菜，可品嘗到豐富多彩的滋味

☎023-672-3815
⏰11:00～15:30、17:00～19:30（20:00打烊）
休週四 所上山市新湯6-34 🚃JR上山溫泉站步行7分 Ｐ免費
MAP P.63 B-1

→現代日式的店面

足浴景點 可輕鬆浸泡的名湯
4 新湯足浴 しんゆのあしゆ

市內5座「交流足浴」之一。位於上山城西側，也在新湯地區旅館林立的區域。可趁著溫泉街散步的空檔，前來泡泡名湯休息。

☎023-672-0839（上山市觀光物產協會）
⏰6:00～22:00 休無休 所上山市新湯
🚃JR上山溫泉站步行10分
Ｐ利用附近的停車場
MAP P.63 B-1

步行1分

↑散步途中可泡足浴小休片刻

GOAL 在歷史悠久的共同浴場悠閒小憩
6 二日町共同浴場 ふつかまちきょうどうよくじょう

湯泉充沛的上山溫泉共有6座共同浴場。別名「寒暄浴場」的二日町共同浴場位於住宅區，也有很多當地民眾會使用，溫馨氣息正是其魅力所在。

☎023-672-3501
⏰6:00～22:00（12～2月為6:30～）休無休
所上山市二日町5-21-6 🚃JR上山溫泉站步行7分
Ｐ利用附近的停車場
MAP P.63 B-1

↑當地人的招呼聲此起彼落
→別忘了自行攜帶洗髮精和肥皂

步行6分

步行10分

稍微走遠一點
前往水果農園直營的咖啡廳
高橋Friut Land
たかはしふるーつらんど

有機栽種櫻桃、法蘭西梨等水果的農園。咖啡廳就在隔壁，可品嘗到充滿新鮮水果的甜點。詳情請參閱→附錄❶P.4

→當季水果聖代（648日圓）

令人印象深刻的黑色大銅鑼燒
5 だんご本舗 たかはし だんごほんぼたかはし

於大正7（1918）創業的老字號和菓子店。使用上山產稻米的手工糰子和每天烘烤的米泡芙（120日圓）最有人氣。

☎023-672-3357
⏰8:30～18:00（週日、假日為17:30）休無休 所上山市矢來2-1-41 🚃JR上山溫泉站即到 Ｐ免費
MAP P.63 B-2

→店內有25席內用座位

本店 黑銅鑼燒 184日圓～
麵糊揉入食用竹炭、口感鬆軟的銅鑼燒

鶴岡・酒田出羽三山
P.19
山形市區・藏王
天童・上山
還想去這些地方！上山溫泉城下町散步導覽
上山溫泉城下町散步導覽
P.49
最上 新庄・銀山溫泉
P.81
米澤・赤湯
P.97
交通指南

購物 | 和菓子
MAP P.63 B-1

●だいこくや
大國屋
📞023-672-2843

超人氣的黑糖花林糖

使用嚴選素材手工製作的健康和菓子大受好評。當中最有人氣的「上山花林糖」是自古相傳的鄉土銘菓，可品嘗到黑糖濃郁的滋味。

🕐8:00～19:00
休第4週日
所上山市二日町9-1
🚉上山溫泉站步行5分
P免費

→樸素的風味「上山花林糖」（170g・650日圓）

●はなさきやまてんぼうだい
花咲山展望台

位於花咲山中段的展望台。從上山市街區到山形市、藏王連峰通通一覽無遺。

📞023-672-0839
（上山市觀光物產協會）
🕐自由參觀 所上山市葉山
🚉JR上山溫泉站車程10分
P免費
MAP附錄②P.8 E-2

→展望台上設置了「幸福之鐘」

旅情報

將溫泉街和藏王連峰盡收眼底

玩樂 | 遊樂園
MAP附錄②P.12 E-4

●リナワールド
LINA WORLD
📞023-672-1614

從經典的乘坐設施到刺激的遊樂設施都有

有雲霄飛車、海盜船等約30種遊樂設施。卡通人物遊樂設施和驚悚萬分的刺激型遊樂設施都不可錯過。

🕐3月第2週六～11月下旬、10:00～16:30（依節令所有變動）休週二不定休（逢節日則營業），3歲～國小生600日圓 所上山市金瓶水上108-1
🚉JR上山溫泉站搭山交巴士往山形方向，リナワールド前下車即到 P免費

→「Hello Kitty摩天輪」深受兒童喜愛

咖啡廳 | 蒟蒻
MAP附錄②P.12 E-6

●ばんかふぇ
番かふぇ
📞023-674-2351（丹野こんにゃく）

有很多蒟蒻甜品

使用蒟蒻的甜品相當有人氣。有可吃到蒟蒻口感的蛋糕、蒟蒻珍珠汽水等多種品項。

🕐9:00～16:00
休週二（另有不定休）
所上山市楢下1233-2
🚉JR上山溫泉站車程15分
P免費

→蒟蒻派蛋糕（389日圓）

（這也是蒟蒻藍莓・486日a汽水）

還想去這些地方！

約於500年前開湯的山形名湯
上山溫泉
かみのやまおんせん

江戶時代因參勤交代而興盛的宿場町，充滿古風情懷的溫泉街。保有藩政時代面貌的宅院和宿場町至今仍保存著。市內每個地區都有許多溫泉，總稱「上山溫泉」。可輕鬆泡湯的足浴和共同浴場也很受歡迎。

景點 | 紀念館
MAP附錄②P.12 E-4

●さいとうもきちきねんかん
齋藤茂吉紀念館
📞023-672-7227

讚頌歌人偉業的紀念館

收藏上山出身的歌人・齋藤茂吉的遺墨及遺物的資料館。館內展示了茂吉的親筆原稿、書簡等貴重資料和作品。之前因大規模整修工程而休館。

🕐9:00～16:45（～17:00閉館）休無休 ¥600日圓，高中、大學生300日圓、國小、國中生100日圓 所上山市北町弁天1421 🚉JR茂吉紀念館前站即到 P免費

→展示和設備也經新整修

↑上級武士住宿用的「瀧澤屋」

Pick UP!

●ならげじゅく
楢下宿

將宿場町的懷舊風情傳遞至今

奧州13藩參勤交代時所利用的羽州街道宿場。包括本陣在內，共修復了4棟建築物，與架於金山川之上的眼鏡橋同樣仍保留過往的風貌。

🕐自由參觀（瀧澤屋為9:00～16:45）9:00～16:45）休週三 ¥免費（瀧澤屋入館210日圓，高中生160日圓，國小、國中生50日圓 所上山市楢下 🚉JR上山溫泉站搭山交巴士往赤山方向，楢下新町下車即到 P免費
MAP附錄②P.12 E-6

📞023-674-3125（瀧澤屋）

上山溫泉
1:15,000
0 ━━━ 200m
周邊圖 附錄②P.8・12

●景點・玩樂 ●美食 ●溫泉 ●購物 ●住宿

  採訪筆記 保留藩政時代氣圍的宅院 | 室內有4棟約於200年前建蓋的武士宅院。當中的「三輪家」和「舊曾我部家」可入館參觀。令人想起古時的茅草屋頂和鉤形曲屋的4棟宅院，已指定為上山市的有形文化財。

藏王的象徵

通往**御釜**的山岳道路

絕景 **藏王兜風之旅**

介紹的地區在這裡

這裡是這樣的地方!

位於山形和宮城縣境的藏王連峰是可進行高山健行和雪上休閒活動的度假勝地。此外也有東北首屈一指的藏王溫泉，是名湯散布的溫泉地。

神秘的湖、豪邁的瀑布、溪流旁的大露天浴池等，
在這裡可以親身感受藏王豐富的大自然美景，
穿越爽快的兜風駕車路線，往各個景點前進吧！也別忘了順道品嘗周邊美食喔。

連接御釜的觀光道路
藏王Highline ●ざおうはいらいん

出現於藏王Echoline的最高點，刈田峠的岔路，可通往御釜。有連續不斷的髮夾彎，魄力十足的驚人美景不間斷地出現在眼前。

☎022-771-5323（宮城交通營業推進課）
🕐4月下旬～11月初旬 ¥一般車輛540日圓、機車380日圓 🅿宮城藏王町 **MAP 附錄②P.12 H-6**

山岳兜風的經典路線
藏王Echoline ●ざおうえこーらいん

藏王連峰中全長約26km的道路。初夏的新綠、秋天的紅葉，不同季節前來兜風可欣賞到不同意趣的美景。

☎0224-34-2725（藏王町觀光服務處）
🕐4月下旬～11月初旬 ¥免費 🅿宮城縣藏王町～山形縣上山市 **MAP 附錄②P.12 H-6**

交通資訊

🚗**開車** **30分**
山形自動車道山形藏王IC經由縣道167、53（西藏王高原Line）、21號16km

🚌**巴士** **37分**
山形站搭山交巴士往藏王溫泉方向37分，終點下車

MAP
P.71、附錄②P.8、12

住宿資訊
P.68

洽詢處

●藏王溫泉觀光協會
☎023-694-9328
●山形市觀光物產課
☎023-641-1212

1

●ざおうおんせんだいろてんぶろ

藏王溫泉大露天浴池

溪流沿岸的露天浴池，由自然石頭組成的浴池，有源源不絕的放流湯泉。在流水鳥鳴聲中，悠閒地浸泡在充沛的湯泉中暖暖身體吧。

☎023-694-9417 🕐4月中旬～11月上旬、6:00～19:00（4、11月有變更） 🈵期間中無休 ¥550日圓、小孩300日圓 🅿山形市藏王溫泉新屋敷853-3 🚉JR山形站搭山交巴士往藏王溫泉方向，終點下車，步行15分 🅿免費 **MAP P.71**

● 一次可容納200人的寬敞浴池

藏王溫泉富野趣名的露天浴池飽

掌握不同季節的玩樂方式!

冬

11月初旬藏王Echoline和藏王Highline開始禁止通行。此時可看到藏王冬天特有的風景，樹冰，以及備有多種路線的滑雪場遊客眾多，熱鬧非凡。

秋

藏王的紅葉從9月下旬開始，10月中旬為最佳賞楓期。推薦可搭乘纜車，從高空眺望一整片鮮紅黃綠的山脈。

夏

在群山綠意的包圍下，高山植物盛開的夏季，是最適合高山健行的季節。高原氣候涼爽舒適，可在此盡情感受大自然的美好。

春

藏王Echoline、藏王Highline皆於4月下旬冬季封閉。黃金週時期可在除雪後堆達好幾m高的高牆中駕車奔馳。

DRIVE DATA

需時 約3小時

START
山形自動車道山形藏王IC
↓ 18km
1 藏王溫泉大露天浴池
↓ 25km
2 御釜
↓ 12km
3 藏王不動尊
↓ 1km
4 瀧見台
↓ 25km
東北自動車道白石IC
GOAL

鶴岡・酒田出羽三山 P.19
天童・上山
山形市區・藏王
藏王絕景兜風之旅
P.49
新庄・銀山溫泉 最上
P.81
米澤・赤湯
P.97
交通指南

照耀天空的翡翠綠湖

可以走到御釜嗎？
從藏王Highline上的停車場到眺望御釜的展望台步行約5分。此處有完善的無障礙步道可以行走。

美麗的湖面出來迎接！在這裡拍攝紀念照片

地面都是岩石地，走路時要留心腳步

就近俯瞰御釜吧！

從藏王山頂休息處，往山脊邁進

●おかま 御釜 ②

因火山爆發而誕生的火口湖，佇立於藏王山頂。水質為強酸性，因此沒有生物在此棲息。湖面的顏色會隨著季節、時間和太陽照射角度改變，相當夢幻神秘，魅惑遊客的心。

☎0224-34-2725(藏王町觀光服務處) ⏰4月下旬〜11月上旬(預定，有變更的可能)、自由參觀 休期間中無休 府宮城縣藏王町遠刈田溫泉倉石岳国有林 🚌JR白石藏王站搭宮城交通巴士往藏王刈田山頂方向，終點下車即到(藏王Echoline開通時的週六、日，假日運行) Ｐ免費 **MAP** 附錄②P.12 H-5

╲ 周邊美食&伴手禮 ╱

LIZA RESTAURANT

位於藏王中段的滑雪場「藏王LIZA WORLD」內的餐廳。招牌料理為石窯燒烤的正宗披薩。也有蛋包飯和義大利麵。

☎023-679-2311(藏王LIZA WORLD) ⏰4月下旬〜11月上旬、12月中旬〜4月上旬，10:00〜16:00 休期間中無休 府上山市藏王坊平高原 🚌JR上山溫泉站搭定期免費接駁巴士，ライザワールド下車即到 Ｐ免費 **MAP** 附錄②P.12 G-6

↑香噴噴的酥脆瑪格麗特披薩

Restaurant Baeltz

使用當地產豬肉製作的香腸特別有名。從經典口味到加入蔬菜的口味，平時會有8種香腸可供選擇。

☎0224-34-2001 ⏰11:00〜14:30(15:00打烊)，香腸販售10:00〜，週五、六的17:30〜19:30(20:00打烊)也會營業 休週四、藏王Echoline封閉中的週五 府宮城縣藏王町遠刈田溫泉北山21-12 🚗山形自動車道山形藏王IC車程50分 Ｐ免費 **MAP** 附錄②P.8 G-2

↑香腸午餐（1479日圓）

藏王おみやげセンター まるしち

位於藏王溫泉街中心，可隨意閒逛的伴手禮店。藏王溫泉的源泉「溫泉粉」和肥皂最有人氣。也有販售特產點心和特產酒。

☎023-694-9502 ⏰8:30〜21:00 休無休(4〜6月和11〜12月休週三) 府山形市藏王溫泉955 🚌JR山形站搭山交巴士往藏王溫泉方向，終點下車即到 Ｐ免費 **MAP** P.71

↑溫泉粉（10個裝、600日圓）

●たきみだい 瀧見台 ④

三階瀑布、不動瀑布、地藏瀑布各有不同風情，這裡是可以一次看到這三大名瀑的觀景台。10月中旬紅葉時節特別美麗，是最有人氣的時節。建議早上還不會有逆光出現時前往。

☎0224-34-2725(藏王町觀光服務處) ⏰自由參觀 府宮城縣藏王町遠刈田溫泉倉石岳国有林 🚗東北自動車道·白石IC車程25分 Ｐ免費 **MAP** 附錄②P.8 G-2

可一次眺望3道瀑布

三階瀑布為「日本瀑布百選」之一

藏王不動尊 ③

魄力十足的不動明王像

↑向英勇強大的不動明王像祈求旅途平安

●ざおうふどうそん

表情嚴肅的不動明王像背後是熊熊燃燒的赤紅火焰，以銳利的目光守護著這塊藏王之地。歌人·齋藤茂吉的句碑，以及能夠就近眺望不動瀑布的展望台也在附近。

☎0224-34-2725(藏王町觀光服務處) ⏰自由參觀 府宮城縣藏王町遠刈田溫泉倉石岳国有林 🚗東北自動車道·白石IC車程30分 Ｐ免費 **MAP** 附錄②P.8 G-2

綠色的湖面閃耀著
神秘的光芒

花圖鑑

紫八汐躑躅
開著紫色花瓣的可愛小花。賞花季為6～7月。

三葉黃蓮
6月到7月可看見鮮艷的白色花朵。

舞鶴草
開於6月左右的白色小花，百合科植物。

必看景點
●どっこぬま
⑤ 獨鈷沼

水深約2m、圓周約為350m的沼澤。周圍設有長椅，可坐下來休息看風景。

這條路線的最後一個觀景點！

戶外休閒活動

山形藏王
5月下旬～9月上旬
高山健行
春 夏 秋

乘坐藏王中央空中纜車，前往高山健行，眺望美麗的山脈和湖沼群。散步道路整備完善，新手也能安心。

體驗DATA
所需時間 約3小時
費用 免費（纜車另計）
備註 建議穿運動鞋等方便行走的鞋子

必看景點
●とりかぶとやまてんぼうだい
① 鳥兜山展望台

位於鳥兜站旁的展望台，海拔1387m。是可以眺望月山和朝日連峰的絕佳觀景點。

新手也能輕鬆享受登山樂趣♪

●藏王溫泉街盡收眼底

路線圖
START 藏王中央纜車溫泉站 → 搭纜車7分 → 鳥兜站 → 搭纜車即到 → ①鳥兜山展望台（大黑天）→ 步行15分 → ②紅葉峠 → 步行45分 → 目玉沼（展望台）→ 步行15分 → ③薯鰻沼 → 步行10分 → ④五郎岳 → 步行20分 → ⑤獨鈷沼 → 步行10分 → 中央第一纜椅 → 搭纜椅5分 → 鳥兜站 → 搭纜車7分 → 藏王中央纜車溫泉站 GOAL

到山頂即回約30分，沒時間的話可縮短行程

●ちゅうおうだいいちリフト
中央第一纜椅
☎023-694-9168
6月下旬～10月中旬，9:00～16:00（視季節有所變更）休不定休 單程300日圓、來回500日圓 山形市藏王溫泉940-1 免費

●ごろうだけ
④ 五郎岳
↑晴天可遠眺藏王連峰

從高山健行分岔路約15分可抵達，海拔1413m。因為是座小山，新手也能安心登爬。

●うつぼぬま
③ 薯鰻沼

被蒼鬱濕原環繞的小沼澤。形狀奇妙，狀似薯鰻。

約1張榻榻米大小的小沼澤

●もみじとうげ
必看景點 ② 紅葉峠

↑初夏可聽到白腹藍姬鶲等野鳥的鳴叫聲

山毛櫸和櫟樹茂密的散步道路。秋天的紅葉季會將整片森林染上鮮艷色彩。

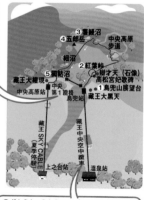

●ざおうちゅうおうロープウェイ
藏王中央空中纜車
☎023-694-9168 8:30～17:00（11月～12月20日為～16:00）休不定休（5月整修停運）單程800日圓、來回1300日圓 山形市藏王溫泉940-1 免費 MAP P.71

鶴岡・酒田出羽三山 P19
天童・上山・藏王
山形市區・藏王
假日戶外休閒活動 P.49
最上・新庄・銀山溫泉
米澤・赤湯 P81
交通指南 P97

也很受外國旅客歡迎的觀光景點

有6種捕捉住在這裡♪

體驗DATA
所需時間 約2小時
費用 1000日圓、國小生以下免費
備註 狐狸會對衣服或鞋子上的繩子等會搖晃的物品感興趣，請特別留意

在這裡報名&體驗

●みやぎざおうきつねむら
宮城藏王狐狸村
☎0224-24-8812 ⏰9:00～16:30（17:00閉園）、12月10日～3月15日為～15:30（16:00閉園） 休週三（黃金週、2、8月無休） ¥1000日圓、國小生以下免費 所宮城縣白石市福岡八宮川原子11-3 交JR白石站車程20分 P免費
MAP附錄②P.8 G-3

宮城藏王
4月上旬～11月下旬
與動物互動交流
春 夏 秋 冬

這裡是少數可以和狐狸互動交流的動物園，放養了100多隻狐狸，共有6個種類。也有販售許多可愛的狐狸特製商品。

可現場品嘗剛做好的起司

在真敞的牧場體驗手作樂趣

宮城藏王
4月上旬～11月下旬
起司製作體驗
春 夏 秋

還可以和綿羊與山羊交流！

有綿羊、山羊、兔子等動物生活在這個廣大的牧場上。除了有動物交流區之外，還可體驗製作起司和奶油。

●ざおうはーとらんど
藏王HEART LAND
☎0224-34-3769 ⏰9:30～17:00 休期間中無休 ¥免費 所宮城縣藏王町遠刈田溫泉七日原201 交JR白石藏王站搭宮城交通巴士往宮城藏王ロイヤルホテル前方向47分，遠刈田溫泉湯の町下車，車程5分 P免費 MAP附錄②P.8 G-2

在這裡報名&體驗

開放交流的牧場一角，可和動物進行互動

體驗DATA
製作起司（茅屋起司）
所需時間 約30分
費用 500日圓
備註 需1週前預約

盡情感受大自然！ 在藏王享受假日

藏王連峰可以看到廣闊的四季美景，新手也能體驗高山健行，欣賞大自然中天然的絕佳美景。這裡還有豐富的休閒活動，不妨利用假日，前來徹底感受一下藏王的大自然吧！

P.49

體驗DATA
所需時間 約2小時30分
費用 2400日圓、學齡前兒童免費
備考 請攜帶手電筒、禦寒衣物、雨具。天候不佳時可能會取消。活動舉辦期間需洽詢

宮城藏王
7月中旬～10月下旬
空中散步de星空散步
夏 秋

眼前一片一望無際的星空！

搭乘纜車，前往海拔1100m的滑雪場觀賞星空。現場有專門介紹天文的導遊，還可用望遠鏡觀測星象。

在這裡報名&體驗

●みやぎざおうえぼしりぞーと
宮城藏王 EBOSHI Resort
☎0224-34-4001 ⏰視季節而異（需在HP確認） ¥2400日圓、學齡前兒童免費 所宮城縣藏王町遠刈田溫泉倉石岳國有林內 交JR白石藏王站車程40分 P免費
MAP附錄②P.8 G-2

↑在海拔1100m處仰望的星空格外壯觀美麗

山形藏王
12月下旬～2月下旬
樹冰點燈活動
冬

愈趨寒冷的12月～2月可看見一大片雪怪。寬闊的樹冰原點燈之後，呈現相當夢幻的景色。

大自然打造的冰雪藝術

↗打上五顏六色的燈光，讓樹冰更添加一層神秘色彩

體驗DATA
樹冰幻想迴廊之旅
所需時間 約1小時
費用 3800日圓、1歲～國小生3100日圓
備註 需預約（7天前可開始報名）可搭乘有暖氣的雪車，觀賞樹冰。視天候狀況，有可能無法看到樹冰。天候不佳時則取消

●ざおうろーぷうぇい
藏王纜車
☎023-694-9518 ⏰樹冰幻想迴廊之旅為12月下旬～2月下旬（1月主要於週六、日舉辦）、17:00～21:00（最終報名時間20:00） ¥樹冰幻想迴廊之旅3800日圓、1歲～國小生3100日圓（有可能變更） 所山形市藏王溫泉 交JR山形站搭山交巴士往藏王溫泉方向，終點下車，步行10分 P免費（週六、日、假日～16:00收費）
MAP P.71

在這裡報名&體驗

─ 也很推薦這裡 ─

上山溫泉KURORT健行
按照自己的步調，健康愉快地行走。一邊欣賞大自然的美景，一邊悠閒地散步吧！
☎023-672-0839（上山市觀光物產協會）、023-672-1111（上山市療養推進會） ⏰天候不佳時 ¥暮色行走之旅2600日圓（2名以上即成行，需於一天前預約）、每日行走之旅2000日圓（1名即成行、無需預約） 所上山市藏王高原坊平等 交藏王高原坊平路線在JR上山溫泉站搭免費接駁巴士「Green Echo號」、ZAOたいらぐら、ペンション入口上山即到 P免費 MAP附錄②P.12 G-6

藏王溫泉的溫泉旅宿

聆聽淙淙水流聲享受悠閒愜意的溫泉湯池

溫泉介紹

規模為東北第一，歷史悠久的溫泉地。由於泉質相似，因此也被稱為「東北的草津」。源泉從47處湧出，有很多旅宿有源泉放流和自家源流。

泉質 酸性、含硫磺、鋁、硫酸鹽，氯化物泉
功效 美肌、割傷、燙傷等

魅力介紹！
在館內暢享湯泉
館內設有9個浴池，每個都是源泉放流的泉池。

⬆半露天浴池「潺之湯」。靜謐沉著的風情相當有人氣

➡使用山形當季食材的料理也深受好評

➡除了附床和洋室之外，也各有不同風貌，每間房間

保留旅店風情的老字號旅宿

深山莊高見屋
源泉放流
●みやまそうたかみや

☎023-694-9333
MAP P.71

創業300年，藏王首屈一指的老字號旅宿。木造莊嚴建築洋溢著傳統之美。共有9種不同意趣的浴池，包括檜木浴池、露天浴池等，可以盡情暢享各式溫泉湯池。

1泊2食 22830日圓～（假日前日）
IN 15:00 **OUT** 10:00
浴池 室內浴池：男女輪流制4／露天浴池：男女輪流制3 包租 室內浴池1、露天浴池1 客房 和室7、和洋室12 接送 有（詳情請在預約時確認）

住宿資訊
所 山形市藏王溫泉54 ■ JR山形站搭山交巴士往藏王溫泉方向，終點下車，步行5分 P 免費

不住宿溫泉資訊
純泡湯▶不可
含用餐▶無

盡情享受泡湯樂趣 在豐富多彩的浴池中，

魅力介紹！
大浴場八右衛門之湯
佔大的浴池「八右衛門之湯」充滿乳白色的湯泉，別有一番風味。

➡晚餐是地產地消的「藏王山懷膳」

1泊2食 16350日圓～（假日前日）
IN 14:00 **OUT** 10:00
浴池 室內浴池：男女輪流制2／露天浴池：男女輪流制2 包租 室內浴池3 客房 和室51、洋室9、和洋室2 接送 有（詳情請在預約時確認）

住宿資訊

不住宿溫泉資訊
純泡湯▶12:00～15:00／1080日圓／需確認
含用餐▶10:00～15:00／6480日圓～／10名以上需預約

飯店的招牌大浴場「八右衛門之湯」

就近感受藏王的大自然

藏王國際飯店
源泉放流
●ざおうこくさいほてる

☎023-694-2111
MAP P.71

源源不絕的源泉放流湯池「八右衛門之湯」是這裡的招牌。大浴池的圓木樑柱裸露在外，飄散著硫磺香味，充滿風情意趣。泡湯時可眺望周邊森林的3間包租浴池也很受歡迎。

所 山形市藏王溫泉933 ■ JR山形站搭山交巴士往藏王溫泉方向，終點下車，步行10分 P 免費

 毛巾 沐浴乳 洗髮精 吹風機 免費 收費 ▮ 無

山形市區·藏王

招牌為挖鑿大石的露天浴池

魅力介紹！
可選擇喜歡的浴衣
有顏色繽紛的浴衣可租借，1件540日圓。有數十種可選擇。

戶外有2個風情不同的浴池

和歌人·齋藤茂吉有所淵源的旅宿

藏王和歌之宿 若松屋
●ざおううたのやどわかまつや
☎023-694-9525
MAP P.71

源泉放流

和齋藤茂吉有所淵源的旅宿，館內有以和歌為主題的「湯小路藝廊」。源泉放流的露天浴池是用藏王的大石挖鑿而成。

簡樸沉穩的10張榻榻米和室

濃厚的使用山形食材的料理充滿鄉土色彩

1泊2食	17970日圓～（假日前日）住宿資訊
IN 15:00	OUT 10:00
浴池	室內浴池：男1女1／露天浴池：男2女2
包租	室內浴池1 客房 和室22、和洋室5
接送	無

所 山形市藏王溫泉951-1
交 JR山形站搭山交巴士往藏王溫泉方向，終點下車，步行3分 P 免費

不住宿溫泉資訊
純泡湯▶11:00～14:30／800日圓／無需預約
含用餐▶無

利於當作高原休閒活動的據點

源泉放流

喜樂酒店
●ほてるきらく
☎023-694-2222
MAP P.71

品嘗山形的當季美味

大浴場、露天浴池都是源泉放流。充滿木頭香味的女用露天浴池，和石砌而成的男用露天浴池皆充滿風情意趣。所有客房都能眺望藏王也是其魅力所在。

所 山形市藏王溫泉935-25
交 JR山形站搭山交巴士往藏王溫泉方向，終點下車，步行10分 P 免費

1泊2食	13110日圓～（假日前日）住宿資訊
IN 15:00	OUT 10:00
浴池	室內浴池：男1女1／露天浴池：男1女1
包租	無 客房 和室24
接送	有（詳情請在預約時確認）

魅力介紹！
客房的眺望景觀極佳
每間客房都有寬廣視野，可眺望藏王連峰山脈。

不住宿溫泉資訊
純泡湯▶12:00～14:00／600日圓／需電話確認
含用餐▶無

可悠閒浸泡在源泉放流的湯池中

乳白色的源泉 療癒舒暢

可眺望藏王群山的露天浴池

佇立於沼澤旁的閑靜旅宿

藏王岩清水料理之宿 季之里
●ざおういわしみずりょうりのやどきのさと
☎023-694-2288
MAP P.71

源泉放流

以可以品嘗山形當季美食聞名的旅宿。提供多種可品嘗山形當季美食的住宿方案。別館有「代吉之湯」，除了半露天浴池之外，也有足湯可以浸泡。

不住宿溫泉資訊
純泡湯▶僅平日，11:00～14:30／500日圓／無需預約
含用餐▶僅平日，10:30～15:00／6555日圓／需預約（2名以上）

魅力介紹！
位於別館的露天浴池
別館有「代吉之湯」，可一邊眺望藏王，一邊泡湯。

1泊2食	16890日圓～（假日前日）IN 15:00
OUT 10:00	浴池 室內浴池：男1女1／露天浴池：男1女1
包租 無	客房 和室22
接送	有（詳情請在預約時確認）

所 山形市藏王溫泉1271-1
交 JR山形站搭山交巴士往藏王溫泉方向，終點下車，步行15分 P 免費

客房為寬敞愜意的空間

佇立於溫泉街入口的老字號旅宿

源泉放流

五感之湯鶴屋
●ごかんのゆつるや
☎023-694-9112
MAP P.71

建於高丘上，可遠眺藏王連峰山脈和雄偉的朝日連峰美景。湯泉呈乳白色的室內浴池、露天浴池和4間包租浴池皆大受好評。晚餐可品嘗芋煮、蕎麥麵餅、藏王牛等山形鄉土的美食。

1泊2食	15120日圓～（假日前日）住宿資訊
IN 15:00	OUT 10:00
浴池	室內浴池：男1女1／露天浴池：男1女1
包租	室內浴池4 客房 和室35、洋室6
接送	無

所 山形市藏王溫泉710
交 JR山形站搭山交巴士往藏王溫泉方向，終點下車即到 P 免費

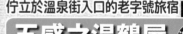
建於山丘斜坡處，視野良好

山形縣規模最大、數量最多的包租浴池

包租浴池「木香之湯」，木頭的芳香令人心曠神怡

魅力介紹！
有很多間包租浴池
館內有4間收費包租浴池，全都使用自家源泉放流。

充滿日式情懷的客房

不住宿溫泉資訊
純泡湯▶13:00～16:00※人多時～14:00／600日圓／無需預約
含用餐▶無

●ざおうろーぷうぇい
藏王纜車
☎023-694-9518

從空中感受藏王的大自然
從藏王山麓站連結樹冰高原站、地藏山頂站的纜車。樹冰時期可從空中俯瞰夢幻的樹冰原。新綠和紅葉時期來高山健行時也可搭乘。

- ⏰8:30～17:00（山麓線）、8:45～16:45（山頂線），需洽詢
- 休無休（5月、9月有檢修停運期間，需洽詢）
- ¥單程800日圓～
- 所山形市藏王溫泉229-3
- 🚌JR山形站搭山交巴士往藏王溫泉方向，終點下車，步行10分
- P免費（冬季有收費日）

➡藏王溫泉的風景盡收眼底

還想去這些地方！

在大自然遊玩之後，來去溫泉泡湯
藏王
ざおう

藏王連峰位於山形和宮城縣境，藏王正位於這片雄偉大自然環繞之處。同時也是個著名的溫泉地，有許多觀光客來訪。冬天可看到雪山上整片樹冰相連的壯觀景象，屆時也會舉辦點燈活動。

ジンギスカン・シロー
☎023-688-9575

元祖店鋪的絕讚成吉斯汗蒙古烤肉
參考蒙古的烹調法，在鐵鍋上烤羊肉的成吉斯汗蒙古烤肉風格發祥店。厚切肉片軟嫩無腥味，沾上自家製的醬汁更能襯托出肉質的鮮美。米和蔬菜也是自家栽培。

- ⏰11:00～14:00、17:00～20:00（21:00打烊）
- 休週四、第4週日
- 所山形市蔵王半郷266-10
- 🚗東北中央自動車道山形上山IC車程5分
- P免費

➡分量滿點的「成吉斯汗蒙古烤肉特上定食」（1944日圓）

●れきしとぶんかのびじゅつかんわらべのさと
歷史與文化的美術館 童之里
☎023-693-0093

貴重的古物令人流連忘返
江戶到明治時代的家屋和土藏建築移建而來的5棟建築物構成的美術館。館內展示約1000件貴重的古美術。餐廳「彌平治亭」可品嘗鯡魚蕎麥麵和土雞蕎麥麵。

- ⏰9:00～16:00（17:30閉館）
- 休週二（逢假日則開館）
- ¥700日圓、國中生以下350日圓（彌平治亭免費）
- 所山形市藏王溫泉童子平1138
- 🚌JR山形站搭山交巴士往藏王溫泉方向，童子平下車，步行3分
- P免費

➡在莊嚴的建築物中欣賞美術品

樹冰點燈活動
●じゅひょうらいとあっぷ

在冬天嚴寒之際，大自然打造出來的冰雪藝術・雪怪。前往點燈後的夢幻山頂樹冰原需在樹冰高原站換一次車。記得做好禦寒措施。

- ☎023-694-9518（藏王纜車）
- ⏰12月下旬～2月下旬（1月僅週六、日舉行）、17:00～21:00（最終報名時間～19:50）
- ¥2600日圓、小孩1300日圓
- 所山形市藏王溫泉
- 🚌JR山形站搭山交巴士往藏王溫泉方向，終點下車，步行10分
- P免費（週六、日、假日～16:00收費）
- MAP P.71

➡可就近觀賞浮現在光中的神秘樹冰

旅情報

眺望閃閃發亮的樹冰原

●ざおうおんせんきょうどうよくじょう
藏王溫泉共同浴場
☎023-694-9328（藏王溫泉觀光協會）

在共同浴場連續泡湯
這裡共有3間共同浴場，「上湯共同浴場」、「川原湯共同浴場」、「下湯共同浴場」，泉質和溫度都有些微差異。3間浴場都在方圓100m內，可以泡完一間換下一間。

- ⏰6:00～22:00
- 休無休
- ¥200日圓、國小生以下100日圓
- 所山形市藏王溫泉
- 🚌JR山形站搭山交巴士往藏王溫泉方向，終點下車，步行3分
- P無

➡3間浴場當中位於最高處的「上湯共同浴場」

採訪筆記　山形MARUGOTO市集 藏王溫泉會場

5～10月的週日早上6～8時會舉辦熱鬧非凡的產地直銷市集。現場會有許多當地農家栽培的新鮮蔬菜和水果，以及自豪的漬物等等。也會販售「稻花餅」和「溫泉粉」等特產品。　　　70

鶴岡・酒田出羽三山
P19
天童・上山
山形市區・藏王
還想去這些地方！藏王
P49
新庄・最上・銀山溫泉
P81
米澤・赤湯
P97
交通指南

購物　複合設施

MAP P.71

●ざおうせんたーぷらざ

ZAO Center Plaza

☎023-694-9251

販售許多名產伴手禮的人氣店

販售使用特產品製作的和菓子、西點、藏王的工藝品、小飾品等伴手禮，種類豐富。當中以起司蛋糕最有人氣。館內除了購物之外，還可用餐，也有併設溫泉和住宿設施。

⏰9:00～18:00
休無休
所山形市藏王溫泉903-2
🚌JR山形站搭山交巴士往藏王溫泉方向，終點下車，步行5分
🅿免費

➡可購買藏王伴手禮和享用輕食

咖啡廳　咖啡廳

MAP P.71

●コーヒーショップさんべ

COFFEE SHOP さんべ

☎023-694-9538

享用「稻花餅」和咖啡，小休片刻

特產為散發著竹葉香的點心「稻花餅」。軟嫩的麻糬中包著不會太甜的內餡。稻花餅搭配咖啡或抹茶等的飲料套餐相當受歡迎，建議可事先預約。

⏰9:30～17:00
休不定休
所山形市藏王溫泉973-1
🚌JR山形站搭山交巴士往藏王溫泉方向，終點下車即到
🅿利用附近的停車場

➡「恣情套餐」（550日圓）附咖啡

購物　和菓子

MAP P.71

●やまぐちもちや

山口餅屋

☎023-694-9088

手工製的「胡桃麻糬」美味讚不絕口！

招牌為「胡桃麻糬」的麻糬店。使用自家栽培的糯米製作的軟嫩麻糬大受好評。滑順的胡桃餡帶有淡淡的甜味，香氣濃郁，深受好評。推薦毛豆泥和胡桃餡組合的「雙色麻糬」。

⏰10:00～17:00（售完打烊）
休不定休
所山形市藏王溫泉35
🚌JR山形站搭山交巴士往藏王溫泉方向，終點下車，步行5分
🅿免費

➡可嘗到胡桃麻糬和毛豆泥麻糬兩種口味的「雙色麻糬」（650日圓）

咖啡廳　咖啡廳

MAP P.71

●おとちゃや

音茶屋

☎023-694-9081

在溫泉街享受咖啡時光

大量使用「山形牛」的咖哩和無添加化學調味料的湯咖哩等，有許多精緻講究的餐點。除了無農藥咖啡和自製甜點之外，還有許多手工精釀啤酒。也有販售衣物和雜貨。

⏰10:00～20:30（21:00打烊）、12～3月為～23:30（24:00打烊）
休週三（12～3月無休）
所山形市藏王溫泉935-24
🚌JR山形站搭山交巴士往藏王溫泉方向，終點下車，步行5分
🅿免費

➡開店以來最有人氣的「綠咖哩」（1050日圓）

藏王

1:18,000　0　200m
周邊圖附錄②P.8-12

Hotel Oakhill
CENTRAL LODGE
藏王SKY CABLE
藏王體育館
藏王Plaza Hotel
堺屋
盃湖
藏王公園線
深山莊高見屋 P.68
五感之湯 鶴屋 P.69
能登屋工房 榮治郎
巴士總站 COFFEE SHOP さんべ P.55
善七之湯
藏王溫泉郵局
源七露天之湯
山口餅屋 P.71
P.65藏王おみやげ センターまるしち
藏王和歌之宿若松屋 P.69
Le Vert藏王
ZAO Center Plaza P.71
P.15・64藏王溫泉大露天浴池
湯之花茶屋 新左衛門之湯 附錄②P.14
音茶屋 P.71
藏王中央空中纜車 P.66
喜樂食堂 P.69
國道13號
藏王岩清水料理之宿 季之里 P.69
藏王國際飯店 P.68
藏王纜車 P.67-70
樹冰燈點燈活動 P.69
藏王山麓
高宮瑠璃俱樂度假區
藏王纜車 山麓線
藏王四季之飯店
坊平高原
山形市

歐洲風的圓木小屋是藏王溫泉滑雪場・中央滑雪場的象徵。館內有燒柴爐，可品嘗蛤蜊巧達濃湯和起司漢堡肉等正統料理。

⏰10:00～16:00
休無休
所山形市藏王溫泉中央高原
🚌JR山形站搭山形交通巴士，藏王巴士總站下車，搭中央空中纜車15分
🅿免費（冬季1日1000日圓）

⬆大型三角屋頂的6層樓建築。非滑雪季也可使用

Pick UP!

●ふぉれすといんさんごろう

中央滑雪場的象徵
Forest inn SANGORO

MAP 附錄②P.12 H-4

☎023-694-9330

天童溫泉的溫泉旅宿

（てんどう）天童

在寬1000㎡的大浴場享受悠閒時光

泉質 鈉、鈣硫酸鹽泉
功效 動脈硬化、割傷、神經痛等

溫泉介紹
將棋產量日本第一的天童市湧出的溫泉。有許多可觀賞美麗庭園的露天浴池，和遠離街道塵囂的靜謐旅宿。

魅力介紹！ 在豐富多彩的空間暢享溫泉
可品嘗無農藥蔬菜的特製宴席料理，並可依照喜好選擇種類豐富的客房，度過愜意時光。

介紹的地區 在這裡
鶴岡　最上　米澤　★天童

這裡是這樣的地方！
溫泉街上有近代的大型飯店和旅館林立。四處可見將棋棋子的紀念碑，這是將棋之鄉·天童特有的景色。

交通資訊
開車 5分
東北中央自動車道天童IC經由縣道23號3km

鐵道 3小時
東京站搭JR山形新幹線2小時40分～3小時5分，天童站下車

MAP
P.75、附錄②P.11

住宿資訊
P.72

洽詢處
●天童市商工觀光課
☎023-654-1111
●天童市觀光物產協會
☎023-653-1680
●天童溫泉協同組合
☎023-653-6146

↑附露天浴池的客房視野也很棒

↑窗外是寬敞的正統日本庭園

客房種類豐富，共有16種類型
部分放流

微笑之宿 瀧之湯
●ほほえみのやどたきのゆ
☎023-654-2211
MAP P.75 B-1

共有16種客房，從時尚的房間到附露天浴池的奢華客房都有。料理以自家農園栽種的有機蔬菜為主，深受好評。1000㎡的大浴場充滿開放感。附設的廣重美術館也不容錯過。

↑寬敞的大浴場中也有飲泉空間

1泊2食 19440日圓～（假日前日）
IN 15:00 OUT 10:00
浴池 室內浴池：男1女1／露天浴池：男1女1
包場 無 **客房** 和室61、洋室13、和洋室14、別館1 **接送** 有（詳情請在預約時確認）

住宿資訊

不住宿溫泉資訊
純泡湯▶11:30～14:30／800日圓／無需預約（繁忙時無法使用）
含用餐▶10:00～15:00／5400日圓／需預約（僅週六·日）

所天童市鎌田本町1-1-30　JR天童站步行15分　P免費

瀑布聲音轟隆作響的露天浴池

魅力介紹！ 瀧見之湯和豐富的料理
大浴場和瀧見露天浴池、使用當季嚴選食材的和式、洋式、中式料理。

可眺望壯觀瀑布的瀧見露天浴池

↑可眺望街道、具有溫馨感的客房

1泊2食 14244日圓～（假日前日）
IN 15:00 OUT 10:00
浴池 室內浴池：男1女1／露天浴池：男1女1
包場 無 **客房** 和室100、洋室5、和洋室9 **接送** 有（詳情請在預約時確認）

住宿資訊

不住宿溫泉資訊
純泡湯▶11:30～15:00／1000日圓／無需預約
含用餐▶10:30～12:00／6604日圓～／需預約

使用當季食材的豐富菜色
源泉放流

美味求真的旅館 天童酒店
●びみぐしんのやどてんどうほてる
☎023-654-5511
MAP P.75 B-1

充滿開放感的瀧見露天浴池可盡情享受美肌之湯。瀑布轟隆作響的聲音野趣十足。料理有和式、洋式、中式，廚師們各自使用當季食材發揮廚藝。有50種菜色的自助式早餐也大受好評。

所天童市鎌田本町2-1-3　JR天童站步行15分　P免費

山形市區・藏王

天童溫泉的溫泉旅宿 **P.49**

開放式的空間，可享受2種源泉

↑可眺望四季花朵庭園的「八角堂」

閑靜佇立的日式溫泉旅館

湯之香 松之湯
●ゆのかまつのゆ
〔自家源泉放流〕

📞 023-653-2265
MAP P.75 B-1

雖然位於溫泉街中心，但綠意環繞，是個閑靜的溫泉旅宿。館內可享受2種源泉，有巨石挖鑿的露天「拳骨浴池」和面對日本庭園的「八角堂」等浴池，各有不同意趣。

1泊2食	**20670**日圓～（假日前日）
IN 15:00	OUT 10:00

住宿資訊
浴池 室內浴池:男女輪流制2／露天浴池:男女輪流制1 包租 無 客房 和室4、和洋室2 雙層房6 接送 有（詳情請在預約時確認）
所 天童市鎌田本町2-2-54 交 JR天童站步行15分 P 免費

↑充滿野趣的岩造浴缸「拳骨浴池」

穿浴衣品嘗正宗燒肉

天童舞鶴莊日式旅館
●てんどうぐらんどほてるまいづるそう

📞 023-653-3111
MAP P.75 B-1

每分鐘45L，是天童溫泉首屈一指的豐沛泉量。100%源泉放流可24小時盡情享受泡湯樂趣。連接大浴場的露天浴池，可在澄淨的空氣中浸泡美肌之湯。料理以特選「山形牛」的「燒肉宴席料理」最有人氣。

↑由本館、皇家館、別館3棟組成

1泊2食	**14190**日圓～（假日前日）
IN 15:00	OUT 10:00

住宿資訊
浴池 室內浴池:男1女1／露天浴池:男1女1 包租 無 客房 和室67、洋室2 接送 有（詳情請在預約時確認）
所 天童市鎌田本町2-4-51 交 JR天童站步行15分 P 免費

以天童溫泉首屈一指的泉量自豪

↑無男女輪替，24小時皆可入浴的大浴場

在檜木飄香的浴池享受悠閒時光

也有附檜木浴池和中庭的別館

天童莊
●てんどうそう
〔部分放流〕

📞 023-653-2033
MAP P.75 B-1

茶屋式建築的一層純和風旅館。大浴場飄散著濃郁的木頭香味，旁邊鄰接露天浴池。也有附露天浴池的房間。餐點為每月更換的懷石料理，大量使用當季素材和鄉土美食。

↑附設露天浴池的檜木和御影石大浴場

↑客房為有中庭的豪華設計

令人聯想到高級料亭的入口

松柏亭 AZUMA莊
●しょうはくていあづまそう
〔部分放流〕

📞 023-654-4141
MAP P.75 B-1

種植老松的庭園和風格獨特的入口令人印象深刻。露天浴池可感受四季風情，春天櫻花、夏天星空、秋天紅葉、冬天賞雪。使用山形的豐盛食材和美麗裝盤的季節料理也大受好評。

1泊2食	**30390**日圓～（假日前日）
IN 15:00	OUT 11:00

住宿資訊
浴池 室內浴池:男1女1／露天浴池:男1女1 包租 無 客房 和室9、和洋室2、洋室2、附床和室2 接送 有（詳情請在預約時確認）
所 天童市鎌田2-2-18 交 JR天童站步行15分 P 免費

1泊2食	**14040**日圓～（假日前日）
IN 15:00	OUT 10:00

住宿資訊
浴池 室內浴池:男1女1／露天浴池:男1女1 包租 無 客房 和室27、別館7 接送 有（詳情請在預約時確認）
所 天童市鎌田2-2-1 交 JR天童站步行15分 P 免費

入休閒愜意的空間進從風格獨特的入口

↑在大自然的包圍下，湯煙裊裊的露天浴池

在露天浴池仰望夜空

↑華麗豐盛的山形季節料理

天童溫泉的必訪景點在這裡

漫遊 將棋之鄉 ♪

天童 (てんどう)

王將 飛車

王將

王將

→可以近距離看見工匠在棋子上雕刻文字的模樣

繪製棋子體驗(30分)860日圓
可在3寸(約9cm)的將棋棋子上,用毛筆書寫喜歡的文字。訣竅為書寫時要慢慢地滑動毛筆

周邊地圖請參閱 →P.75

天童最有名的就是將棋和溫泉。在將棋的產地可以體驗繪製將棋棋子,另外還有和住持握手就能獲得良緣的著名寺廟,其他也還有許多值得一看的景點!也不容錯過春天的一大活動「天童櫻花祭 人間將棋」。

製作屬於自己的將棋棋子吧

② 在 栄春堂 體驗繪製棋子!
えいしゅんどう

可參觀棋子雕刻師傅實際製作,以及將棋相關的歷史資料。也有很多人參加過體驗繪製裝飾用棋子的活動和彩繪木芥子。除了將棋棋子之外,這裡也有「左馬」等可刻名字的開運紀念品。
☎023-653-2843
🕐8:00～17:00(棋子雕刻實演8:30～)
休 不定休 所 天童市鎌田本町1-3-28
🚃 JR天童站步行10分 P 免費
MAP P.75 B-1

↑天童溫泉街最古老的將棋棋子實演販售處

彩繪木芥子(60分)1150日圓
可在全白的木芥子上畫臉和身體,製作屬於自己的獨創木芥子娃娃

車程7分

總是銷售一空的日式甜點 建議時間:9:30～

START ① 在 腰掛庵 享用特產蕨餅
こしかけあん

利用明治時代的倉庫改建而成的和菓子店。招牌特產為「蕨餅」,深煎黃豆粉香氣四溢,加上Q彈軟嫩的口感,令人愛不釋手。經常在打烊前便銷售一空,建議可在前一天預約,或早點前往購買。
☎023-654-8056
🕐9:30～17:00 休 週一(逢假日則週三休)
所 天童市北目1-6-11
🚃 JR天童站步行15分 P 免費
MAP P.75 A-2

→從當地客人到觀光客都有,來訪客人絡繹不絕的人氣店

蕨餅(小盒:2～3人份)650日圓
入口即化,高雅的甜味和黃豆粉的香氣在嘴裡擴散。

開車即到

雞汁高湯相當入味的人氣湯頭

③ 在 水車生そば 享用午餐
すいしゃきそば

建議時間:14:00～17:00

名產「雞肉中華麵」使用利尻昆布和枕崎柴魚片熬煮的和風醬汁湯頭,纖細的美味正是其魅力所在。Q彈的雞腿肉更是增添口感。
☎023-653-2576
🕐11:00～23:00(23:30打烊)
休 無休 所 天童市鎌田本町1-3-26
🚃 JR天童站步行10分 P 免費
MAP P.75 B-1

→以店門口的大水車為標記

雞肉中華麵700日圓
日本蕎麥麵的高湯搭配香氣濃郁的調味料打造出來的高雅口味。滿滿的炸麵衣讓味道更為濃郁。

除了一般餐桌之外,也有和式座位→

車程5分

提供種類豐富的山形名酒「出羽櫻」

④ 在 丸十仲野酒店 找尋伴手禮
まるじゅうなかのさけてん

→日式摩登的外觀

出羽櫻酒造隔壁的店鋪,是安政(1855)年創業的老字號酒店。以「出羽櫻」為中心,提供種類豐富的酒。每個季節推薦的試喝酒也很受歡迎。
☎023-653-2837
🕐9:00～19:00
休 週一(逢假日則營業)
所 天童市一日町1-4-12
🚃 JR天童站步行20分
P 免費
MAP P.75 A-2

出羽櫻 出羽之里(720㎖)1404日圓
在世界最大規模的酒類大賽中,獲選為日本酒部門最優秀賞的純米酒。

車程15分

2019年4月20、21日
地點:舞鶴山天童公園

活動CHECK

日本第一的「將棋之鄉」祭典

天童櫻花祭 人間將棋
てんどうさくらまつりにんげんしょうぎ

☎023-653-1680
(天童市觀光資訊中心)

天童市是將棋生產量占日本全國9成以上的「將棋之鄉」,每年4月會在舞鶴山天童公園舉辦人間將棋,會由真人身著盔甲武士裝扮,打扮成將棋棋子,並由職業棋士進行對奕,可說是當地的一大活動。
🕐2019年4月20、21日,10:30～15:00(比賽13:00～、詳情需洽詢) ¥ 免費 所 天童市城山(雨天則在天童市市民文化會館)🚃 JR天童站搭接駁巴士10分 P 免費
MAP P.75 A-1

←每年約有10萬名觀光客來訪,熱鬧非凡

締結良緣的能量景點

GOAL ⑤ 在 鈴立山若松寺 締結良緣
れいりゅうざんじゃくしょうじ

和銅元(708)年開山的寺廟。相對於斬斷惡緣的山寺(寶珠山立石寺),鈴立山若松寺為締結良緣的寺廟。境內有觀音堂和金銅聖觀音像懸佛等多數日本重要文化財。
☎023-653-4138
🕐8:00～17:00(10～3月為～16:00)
休 無休 ¥ 免費 所 天童市山元2205-1 🚃 JR天童站車程15分 P 免費
MAP 附錄②P.11 D-4

結緣繪馬500日圓

POINT 締結良緣的物品
本坊有販售締結良緣的繪馬、許願牌和御守護身符。若松寺的專屬物品可獲得更多保佑。

POINT 實現戀情的握手之力
據聞和住持握手的女性都能獲得良緣,於是有來自日本全國各地的訪客前來請求和住持握手。

住持 氏家榮脩和尚

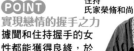

↑充滿歷史情懷的莊嚴觀音堂

天童木工
●てんどうもっこう

旅情報

參觀世界聞名的美麗傢俱

製作兼具功能性和美觀傢俱的老字號廠商。平日可參觀工廠（需事先預約）。

☎0120-01-3121
⏰9:30～17:00　休無休
🎫免費參觀　所天童市乱川1-3-10
🚃JR山寺站車程5分　🅿免費
MAP 附錄②P.11 C-4

➜飾品架 Albero miniature（各 21600日圓）

美食｜蕎麥麵　MAP 附錄②P.11 C-5
●そばどころたいこう
そば処泰光
☎023-653-1313

口味清爽的「炸豆皮中華麵」最有人氣

昭和45（1970）年創業的老字號蕎麥麵店。人氣的「炸麵衣中華麵」在清爽的日式湯頭裡，加入炸麵衣和蔥，令人食指大動。

⏰11:00～19:20（週二為～14:00）　休無休
所天童市奈良沢甲155-1
🚃JR山寺站車程8分
🅿免費

➜「炸麵衣中華麵」（670日圓）

購物｜葡萄酒　MAP 附錄②P.11 B-5
●てんどうワイン
天童ワイン
☎023-655-5151

來試喝香氣濃郁的葡萄酒吧

使用在天童周邊的田中栽培的高品質葡萄，以低溫發酵釀造香氣濃郁葡萄酒的酒廠。附設的酒廠資料館可免費參觀。

⏰9:00～17:00　休不定休
所天童市高擶南99
🚃JR高擶站步行20分
🅿免費

➜10名以上即可參觀酒廠，需預約

購物｜和菓子　MAP P.75 A-1
●かしどころはしもと
菓子処ハシモト
☎023-653-2641

購買「王將燒」當伴手禮

形狀為王將棋子形狀的雞蛋糕，是以將棋聞名的天童招牌名產。裡面包著許多不會太甜的紅豆餡。

⏰9:00～18:30　休週三
所天童市本町1-8-14
🚃JR山寺站步行5分
🅿免費

➜王將燒（8個裝、760日圓，12個裝、1080日圓）

還想去這些地方！
在將棋&溫泉之鄉散步
天童
てんどう

以將棋和溫泉之鄉聞名的山形市城郊住宅區，將棋棋子的產量為日本第一。另外也盛產櫻桃等水果，市內有很多可採收水果的觀光果樹園。果樹園直營的咖啡廳也深受好評。

景點｜資料館　MAP P.75 A-1
●てんどうししょうぎしりょうかん
天童市將棋資料館
☎023-653-1690

現代名工所做的將棋棋子

天童站附設的資料館，介紹天童的日本第一製棋技術。除了現代名工所製作的將棋棋子之外，還可以看到世界各國的棋子，以及將棋的原形——印度的「恰圖蘭卡」等令人倍感興趣的文物資料。

⏰9:00～17:30（18:00閉館）　休第3週一（逢假日則翌日休）　🎫300日圓，高中、大學生200日圓，國小、國中生100日圓　所天童市本町1-1-1 JR天童站1F　🚃JR天童站內　🅿收費（第1小時免費）

館，來天童站附設的資料接觸將棋的世界吧。

Pick UP!

Fruits Cafe Rulave
使用當季水果製作的甜點
●ふるーつかふぇるれーぶ

➜「巧克力柳橙法式吐司」（700日圓）

仲野觀光果樹園經營的咖啡廳。可吃到使用果樹園現採的當季水果製成的鬆餅和奶昔等甜點。

⏰9:30～15:30（16:00打烊）
休採收水果季節期間無休
所天童市川原子1784-5
🚃JR天童站車程15分
🅿免費
MAP 附錄②P.11 D-3
☎023-656-2775

地圖標示：
櫻桃東根站　老野森　市役所前　老野森　泉町　東根　童の湯　市民文化會館　天童市役所　菓子処ハシモト P.75　本町　東本町　水車生蕎麥 P.74　温泉北　くろだ　天童リッチ　天童站　天童市將棋資料館 P.75　栄春堂 P.74　パールシティ　温泉　鎌田　かまた荘前　ターミナルパルテ　セントラル　コンフォート　微笑之宿 瀧之湯 P.72　桜桃の花 坊いらく　王将　東北電力　湯之香 松之湯 P.73　天童荘 P.73　fruttier 附錄P.7　美味求真的旅館 天童酒店 P.72　いずくら　松柏亭 AZUMA莊 P.73　天の湯　奧羽本線（山形新幹線）　三日町　小路　天童中　建勲神社　天童舞鶴莊日式旅館 P.73　鎌田本町　青年之家　公園北　マックスバリュ　五日町局　天童櫻花祭 人間將棋 P.8·74　鎌ノ町　わくわくランド　附錄P.12·16　公路休息站 天童溫泉　卍佛向寺　天童公園　天童シティ　公路休息站 天童溫泉　駒の湯　車庫前　三菱　卍寶珠　天童市立舊東村山郡役所資料館　舊東村山郡役所資料館　天童署　カローラ　卍陽雲寺　山形站　羽前高擶站　仲町　天童市　241.9　舞鶴山　卍愛宕神社　桜町　パティオ　出羽櫻美術館　腰掛庵 P.74　丸十仲野商店 P.74　卍愛宕神社　卍天童神社　北目　スタミナ太郎　出羽桜美術館　一日町　三和油脂　カワチ　山形市觀光果樹園　天童山寺街道　北目　山形曼詩田　山形站

天童
1:16,000　0 250m　N　周邊圖 附錄②P.6·11
●景點・玩樂　●美食　●溫泉　●購物　●住宿

採訪筆記 也一定要參觀附設的酒廠資料館　「天童ワイン」有附設酒廠資料館。擁有200年歷史的酒廠，也展示了富有意義的資料，很有參觀價值。可免費參觀，請輕鬆順道去了解酒廠的歷史吧。

START 1 文四郎麩

ぶんしろうふ

文久年間（1861～64年）創業的麵麩專賣店。製麩最不可缺少的就是水和小麥，此店位於水和小麥都得天獨厚的六田地區。店內陳列著燒麩、生麩、麵麩點心等各式各樣的商品，還有附設餐廳「清居」，可吃到麵麩的懷石料理。

📞0237-42-0117
🕘9:00～18:30、餐廳11:30～、13:00～、14:30～（需預約）
休無休，餐廳休第1、3週一
📍東根市六田2-2-20
🚃JR櫻桃東根站車程5分
💰免費
MAP附錄②P.11 C-3

→藍色布簾上印著「ふ（麩）」的字樣

→可以就近看到師傅的絕活

就近參觀「六田麩」的製作技術

參觀麵麩工房
可在販售處後方的工房裡，參觀師傅們精心製作「六田麩」的過程。無需預約，但可能會遇到未開工的日子，建議出發前可先確認。

伴手禮就選**這個！**

麵麩花林糖
356日圓
小巧可愛的圓狀車麩搭配黑糖的濃郁香味，酥脆口感美味至極。

在試吃區
小休片刻

在販賣所的地爐旁，可免費試吃燉煮的麵麩家常菜和麵麩點心。

前往櫻桃之都的美食景點

櫻桃東根溫泉 自行車 美食之旅

Let's Go!

介紹的地區**在這裡**

鶴岡 / 最上 / 東根・村山 ★ / 米澤

鄉土美食的名店和販售地方產食材加工品的產地直銷處等，東根到處都有充滿魅力的美食景點。騎乘觀光出租自行車，四處繞繞逛逛吧。6月到7月可到觀光果樹園體驗採收櫻桃。

這裡是這樣的地方！
東根作為人氣櫻桃品種「佐藤錦」的發源地而出名。村山的名產為鄉下蕎麥麵，市內有蕎麥麵名店林立的「最上川三難所蕎麥麵街道」。

交通資訊

東根
🚗開車 **8分**
東北中央自動車道東根IC經由國道287號、縣道122、120號5km
🚃鐵道 **15分**
山形站搭JR山形新幹線15分，櫻桃東根站下車

村山
🚗開車 **15分**
東北中央自動車道東根IC經由國道287、13號10km
🚃鐵道 **20分**
山形站搭JR山形新幹線20分，村山站下車

MAP
附錄②P.6・11

洽詢處
●東根市經濟部商工觀光課
📞0237-42-1111
●東根市觀光物產協會
📞0237-41-1200
●村山市商工觀光課
📞0237-55-2111

開湯100周年紀念公園 泉源之守

かいとうひゃくしゅうねんきねんこうえんせんげんのもり

→位於「口袋公園足浴」附近的公園。也有可赤腳玩耍的草坪區和寵物用足浴。

需時3小時30分 標準行程

🚩START JR櫻桃東根站
↓🚲自行車15分
1 文四郎麩
↓🚲自行車15分
2 口袋公園足浴
↓🚲自行車15分
3 二代目 高橋商店
↓🚲自行車20分
4 よってけポポラ
↓🚲自行車2分
5 山ベーグル&CoffeeStand
↓🚲自行車20分
🏁GOAL JR櫻桃東根站

可以在這裡租借自行車！

東根市觀光物產協會

ひがしねしかんこうぶっさんきょうかい

位於JR櫻桃東根站內櫻桃桑特館1樓的觀光資訊中心。可在資訊站申請自行車租借。自行車可在山形機場、櫻桃東根溫泉、天童站免費歸還。

📞0237-41-1200
🕘8:30～20:00（租借自行車使用時間～19:00）
休無休 💰300日圓，高中生以下200日圓（有變速500日圓、有電動輔助600日圓）
📍東根市さくらんぼ駅前1-1-1
🚃JR櫻桃東根站內 💰免費
MAP附錄②P.11 C-3

→也有小孩用自行車。照片為成人用。

散步MAP

↑新庄站
●野野香本鄉館
●櫻桃東根溫泉
Tabiyakata嵐湯
②口袋公園足浴
13
東根站
120
29
304
①文四郎麩
●東之社資料館
③二代目 高橋商店
奧羽本線（山形新幹線）
●東根市公所
東根市觀光物產協會
櫻桃東根站
↓山形站
START & GOAL
122
④よってけポポラ
⑤山ベーグル&CoffeeStand

成田不動尊溫泉手洗場

なりたふどうそんおんせんてあらいば

→罕見的飲水台樣式溫泉手洗場，位於成田不動尊境內。手泡進溫泉裡會變得暖呼呼的。

東根大欅樹 ひがしねのおおけやき

→佇立於東根國小的校園內，樹齡超過1500年，高28m，是日本最大的欅樹。已指定為日本的特別天然紀念物。

76

鶴岡・酒田出羽三山 P.19

天童・上山 山形市區・藏王

自櫻行車東根美溫泉之旅

P.49

新庄・銀山溫泉 最上

P.81

米澤・赤湯

P.97 交通指南

使用嚴選小魚乾湯頭
搭配極粗麵條

極粗麵條
嚼勁十足！

↑可免費升級為大碗

午餐 建議時間：13時～14時

3 二代目 高橋商店
にだいめたかはししょうてん

午餐時間經常大排長龍的人氣拉麵店。精心熬煮的小魚乾湯頭大受好評。留有小麥香氣的粗捲麵條口感Q彈有嚼勁。

☎0237-42-7115
⏰10:00～17:00(湯頭售完打烊) 休週二 所東根市中央2-11-7 🚲JR櫻桃東根站步行13分 Ｐ免費
MAP附錄②P.11 C-3

中華麵 **730**日圓
小魚乾湯頭清爽口渴，和分量滿點的粗麵味道絕配。

黃色招牌相當醒目☺

想要選購東根產伴手禮，就到這裡來！

伴手禮

4 よってけポポラ
よってけぽぽら

可用平易近人的價錢購買東根產的現採蔬果、加工品等的產地直銷設施。店內還有販售使用東根產新鮮蔬果口味的義式冰淇淋。

☎0237-41-0288
⏰9:00～17:30(12～5月為9:30～)
休無休 所東根市中央東3-7-16 🚲JR櫻桃東根站車程8分 Ｐ免費
MAP附錄②P.11 C-3

紅花煎餅 **205**日圓
使用紅花油炸的煎餅上撒著紅花粉末。口感酥脆甜蜜。

法蘭西梨汁 **700**日圓
使用東根產法蘭西梨的100%果汁。濃醇的香氣在口中擴散。

↑充滿觀光客和在地民眾的產地直銷市場

2 口袋公園足浴
ぽけっとぱーくあしゆ

位於溫泉街當中，可輕鬆泡腳的免費足浴設施。湯呈為偏熱的源泉放流。有些浴池底下會鋪設碎石子，給腳底帶來舒適的刺激感。

☎0237-42-7100
(東根溫泉協同組合)
⏰6:00～21:30 休無休
¥免費 所東根市溫泉町1-8-14 🚲JR櫻桃東根站搭山交巴士往楯岡・北町方向，東根溫泉下車即到 Ｐ免費
MAP附錄②P.11 C-2

浸泡寬敞的
足浴小休片刻

↑有些足浴有蓋屋頂

使用當地食材製作的
Q彈貝果

貝果 各**180**日圓～
濾泡咖啡 **390**日圓
貝果經常備有20種以上的口味，除了經典原味之外，還有混合各種餡料的當季貝果。

\GOAL/

5 山ベーグル＆CoffeeStand
やまべーぐるあんどこーひーすたんど

↑位於「石臼十割そば森久」的停車場內

店內陳列著許多使用當地食材製作的貝果。從甜點類到熟菜類都有，種類繁多。（請洽臉書 http://ja-jp.facebook.com/yamabagel/）

☎無
⏰10:00～17:00 休週二
所東根市中央東3-6-48 🚲JR櫻桃東根站車程5分 Ｐ免費
MAP附錄②P.11 D-3

期間限定的樂趣
盛產期為6月！

採收櫻桃🍒

櫻桃名產地。東根市內有很多可以採收櫻桃的果樹園，可大快朵頤新鮮現摘、飽滿多汁的果實。

種為日本國內生產最多的「佐藤錦」→

↑東根市產的

みのる果樹園 みのるかじゅえん	廣果園 こうかえん
MAP附錄②P.11 D-3	MAP附錄②P.11 C-3
☎0237-44-2452	☎0237-47-1357
所東根市東根乙1430	所東根市羽入東2-35
瀧口觀光果樹園 たきぐちかんこうかじゅえん	名和觀光櫻桃園 なわかんこうさくらんぼえん
MAP附錄②P.11 D-3	MAP附錄②P.11 D-3
☎0237-44-2881	☎0237-48-2222
所東根市觀音寺2134-8	所東根市野川2283

要泡湯的話就到這裡！

明治創業的溫泉旅宿
野野香本鄉館
ののかほんごうかん

位於和溫泉街有點距離的閑靜場所。有附露天浴池的檜香大浴場，和包租專用的檜木桶浴池。館內還附設咖啡廳藝廊，可享用手工蛋糕等餐點。

☎0237-42-1711
⏰不住宿溫泉13:30～15:00、18:30～20:00
休不住宿溫泉需當天洽詢 ¥600日圓(僅大浴場、露天浴池)
所東根市溫泉町2-1-1 🚲JR櫻桃東根站搭山交巴士往楯岡・北町方向，東根溫泉下車即到 Ｐ免費
MAP附錄②P.11 C-2

↑樹木環繞的溫泉旅宿

附露天浴池的大浴場☺

美食　鄉土料理　MAP附錄②P.11 C-3

●めがすず
梅ヶ枝清水
✆0237-42-0589

在倉庫豪邸品嘗鄉土料理
由屋齡150年的倉庫豪邸改裝而成的店內，充滿莊嚴又溫暖的氣息。可以品嘗到使用當地食材的「芋煮」和「麵麩蕎麥麵」等費工的鄉下料理。

🕒11:30～15:00 休第1、2、3週三 所東根市本丸東2-27 🚃JR櫻桃東根站車程10分 P免費

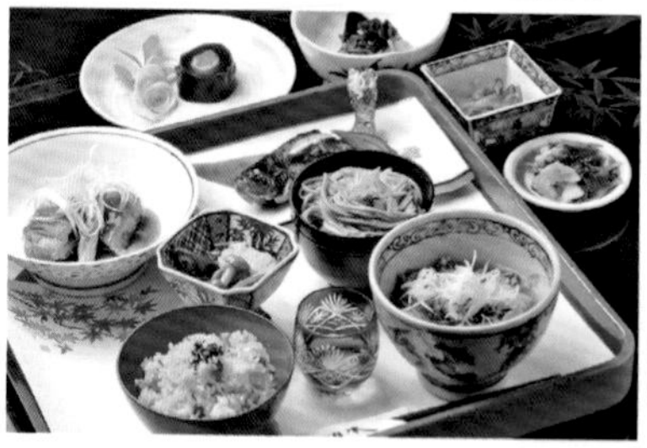

◎鄉土料理澎湃上桌「公主御膳」（需預約、2160日圓）

玩樂　複合設施　MAP附錄②P.11 C-3

●ひがしねあそびあランド
東根Asobia Land
✆0237-43-5551

可以玩泥巴，也可以體驗製作木工
兒童遊樂區可在四季當中自由玩耍。除了大型網狀遊樂器材和淡水龍蝦池之外，還有可盡情遊玩的冒險廣場。現場會有輔助員看守著，可以放心玩耍。

🕒9:00～18:00(10～3月為～16:00) 休第2週三(逢假日則翌日休、8月休第4週三) ¥免費 所東根市東根乙1119-1 🚃JR櫻桃東根站車程10分 P免費

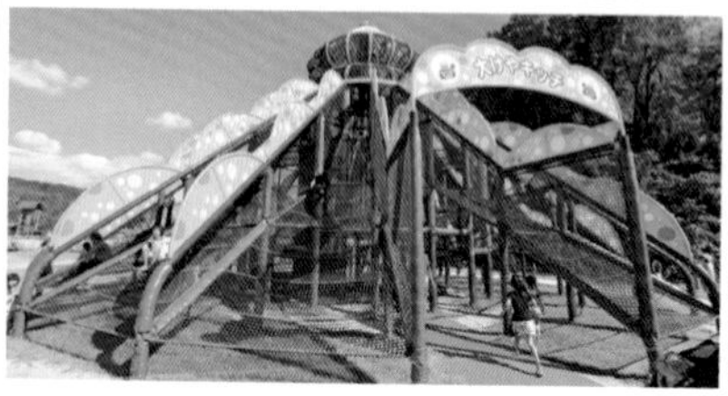

◎有很多刺激冒險心的遊戲

還想去這些地方！

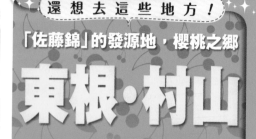

「佐藤錦」的發源地，櫻桃之鄉

東根・村山

ひがしね・むらやま

以豐富多彩的水果產量而聞名的區域。市內所到之處都有在販售各種水果的甜點和伴手禮，當中以櫻桃的產量最多，還舉辦了吐櫻桃籽大賽等活動，熱鬧非凡。

購物　和洋菓子　MAP附錄②P.11 C-3

●わようがしあめや
和洋菓子あめや
✆0237-42-0428

充滿果實顆粒的點心大受好評
運用櫻桃和「法蘭西梨」等山形特有素材製成的西點，還有味道高雅的柚餅子陳列其中。當中的瑞士捲蛋糕是最經典的人氣商品，甚至還有粉絲特地遠道而來購買。

🕒8:00～18:30 休週三 所東根市郡山308-3 🚃JR櫻桃東根站步行15分 P免費

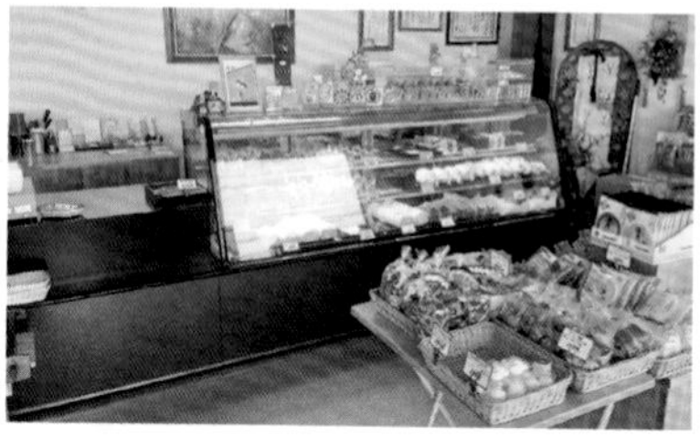

◎從蛋糕到大福，各式點心應有盡有

美食　創意料理　MAP附錄②P.11 C-3

●そうえんしんげつ
竈煙 心月
✆0237-53-0444

吃盡山形美味
使用當地嚴選食材和自家栽培米的料理大受好評。推薦可大啖山形美味的全餐料理，和「三段寶箱」（10客限定）、「舟形蘑菇造型壽司捲」（2041日圓、需預約）。

🕒11:30～14:00(L.O.)、17:30～21:00(22:00打烊) 休不定休 所東根市さくらんぼ駅前2-13-7 🚃JR櫻桃東根站步行7分 P免費

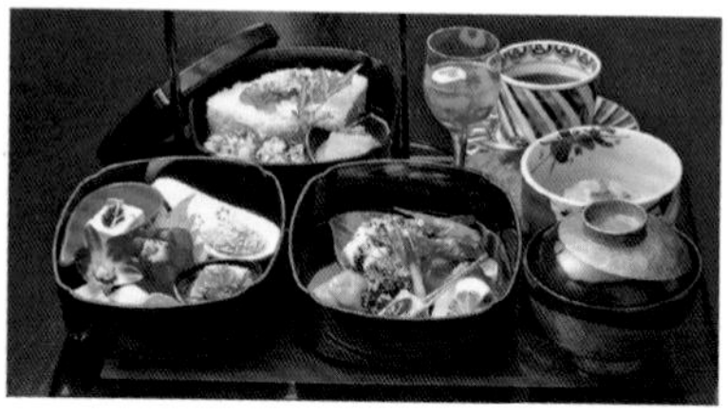

◎「三段寶箱」（2041日圓）

景點　自然地形　MAP附錄②P.6 H-5

●せきやまのおおたき
關山大瀑布
✆0237-41-1200（東根市觀光物產協會）

Drive in餐廳附近的優美瀑布
位於關山隧道附近的Drive in餐廳後方。瀑布流水以奇岩聳立的山峽為背景傾瀉而下，高25m・寬35m的瀑布令人百看不膩。位於旁邊的山形縣天然紀念物「大桂樹」也不容錯過。

🕒自由參觀 所東根市関山 🚃JR櫻桃東根站車程25分 P免費

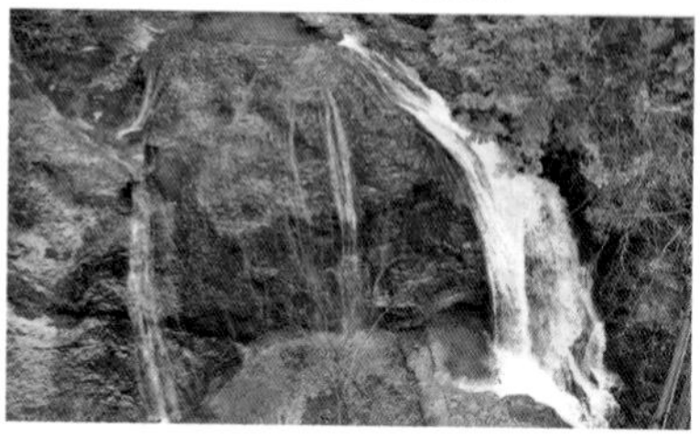

◎除了瀑布美景之外，這裡也是備受關注的能量景點

購物　和菓子　MAP附錄②P.11 C-3

まめとうや
✆0237-42-0147

秘傳的豆菓子、東根豆糖
製作、販售嚴守家傳製法的豆菓子「元祖東根豆糖」，以飯勺淋上砂糖和乾燥工程重複70次以上，耐心地手工製作出的粗糙口感和香氣令人愛不釋手。

🕒9:00～18:30 休不定休 所東根市本丸南1-12-26 🚃JR櫻桃東根站車程7分 P免費

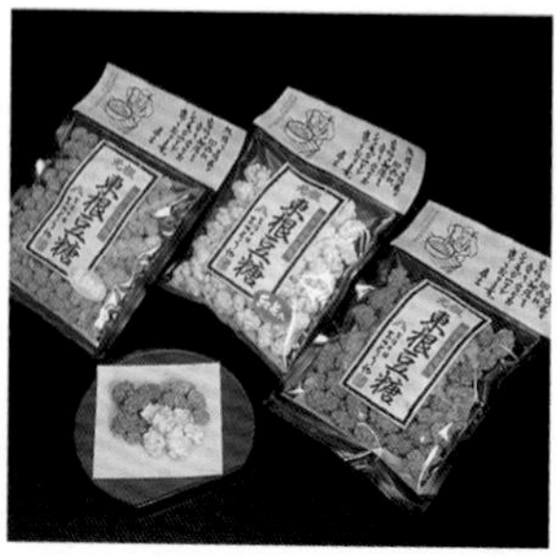

◎簡樸卻深奧的豆菓子（1袋、540日圓）

美食　和食　MAP附錄②P.11 C-2

●しゅそうくうかんわらじ
酒想空間 和らじ
✆0237-43-4343

在溫泉街享用當地海鮮
位於櫻桃東根溫泉街入口，可享用當季海鮮的店。平日提供的午餐不管味道還是分量都大獲好評。午間菜單的海鮮丼價錢也很划算。盛產期也會販售自家農園栽種的櫻桃。

🕒11:00～14:00、17:30～24:00 休週四不定休 所東根市温泉町1-7-5 🚃JR櫻桃東根站車程5分 P免費

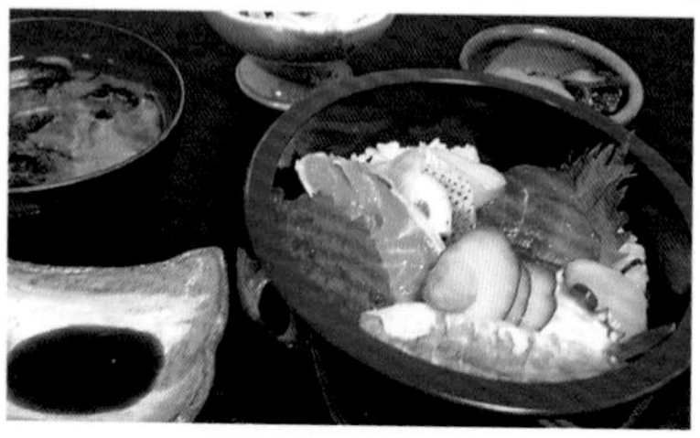

◎午間菜單「當日海鮮丼」（810日圓）

玩樂　複合設施　MAP附錄②P.11 C-3

●まなびあテラス
Manabia Terrace
✆0237-53-0223

市民齊聚一堂的藝術、資訊、交流據點
設有圖書館、美術館、市民活動支援中心、咖啡廳的複合文化設施。美術館展示與東根有淵源的作家作品，以及國內外的藝術作品。也會舉辦活動和工作坊。

🕒9:00～21:30(視設施而異) 休第2、4週一(逢假日則翌日休) 所東根市中央南1-7-3 🚃JR櫻桃東根站步行9分 P免費

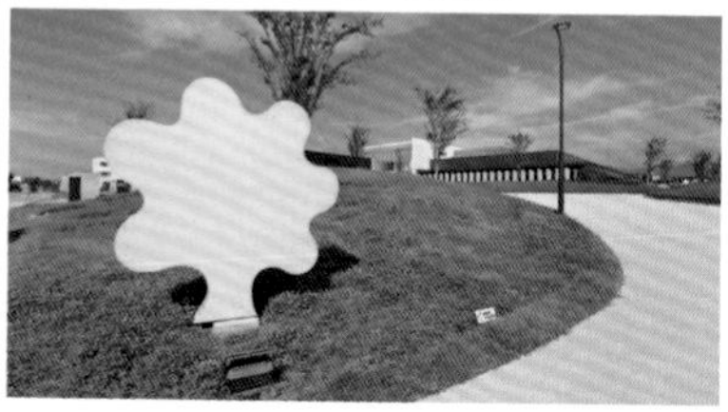

◎會舉辦繪畫、攝影等多種領域的企劃展

採訪筆記 江戶時代流傳下來的特產品・六田麩｜這個地區的水相當可口，盛產小麥的東根市六田地區的特產品「六田麩」的麩質含量豐富，不易煮爛。這裡也有很多店家料理中會使用麵麩。

鶴岡・酒田 出羽三山

P.19

天童・上山

山形市區・藏王

還想去這些地方！東根・村山

P.49

最上 新庄・銀山溫泉

P.81

米澤・赤湯

P.97

交通指南

美食 蕎麥麺 MAP 附錄②P.11 B-3

といや
☎0237-72-3720

當地美食「醬汁豬排丼」的發源店

以豬排丼和「冷肉蕎麥麺」聞名的餐廳。60年多年前，上一代老闆發明的「醬汁豬排丼」是辛辣的咖哩口味，獨創風味大受好評，已成為河北町的名產。

🕐11:00～15:00、17:00～19:00
休週三（逢假日則營業）
🏠河北町月山堂392-1
🚃JR櫻桃東根站車程20分
Ｐ免費

➡豬排丼（850日圓）

景點 玫瑰園 MAP 附錄②P.11 C-2

東澤玫瑰公園
●ひがしざわばらこうえん
☎0237-55-2111（村山市商工觀光課）

沉醉於玫瑰的芳香當中

日本首屈一指的玫瑰園，約有7ha的腹地，種植世界上約750種，共2萬株玫瑰。充滿玫瑰花香的園內被日本的環境省選為「香風景100選」。在此舉行的玫瑰祭也是一大看點。

🕐自由參觀（玫瑰祭期間為8:30～18:00）
休無休（11～3月販賣部和玫瑰交流館閉館）
💴僅玫瑰祭期間（預定為6月上旬～7月上旬、9月中旬～下旬）600日圓
🏠村山市楯岡東沢1-25
🚃JR村山站車程5分
Ｐ免費

➡園內充滿五顏六色的玫瑰

購物 麺麩 MAP 附錄②P.11 C-3

奧山製麩所
●おくやませいふじょ
☎0237-42-0157

簡樸而高級的麺麩和麺麩點心

始於江戶末期的傳統製法製成的「六田麩」，麩質含量豐富，具彈性，是這個地區相當受歡迎的伴手禮。也有販售麺麩製成的饅頭、脆餅等甜點，店內也提供茶和麺麩點心。

🕐8:00～19:00
休無休
🏠東根市六田2-5-24
🚃JR櫻桃東根站車程5分
Ｐ免費

➡「麺麩脆餅」（13片裝、370日圓）

美食 蕎麥麺 MAP 附錄②P.11 B-3

定助そばや
●さだすけそばや
☎0237-72-3306

香氣濃郁的湯頭，搭配美味可口的蕎麥麺

創業90年的老字號蕎麥麺店。麺條和沾麵汁都是使用老闆親自汲取的湧泉。推薦柴魚和筍香四溢的湯頭，並搭配雞汁入味的「肉蕎麥麺」。

🕐11:00～19:00
休週五（逢假日則營業）
🏠河北町谷地ひな市2-3-7
🚃JR櫻桃東根站車程15分
Ｐ免費

➡可品嘗到細緻美味的「肉蕎麥麺」（680日圓）

美食 蒙古烤肉 MAP 附錄②P.11 C-1

ひつじや
☎0237-57-2862

在木屋中享用成吉斯汗蒙古烤肉

在老闆親手打造的居家型木屋，可以品嘗到正宗的成吉斯汗蒙古烤肉。自家飼養的羊肉軟嫩，風味濃郁。自製的起司蛋糕和冰淇淋也相當受歡迎。

🕐11:30～14:30（需預約）、17:00～21:00（需預約）
休週二（逢假日則營業）
🏠村山市富並4220-15
🚃JR村山站車程15分
Ｐ免費

➡使用新鮮素材的成吉斯汗蒙古烤肉（一盤、2500日圓）

購物 和菓子 MAP 附錄②P.11 C-2

いのや菓子店
●いのやかしてん
☎0237-42-0806

老字號製作的傳統羊羹

自大正時期約90年來始終如一地持續守護的傳統美味「東羊羹」為這裡的招牌名產。溼潤的口感，Q彈有嚼勁，有很多喜歡這種傳統味道的愛好者。除了可搭配日本茶之外，也很適合搭配咖啡。

🕐8:30～18:00
休無休
🏠東根市溫泉町1-8-20
🚃JR櫻桃東根站車程8分
Ｐ免費

➡「東羊羹」（1條、750日圓）

一寸亭 本店
●ちょっとていほんてん

提起「肉蕎麥麺」，一定會被列舉的名店。招牌「肉蕎麥麺」的美味關鍵源自醬油醬汁的美味和老母雞濃郁調和的湯頭。假日會有許多觀光客來訪。

☎0237-72-3733
🕐11:00～15:00、17:00～18:30，週六、日、假日為11:00～18:30（19:00打烊，售完打烊）
休週三
🏠河北町谷地城所岡2-11-2
🚃JR櫻桃東根站車程15分
Ｐ免費
MAP 付錄②P.11 B-3

➡「肉蕎麥麺」（700日圓）

旅情報

永遠大排長龍！肉蕎麥麺的超人氣店

➡屹立不搖的人氣料理「肉蕎麥麺」（700日圓）

景點 文化設施 MAP 附錄②P.11 B-3

河北町紅花資料館
●かほくちょうべにばなしりょうかん
☎0237-73-3500

可體驗紅花染色

利用因最上川船運而致富的紅花商富豪·堀米家腹地和建築物改造而成的紅花資料館。館內有可體驗紅花染色的工房，也有販售紅花染色商品等的物產館。

🕐9:00～17:00（11～2月～16:00）
休第2週四
💴400日圓，高中生150日圓，國小、國中生70日圓（紅染體驗1300日圓，需1週前預約）
🏠河北町谷地戌1143
🚃JR櫻桃東根站車程20分
Ｐ免費

➡紅花自古以來就是相當貴重的自然染料

購物 溫泉蛋 MAP 附錄②P.11 C-2

古瀨商店
●ふるせしょうてん
☎0237-42-0123

使用獨家秘方烹調的半熟溫泉蛋

製造、販售溫泉蛋的酒屋。使用櫻桃東根溫泉的源泉製作的半熟溫泉蛋大受好評。可當場直接撥開來吃。

🕐9:30～18:30
休週日
🏠東根市溫泉町1-9-5
🚃JR東根站車程3分
Ｐ免費

➡使用鑛礦泉製作的溫泉蛋（6顆裝、270日圓）

←十二神將之一「戌神將」

←獲指名為日本重要文化財的本堂有莊嚴宏偉的茅草屋頂

本山慈恩寺
●ほんざんじおんじ

天平18（746）年，據傳為婆羅門僧正奉聖武天皇敕命而開基的名寺。建有本堂、三重塔、藥師寺等。已獲指定為國史遺跡的「慈恩寺舊境內」和日本的重要文化財「藥師三尊與十二神將」等都是平安、鎌倉時代製作的佛像，千萬不可錯過。

☎0237-87-3993
🕐8:30～16:00
休無休 ¥500日圓、學生300日圓 所寒河江市慈恩寺地籍31
🚃JR羽前高松站步行25分
P免費
MAP 附錄②P.11 A-3

旅情報

在寂靜當中蘊含歷史氣息的古寺

還想去這些地方！

山形首屈一指的櫻桃產地
寒河江
さがえ

一整年都能採收水果的水果王國。當中以櫻桃為首，市內約有300處觀光果樹園，6月上旬到7月上都會有來自縣內外的大批觀光客前來採集櫻桃，熱鬧非凡。

洽詢處
●寒河江市觀光物產協會 ☎0237-86-8866
MAP　附錄②P.11
交通資訊　開車 5分
山形自動車道寒河江IC經由國道112號、縣道23號3km

購物 豆腐　MAP 附錄②P.11 B-4
●とうふこうぼうせいりゅうあん
とうふ工房清流庵
☎0237-86-8156

嚴選素材的豆腐甜點

除了使用當地產大豆和月山湧水製作的濃郁豆腐之外，還有布丁、瑞士捲蛋糕等多種豆腐甜品。使用三代目地豆豆腐製成的「TO-FU布丁」可嘗到地豆豆腐濃醇的甜味，深受好評。

🕐10:00～17:00
休週三 所寒河江市下河原76-1
🚃JR寒河江站車程7分
P免費

↑滑嫩濃郁的「TO-FU布丁」（1個、185日圓）

景點 公園　MAP 附錄②P.11 B-4
●さがえこうえんつつじえん
寒河江公園杜鵑花園
☎0237-86-8866（寒河江市觀光物產協會）

五顏六色的杜鵑花將園內點綴得五顏六色

位於寒河江公園，東北規模最大的杜鵑花園。5月份會有11種約4萬3000株杜鵑花五顏六色一齊綻放。同時期還有八重櫻和紫藤花等盛開。開花期間也會舉行夜間點燈活動。

🕐自由入園
所寒河江市寒河江長岡
🚃JR西寒河江站步行15分
P免費

→開花時期公園內會布滿整片杜鵑花

景點 建築物　MAP 附錄②P.11 A-4
●さがえししきょうどかん
寒河江市鄉土館
☎0237-86-7924（休館日0237-86-8231）

復古摩登的擬洋風木造建築

鄰近寒河江公園。「舊西村山郡公所」和「郡會議事堂」皆移建至此並公開展示。明治10年左右的擬洋風木造建築值得一看再看，裡頭展示明治到昭和的鄉土生活相關資料、照片和考古資料。

🕐4月第2週六～11月第2週日、10：00～16：00
休期間中週一～五（逢假日則開館，春、秋有臨時開館）
¥100日圓、國小、國中生50日圓 所寒河江市寒河江長岡丙2707
🚃JR西寒河江站步行15分
P免費

→連同建築物獲指定為山形縣的有形文化財

購物 服飾　MAP 附錄②P.11 B-4
●ぎあ
GEA
☎0237-86-7730

販售「食、衣、住」用品的選貨店

世界著名的紡織針織公司「佐藤纖維」利用石造酒倉改建的選貨店。在擺置古代紡織機的摩登空間，販售來自日本國內外的高品味品牌。

🕐11:00～19:00、咖啡廳為11:30～16:00(17:00打烊)、餐廳為18:00～21:00(22:00打烊，完全預約制)
休週二 所寒河江市元町1-19-1
🚃JR寒河江站步行3分 P免費

↑GEA特製果醬（1058日圓～）　↑店內也有餐廳

美食 蕎麥麵　MAP 附錄②P.11 B-4
●そばどころよしてい
そば処 吉亭
☎0237-84-2355

人氣菜單為冷肉蕎麥麵

山形的當地美食「冷肉蕎麥麵」最有名的蕎麥麵店。其他還有「炸魷魚絲蕎麥麵」（800日圓）和「冷雞肉蕎麥麵」（900日圓）等餐點。招待的自家製漬物也大獲好評。另外也有販售伴手禮用的生蕎麥麵。

🕐11:00～18:30
休週二（逢假日則翌日休）
所寒河江市みずき1-6-10
🚃JR寒河江站車程5分 P免費

→超人氣菜單「肉蕎麥麵」（700日圓）

景點 資料館　MAP 附錄②P.11 B-4
●ふるさわしゅぞうしりょうかん
古澤酒造資料館
☎0237-86-5322

可評鑑當地銘酒

以銘酒「澤正宗」聞名的酒倉，歷史悠久。運用大正6（1917）年到昭和58（1983）年間為釀酒廠的建築物，展示當時實際使用的道具。另有附設手打蕎麥麵餐廳「紅葉庵」。

🕐10:00～16:00
休不定休 ¥免費
所寒河江市丸內3-5-7
🚃JR西寒河江站步行15分
P免費

→可以感受釀酒廠的悠久歷史

採訪筆記 ◆摘取初夏的紅寶石　寒河江市內約有300間觀光櫻桃園。可向「公路休息站 寒河江チェリーランド」（→附錄①P.4）附設的「櫻桃會館」洽詢。品種包括最著名的「佐藤錦」、「紅Sayaka」、和寒河江發祥的「紅秀峰」等。

遊訪恆遠悠久的最上峽和山中秘湯

最上

新庄・銀山溫泉

もがみ・しんじょう・ぎんざんおんせん

在四季景色分明的最上峽盡情感受最綠意盎然的大自然。也很推薦洋溢著大正浪漫氛圍的人氣銀山溫泉，以及匯集許多蕎麥麵名店的大石田地區。

這個地區的
No.1
必訪景點

●もがみがわふなくだり
最上川遊船 P.88

松尾芭蕉曾經遊訪此地，並留下名言。一邊瀏覽最上川雄偉的景色，一邊品嘗船上美食，享受遊船樂趣吧。

其他 **必訪景點**

充滿懷舊情懷的溫泉街
●はぐろさん
銀山溫泉 P.82

木造懷舊的溫泉旅宿櫛次鱗比，沉浸在大正浪漫的氛圍當中，享受逛街樂趣。

這個地區的 **必吃美食**

在蕎麥麵的一大產地品嘗田舍蕎麥麵的美味
●いもに
田舍蕎麥麵 P.55

在依舊保有招待蕎麥麵傳統的大石田地區，盡情享用道地的田舍蕎麥麵。

其他 **必訪景點**

洋溢著溫泉療養地風情
●はぐろさん
肘折溫泉 P.82

歷史超過1200年的溫泉地。可透過溫泉旅宿和早市等處，享受古時美好的溫泉療養地風情。

Contents

介紹的地區在
這裡

庄內
鶴岡・酒田
地區

最上
新庄・銀山溫泉
地區

山形市區・藏王
天童・上山
地區

米澤・赤湯
地區

酒田

湯澤

奧羽本線

秋田縣

山形縣

山形到新庄
搭山形新幹線45分

最上川遊船

新庄
新庄站

陸羽西線

陸羽東線

最上站

鳴子溫泉

幻想之森

最上

新庄到肘折溫泉
利用國道458號
車程約50分

肘折溫泉

山形新幹線

奧羽本線

新庄到肘折溫泉

宮城縣

到銀山溫泉
從大石田站
搭花笠巴士36～43分

大石田
大石田站
村山站

尾花澤

銀山溫泉

周邊地圖請參閱
附錄②P.4・6・11

大江

Area Map

夜景也很推薦！

在懷舊溫泉街散步吧

用窈窕淑女的心情

可以租借和服喔！

銀山溫泉
ぎんざんおんせん

銀山溫泉 鄉愁之水

於大正・昭和時代就建造的日西合璧木造旅館林立，留有昔日懷舊風情的銀山溫泉。足浴、餐廳、伴手禮店等有很多值得遊訪的地方，最適合逛街散步。身著窈窕淑女的和服，邊沉浸於懷舊的氛圍裡，邊漫步在老街上吧。

銀山溫泉是這樣的地方

江戶時代初期，由興盛繁榮的大銀山「延澤銀山」的礦工所發現。銀山川河畔蓋了許多大正末期到昭和初期的木造多層建築旅館，是歷史地位上也相當寶貴的溫泉地。

✆0237-28-3933
（銀山溫泉觀光服務處）
🏠尾花沢市銀山新畑　🚃JR大石田站搭花笠巴士往銀山溫泉方向，終點下車即到
🅿利用共同停車場
MAP附錄②P.6 H-3

這裡可以租借！

變身窈窕淑女
あいらすげーな

女性可租借和服以及和式褲裙（袴），男性可租借書生風和服和便裝和服（着流し）。顏色、圖樣款式豐富，5分鐘就能輕易穿上，不習慣穿和服也無需擔心。

✆0237-28-2811
🕐9:00～16:00（最終受理時間）
休週三、四（冬季休業，請洽詢仙峽之宿 銀山莊0237-28-2322）
¥變身方案(60分)1500日圓
※每延長30分追加500日圓
🏠尾花沢市銀山新畑438
🚃JR大石田站搭花笠巴士往銀山溫泉，終點下車，步行5分
🅿免費(利用仙峽之宿 銀山莊的停車場) MAP附錄②P.6 H-3

↑位於白銀橋旁，附設咖啡廳

重點看過來

鏝絵こてえ
可感受到工匠氣魄的鮮艷鏝繪非看不可。別忘了檢視看看建築物的門扇櫃喔。

銀山溫泉散步MAP

はいからさん通り
延命地藏　白銀公園
瀧之不動尊
銀坑洞

也要關注街上的復古風創意喔！

② カリーショップ SWALLOWNE／古勢起屋別館 P.85

③ 伊豆木芥子工房

傳統之宿 古山閣 P.85

龜屋

八木橋商店 P.96

④ 白銀瀑布

SEKOTOI橋

能登屋旅館 P.84

かじか湯

⑥ 野川とうふや

共同浴場 白金湯

⑤ 伊豆の華

① 和樂足湯

前方車子無法通行，請留意！

銀山川　白銀橋

あいらすげーな

仙峽之宿 銀山莊 P.85

銀山溫泉巴士站

共同停車場

重點看過來

煤氣燈
晶立於橋旁的煤氣燈照明，從傍晚開始照亮溫泉街，帶來溫馨沉靜的氣氛。

重點看過來

石階
石階小徑上到處有顏色鮮艷的裝飾石磚，為腳下增添花色。

前往溫泉街的交通方式
搭乘大眾交通工具最方便

花笠巴士 レトロン
JR大石田站出發，環繞市內各地和銀山溫泉的定期觀光巴士，部分巴士導遊會介紹景點，並附餐點。
✆0237-22-2206（花笠巴士）
¥4000日圓、國小生以下3000日圓(需在3天前預約)

美味的山形機場 觀光巴士
山形機場到銀山溫泉的直達巴士。每天有9:30發和14:35發2班運行。（有變更的可能，需洽詢）
✆0237-22-2206(花笠巴士)
¥單程1500日圓、國小生以下750日圓

這裡是這樣的地方！

位於尾花澤市深山、充滿大正浪漫風情的溫泉街。因為電視劇《阿信》的舞台而聞名，彷彿時光倒流的氛圍正是其魅力所在。

交通資訊

🚗開車 約1小時
東北中央自動車道東根IC經由國道287・13・347號、縣道29號37km

🚌巴士 36～43分
大石田站搭花笠巴士36～43分，銀山溫泉下車

MAP
附錄②P.6

住宿資訊
P.84

洽詢處
●銀山溫泉觀光服務處
✆0237-28-3933
●尾花澤市商工觀光課
✆0237-22-1111
●尾花澤市觀光物產協會
✆0237-23-4567

↑「古勢起屋特製牛肉咖哩了」（附湯・沙拉・830日圓）

縣產和牛的頂級咖哩

② カリーショップ SWALLOWNE
かりーしょっぷすわろーね

使用山形縣產黑毛和牛的A4等級肉品的咖哩，以及100%「山形牛」的漢堡肉作為招牌的咖啡廳。咖哩有種令人懷念的味道。可在懷舊氛圍的店內悠閒度過美好時光。

☎0237-28-3355（古勢起屋別館）
🕐11:00～14:00 🈺不定休 📍尾花沢市銀山新畑417 🚃JR大石田站搭花笠巴士往銀山溫泉方向，終點下車，步行5分 🅿免費
MAP附錄②P.6 H-3

↑老字號旅館「古勢起屋別館」（→P.85）的1樓

步行3分

以「阿信木芥子」而聞名

③ 伊豆木芥子工房
いずこけしこうぼう

製作、販售銀山木芥子的工房，銀山木芥子的特色黑色妹妹頭加圓圓的大眼睛。依照孩子出生時的身高體重來製作的「誕生木芥子」相當有人氣。

☎0237-28-2377
🕐8:00～18:00 🈺不定休 📍尾花沢市銀山新畑450 🚃JR大石田站搭花笠巴士往銀山溫泉方向，終點下車，步行7分 🅿利用共同停車場
MAP附錄②P.6 H-3

↑工房裡擺設著各式各樣的木芥子和工藝品

→電視劇《阿信》中出現的「阿信木芥子」（8寸・2700日圓）

步行即到

咖哩麵包為名產

はいからさん通り
はいからさんどおり

販售輕食和外帶美食的店。大受好評的咖哩麵包是使用山形縣產小麥「NEBARIGOSHI」麵粉做出Q彈有嚼勁的外皮，加上滿滿的辛辣咖哩餡。

☎0237-28-3888
🕐8:00～18:00（冬季有時會變更）🈺無休 📍尾花沢市銀山新畑451 🚃JR大石田站搭花笠巴士往銀山溫泉方向，終點下車，步行10分 🅿利用共同停車場
MAP附錄②P.6 H-3

→「窈窕淑女的咖哩麵包」（1個、210日圓）

→店家就位於白銀公園的入口旁

步行2分

摩登設計的共同浴場

⑥ 共同浴場白金湯
きょうどうよくじょうしろがねゆ

由建築師・隈研吾氏設計，在共同浴場中是前所未見的嶄新構造。1樓和2樓有浴場，每天男女輪流進入，可在注滿源泉放流溫泉的浴池中暢享泡湯之樂。

☎0237-28-3933（銀山溫泉觀光服務處）
🕐8:00～16:30（17:00閉館）🈺無休（1～3月不定休）💴500日圓、國小生200日圓 📍尾花沢市銀山新畑433 🚃JR大石田站搭花笠巴士往銀山溫泉方向，終點下車，步行5分 🅿利用共同停車場
MAP附錄②P.6 H-3

→浴池呈三角形的特殊形狀。微燙的熱泉能暖和身體內部 →外觀的木頭格紋令人印象深刻

→洋溢著大正浪漫氣氛的古典店家

泡足浴，望溫泉街

① 和樂足湯
わらしゆ

湯泉來自銀山溫泉的源泉放流。可一邊眺望充滿溫泉情懷的街道，悠閒地休息泡湯。晚上在燈煤氣燈的照射下也別有風情，推薦可以晚上來使用。

☎0237-28-3933
（銀山溫泉觀光服務處）
🕐自由入浴 🈺無休 💴免費 📍尾花沢市銀山新畑 🚃JR大石田站搭花笠巴士往銀山溫泉方向，終點下車，步行5分 🅿利用共同停車場
MAP附錄②P.6 H-3

↑銀山川河畔的風舒適宜人

↑無屋頂、開放式氛圍的足浴

創業100年的老字號豆腐店

在這裡享用外帶美食

野川とうふや
のがわとうふや

招牌為充分帶出大豆原味、入口即化的手工豆腐。「立食豆腐」的大小方便於邊走邊吃，很適合當散步時的點心。

☎0237-28-2494
🕐7:00～售完打烊 🈺不定休 📍尾花沢市銀山新畑427 🚃JR大石田站搭花笠巴士往銀山溫泉方向，終點下車，步行3分 🅿利用共同停車場
MAP附錄②P.6 H-3

↑充滿濃郁豆味的「立食豆腐」（170日圓）

→在溫泉街營業100年以上的老字號豆腐店

沐浴在負離子當中

④ 白銀瀑布
しろがねのたき

位於銀山川上游，溫泉街盡頭最寬敞的白銀公園裡的瀑布，從約20m高處傾瀉而下的水花蔚為壯觀。公園內有著整備完善的步道。

☎0237-28-3933
（銀山溫泉觀光服務處）
🕐自由參觀 📍尾花沢市銀山新畑 🚃JR大石田站搭花笠巴士往銀山溫泉方向，終點下車，步行10分 🅿利用共同停車場
MAP附錄②P.6 H-3

↑可從對岸的觀景台眺望到整座瀑布

步行3分

→蕎麥霜淇淋淋上黑蜜黃豆粉（680日圓）

使用地產蕎麥粉的甜品

⑤ 伊豆の華
いずのはな

香氣濃郁和滑順可口的手打蕎麥麵，以及蕎麥粉甜品大受好評的店。改裝自古民宅的店家充滿懷舊氛圍，可一邊眺望溫泉街，一邊悠閒地用餐。

☎0237-28-2036
🕐11:00～22:00 🈺不定休 📍尾花沢市銀山新畑440 🚃JR大石田站搭花笠巴士往銀山溫泉方向，終點下車，步行5分 🅿利用共同停車場
MAP附錄②P.6 H-3

→重新利用屋齡130年的古民宅

稍微走遠點，就到這裡！

因幕府直營而興盛的銀山

銀坑洞
ぎんこうどう

坑洞內有完善的步道和照明設備

發現於康正2（1456）年，也是銀山溫泉名字由來的坑洞遺跡。不妨望著黑色岩壁，來個洞窟探險吧。

☎0237-28-3933（銀山溫泉觀光服務處）
🕐自由參觀 🈺無休（12～4月封閉）💴免費 📍尾花沢市銀山新畑 🚃JR大石田站搭花笠巴士往銀山溫泉方向，終點下車，步行25分 🅿利用共同停車場 MAP附錄②P.6 H-3

→涼爽的風會穿到坑洞裡，夏天也是涼的

挑選伴手禮就來這裡！

→銀山饅頭（1個、108日圓）

豐富的銀山溫泉伴手禮

大正浪漫館
たいしょうろまんかん

有紀念品店、直營店、餐廳等的複合設施，位於溫泉街前。必買的溫泉饅頭等紀念品種類豐富。

☎0237-53-6727
🕐8:30～17:30 🈺無休（餐廳冬季休業）📍尾花沢市上柳渡戶十分-364-3 🚃JR大石田站車程20分 🅿免費 MAP附錄②P.6 H-3

→紅色的外牆是相當引人注目的建築物

銀山溫泉的溫泉旅宿

銀山溫泉（ぎんざんおんせん）

魅力介紹！
具有風格的建築引人注目
歇山式屋頂的建築物是銀山溫泉特有的人氣拍照景點。

象徵性的建築物
銀山溫泉

溫泉介紹
由慶長年間（1596～1615年）興盛一時的延澤銀山礦工所發現的溫泉。現在仍保留大正時期的街道，文化財等級的木造建築林立的光景，充滿懷舊情懷。

泉質　鈉、氯化物、硫酸鹽泉等
功效　割傷、神經痛、肌肉酸痛、關節痛等

莊嚴沉穩的建築物

①鄰接露天浴池的大浴場
②可包租位於地下室的源泉浴池
③充滿木紋溫暖的本館客房

登錄為有形文化財的建築物看起來相當莊嚴壯觀

溫泉放流

能登屋旅館
●のとやりょかん

☎0237-28-2327
MAP 附錄②P.6 H-3

歇山頂建築、4層觀景樓、畫有屋號的錺繪門扇櫃等，這座格外吸引人注目的建築物是日本的有形文化財。建築物最上層樓現在成為別具意義的談話室。

住宿資訊
1泊2食　18510日圓～（假日前日）
IN 14:00　OUT 10:30
浴池　室內浴池：男1女1／露天浴池：男1女1
包租　室內浴池1、露天浴池1　客房　和室14、和洋室1　接送　有（詳情請在預約時確認）
所　尾花沢市銀山新畑446　交　JR大石田站搭花笠巴士往銀山溫泉方向，終點下車，步行8分　P免費

不住宿溫泉資訊
純泡湯▶不可　含用餐▶無

俯瞰白銀瀑布，享受泡湯的美好時光

魅力介紹！
晚餐的蕎麥麵料理
使用當地蕎麥粉製成的手打蕎麥麵，始終堅持在晚餐前才開始桿麵。

↑充滿創意的蕎麥麵料理深受好評

建於高地、從客房眺望的景色優美

↑以銀山溫泉最美景觀引以為傲的露天浴池

不住宿溫泉資訊
純泡湯▶11:00～13:30／600日圓／無需預約(不定休)
含用餐▶11:00～14:00的90分全餐／2235日圓、3115日圓等／需3天前預約(2名)

可眺望白銀瀑布的旅宿

部分放流

瀧與蕎麥之宿　瀧見館
●たきとそばのやどたきみかん

☎0237-28-2164
MAP 附錄②P.6 H-3

眼前望去就是白銀瀑布的溫泉旅館。瀑布在夜晚會點燈，散發出夢幻的氛圍。「蕎麥之宿」如其名，手打蕎麥麵深受好評，晚餐必定會提供蕎麥麵料理。

住宿資訊
1泊2食　20670日圓～（假日前日）
IN 15:00　OUT 10:00
浴池　室內浴池：男女輪流制2／露天浴池：男女輪流制2　包租　無
客房　和室14　接送　有（詳情請在預約時確認）
所　尾花沢市銀山新畑中山522　交　JR大石田站搭花笠巴士往銀山溫泉方向，終點下車，步行12分　P免費

 毛巾　 沐浴乳　 洗髮精　 吹風機　 免費　 收費　 無

鶴岡・酒田 出羽三山

P.19

山形市區・天童・上山・藏王

P.49

最上・新庄・銀山溫泉

銀山溫泉的溫泉旅宿

P.81

米澤・赤湯

P.97

交通指南

檜葉建造的露天浴池，在木頭的溫暖中得到療癒

↑可包租的檜葉造露天浴池

木造3層、別有風情的建築物

旅館 永澤平八
● りょかんながさわへいはち

☎ 0237-28-2137
MAP 附錄② P.6 H-3

銀山溫泉的名產・招牌門扇櫃上的美麗文字寫著旅館的名稱。館內充滿木頭香味的客房住起來也相當舒適。檜葉造的包租露天浴池也很有人氣。

1泊2食	16350日圓～（假日前日）
IN 14:00	**OUT** 11:00
浴池 室內浴池：男1女1	
包租 露天浴池2	**客房** 和室8
接送 有（詳情請在預約時確認）	

📍 尾花沢市銀山新畑445
🚌 JR大石田站搭花笠巴士往銀山溫泉方向，終點下車，步行10分
🅿 免費

源泉放流

客房最受歡迎

↓富麗堂皇的建築物更襯托出屋號店名

不住宿溫泉資訊
純泡湯▶不可　含用餐▶無

建於溫泉街中央的旅宿

古勢起屋別館
● こせきやべっかん

☎ 0237-28-2322（仙峽之宿 銀山莊）
MAP 附錄② P.6 H-3

可不住宿泡湯的溫泉有「ほっこりのちか湯」和「ぬっくりの金太郎湯」這兩座小巧的室內浴池。客房充滿懷舊的大正浪漫風情。1樓也有附設「カリーショップ SWALLOWNE」。

1泊2食	17970日圓～（假日前日）
IN 15:00	**OUT** 10:00
浴池 室內浴池：男女輪流制2	
包租 無	**客房** 和室7、和洋室8
接送 有（詳情請在預約時確認）	

📍 尾花沢市銀山新畑417
🚌 JR大石田站搭花笠巴士往銀山溫泉方向，終點下車，步行5分
🅿 免費

↑有大正浪漫之感的木造3層建築

不住宿溫泉資訊
純泡湯▶11:00～13:30/500日圓/無需預約

魅力介紹！
浸泡在復古的浴池裡
兩座充滿意趣的室內浴池都是源泉放流。恣意享受天然湯泉吧。

在保留復古情懷的室內浴池悠閒泡湯

滿溢著懷舊氛圍的「ぬっくりの金太郎湯」

魅力介紹！
包租浴池無需預約
館內的包租浴池不需要預約。只要是空的，可以無限次數自由使用。

可享受四季色彩的露天浴池

可眺望湖水和群山的純日式旅宿

仙峽之宿 銀山莊
● せんきょうのやどぎんざんそう

☎ 0237-28-2322
MAP 附錄② P.6 H-3

建於可遙望溫泉街入口處的水壩湖之處，晚上會同對岸的山一起點燈。露天浴池的景觀卓越，並鄰接寢湯。晚餐的宴席料理也相當豐盛。

魅力介紹！
人氣的岩盤浴
館內有岩盤浴設施「ターシャナル」，45分500日圓，可當天預約。

← 露天浴池可眺望水鳥嬉戲的水壩湖

住宿資訊
1泊2食	21210日圓～（假日前日）
IN 15:00	**OUT** 10:00
浴池 室內浴池：男1女1	**露天浴池**：男1女1
包租 無	**客房** 和室40
接送 無	

📍 尾花沢市銀山新畑85
🚌 JR大石田站搭花笠巴士往銀山溫泉方向，終點下車即到
🅿 免費

不住宿溫泉資訊
純泡湯▶10:00～13:30/1000日圓／需確認（週二、三休）
含用餐▶無

↑使用當地產當季素材的鄉土料理

色彩鮮艷的鏝繪引人注目

傳統之宿 古山閣
● でんとうのやどこざんかく

☎ 0237-28-2039
MAP 附錄② P.6 H-3

建於溫泉街入口，長年磨損的天花板和柱子看起來相當富有歷史感。館內建築看起來莊重高雅，別有一番風情。描繪季節活動和日本景色的鏝繪更是美不勝收。晚餐的「尾花澤牛」的溫泉蒸料理，以及使用山菜的鄉土料理深受好評。

源泉放流

住宿資訊
1泊2食	14040日圓～（假日前日）
IN 14:30	**OUT** 10:00
浴池 室內浴池：男1女1	
包租 露天風呂1	**客房** 和室9、洋室6
接送 有（詳情請在預約時確認）	

📍 尾花沢市銀山新畑423
🚌 JR大石田站搭尾花澤市營巴士往銀山溫泉方向，終點下車，步行3分
🅿 免費

→描繪日本四季的鏝繪

不住宿溫泉資訊
純泡湯▶不可
含用餐▶無

充滿靜謐氣氛的愜意浴池

注滿放流溫泉的包租露天浴池

魅力介紹！
2座包租露天浴池
有2座源泉放流的包租露天浴池，可享受悠閒愜意的美好時光。

↑隱約可見釀酒風情的建築

肘折溫泉的溫泉旅宿

肘折溫泉
（ひじおりおんせん）

注滿淡紅褐色的
源泉放流湯泉

魅力介紹！ 可眺望銅山川
包租浴池、展望浴池，全都可眺望清澈的河川和四季風景。

泉質介紹
溫泉名稱據傳是源自約1200年前，有位從山崖跌落，手肘骨折的老僧，浸泡此地湧出的溫泉後傷便痊癒，因此得名。

泉質 鈉・氯化物・碳酸氫鹽泉
功效 神經痛、風濕、皮膚病等

介紹的地區 在這裡

鶴岡 ★ 肘折溫泉 山形
米澤

這裡是這樣的地方！
位於月山和葉山深處的溫泉地。充滿傳統的溫泉療養地情懷，春天到秋天都有名產的早市，讓街上一大早就熱鬧不已。

交通資訊

開車 1小時20分
東北中央自動車道東根IC經由國道287、13號、縣道56號、國道458號60km

巴士 55分
新庄站搭山交巴士往肘折方向55分，肘折待合所下車

MAP
附錄②P.6・7

住宿資訊
P.86

洽詢處
●肘折溫泉觀光服務處
☎0233-76-2211

↑堅持使用當季素材、色彩豐富的料理

↑可在信樂燒浴池享受湯泉的包租浴池「河原湯」

涓涓流水聲環繞的閑靜旅宿

湯宿 元河原湯
●ゆやどもとかわらゆ
自然源泉放流

☎0233-76-2259
MAP 附錄②P.7 A-5

前方有銅山川流經的旅宿。館內大量使用當地銘木。旅宿的蕎麥麵加入了湧泉，被譽為名水獲得極高評價。用餐時可在能夠眺望河川的座位或地爐旁享用美食。

住宿資訊

1泊2食	13110日圓～（假日前日）
IN 14:30	**OUT** 10:30

浴池 室內浴池：男1女1
包租 室內浴池1
客房 和室15
接送 有（詳情請在預約時確認）

所 大藏村南山454-1
交 JR新庄站搭村營巴士往肘折方向，溫泉口下車，步行3分 P免費

不住宿溫泉資訊
純泡湯▶11:00～15:30／500日圓～／無需預約
含用餐▶10:00～15:00／6480日圓～12960日圓／需預約

充滿情懷的露天浴池「綿之湯」

在氣氛滿點的露天浴池享受最頂級的泡湯時光

魅力★介紹！ 和風摩登的精緻空間
明治元（1868）年創業，充滿意趣的空間頗受好評，能過寧靜的愜意時光。

復古摩登的隱密溫泉療養地

丸屋
●まるや
源泉放流

☎0233-76-2021
MAP 附錄②P.7 A-6

↑古風的外觀令人印象深刻

持續了150年的溫泉旅宿。除了包租浴池之外，還有飄散著木頭香的「金山杉之湯」和「檜葉之湯」。使用當地山菜的料理也大受好評。

住宿資訊

1泊2食	16350日圓～
IN 15:00	**OUT** 10:00

浴池 室內浴池：男女輪流制2／露天浴池：男女輪流制1
包租 室內浴池1
客房 和室4、和洋室3
接送 有（詳情請在預約時確認）

所 大藏村南山519
交 JR新庄站搭村營巴士往肘折方向，終點下車即到 P免費

不住宿溫泉資訊
純泡湯▶11:00～14:00／500日圓／需預約
含用餐▶無

堅持地產地消的料理深獲好評

優心之宿 觀月
●ゆうしんのやどかんげつ
放流

☎0233-76-2777
MAP 附錄②P.7 A-6

從最上層樓的展望露天浴池可眺望流經眼前的河川和美麗的群山。使用當地產素材、充滿季節感的料理也是該旅宿的招牌，使用最新鮮的山菜和淡水魚的料理滋味豐富，美味可口。

住宿資訊

1泊2食	14190日圓～（假日前日）
IN 14:00	**OUT** 10:00

浴池 室內浴池：男1女1／露天浴池：男1女1
包租 室內浴池21、和室21、和洋室1
接送 有（詳情請在預約時確認）

所 大藏村南山516
交 JR新庄站搭村營巴士往肘折方向，第二停留所下車即到 P免費

魅力★介紹！ 當地產的時令美味
堅持使用安全、新鮮的食材，大量使用當地米和蔬菜。

銅山川淙淙水聲迴響的露天浴池

↑可暢享源泉放流的湯泉

不住宿溫泉資訊
純泡湯▶13:30～18:00／500日圓／無需預約
含用餐▶10:00～／3855日圓／需預約

🐾 毛巾　🧴 沐浴乳　🧴 洗髮精　💨 吹風機　■ 免費　▨ 收費　□ 無

山形市區・藏王

↑建於肘折溫泉的入口處
↓浴室的窗戶非常大，有開放感

換著浴衣和木屐在溫泉之鄉散步

肘折溫泉 街上閒逛

也可以巡遊各個湯池喔！

位於月山山麓和銅山川河畔的溫泉地·肘折溫泉據傳可治療「骨折、傷口、手肘骨折」，是許多溫泉遊客喜愛的療養地。不妨換上浴衣和木屐，漫步在風情十足的溫泉街上，療癒身心吧。

周邊地圖請參閱 →附錄② P.7

START 1 在 肘折いでゆ館 泡溫泉
ひじおりいでゆかん

浸泡在名湯中眺望大自然

有放流湯泉和寢湯兩種展望浴池的人氣溫泉設施，也有休息室以及餐廳，泡湯時還可享受悠閒時光。6月到7月和9月到10月會舉辦每月2次的溫泉療養諮詢所，提供入浴方式的建議。

☎0233-34-6106
🕘9:00～19:00(11～3月為10:00～17:00) 🈺第2、4週二(逢假日則營業) 💴400日圓、國小生200日圓，幼兒免費 🏠大藏村南山451-2 🚃JR新庄站搭村營巴士往肘折方向，溫泉口下車，步行5分 🅿免費 MAP 附錄② P.7 B-5

其他入浴 SPOT

共同浴場 上之湯
きょうどうよくじょうかみのゆ

溫泉遊客聚集的浴場

☎0233-76-2211 (肘折溫泉觀光服務處)
🕘8:00～18:00(12～3月為～17:00) 🈺無休 💴250日圓、國小生以下100日圓 🏠大藏村南山肘折溫泉 🚃JR新庄站搭山交巴士往肘折方向，第二停留所下車即到 🅿利用附近的停車場

↑住宿旅客可免費使用

カルデラ溫泉館
かるでらおんせんかん

盡情享受碳酸泉

☎0233-76-2622
🕘9:30～18:00(週六、日、假日為～18:30、11～3月為10:00～16:00) 🈺第1、3週二(逢假日則營業) 💴450日圓、國小生200日圓，幼兒免費 🏠大藏村南山2127-73 🚃JR新庄站搭村營巴士往肘折方向，終點下車，步行5分 🅿免費 MAP 附錄② P.7 A-6

↑木頭圍繞著的露天浴池也很受歡迎

CHECK 想要去的 活動情報

預先確認好有眾多觀光客的人氣活動，有助於訂定旅遊計畫喔！

2018年8月 ｜ 會場：肘折溫泉溫泉街各處

將溫泉街點綴得神奇夢幻

肘折之燈
ひじおりのひ

為夏夜妝點色彩的藝術活動。描繪肘折自然和歷史的燈籠，以溫暖的光芒壟罩這座別有風情的溫泉街。

☎0233-76-2211 (肘折溫泉觀光服務處)
🕘18:00～20:30 🏠大藏村南山肘折溫泉 🚃JR新庄站搭村營巴士往肘折方向，終點下車即到 🅿利用附近的停車場 MAP 附錄② P.7 A-5

↑有許多設計的彩繪燈籠

2018年8月4日 ｜ 會場：四村梯田

一夜限定的演奏會

四村梯田螢火音樂晚會
しかむらたなだほたるたびこんさーと

在四村梯田舉辦的演奏會。鋼琴和陶笛動人的音色會在約有1200盞燈火點亮的梯田上響起。

☎0233-75-2105 (螢火演奏會執行委員會事務局)
🕘17:15～19:30 🏠大藏村南山 🚃JR舟形站車程30分 🅿利用附近的停車場 MAP 附錄② P.6 E-2

↑約1200盞燈

步行約6分

木盒蕎麥麵　1400日圓
嚼勁和濃郁的香氣深受好評·配菜沾一味辣椒粉是肘折流的吃法

2 在 そば処 寿屋 享用午餐
そばどころことぶきや

品嘗現桿的「木盒蕎麥麵」

使用每天早上自家製作的尾花澤產優質玄蕎麥粉，可品嘗到新鮮現桿的蕎麥麵。新鮮山菜和蔬菜的炸天婦羅也大受好評。

☎0233-76-2140
🕘10:00～17:00(冬季為～16:00) 🈺第2週四，冬季為第2、4週四(逢假日則翌日休) 🏠大藏村南山571 🚃JR新庄站搭村營巴士往肘折方向，溫泉口下車，步行7分 🅿免費 MAP 附錄② P.7 A-5

↑可眺望清澈河川的緣廊上也有座位

步行約5分

3 在 カネヤマ商店 挑選伴手禮
かねやましょうてん

有多種特產酒&伴手禮

有多種特產酒和伴手禮的商店。畫有「肘折木芥子」的杯酒和購物袋等特製商品也相當有人氣。

☎0233-76-2123
🕘6:00～18:30(冬季為6:30～) 🈺無休 🏠大藏村南山506-3 🚃JR新庄站搭村營巴士往肘折方向，第二停留所下車即到 🅿利用附近的停車場 MAP 附錄② P.7 A-6

↑陳列著五花八門的商品

杯酒的圖案共有3種

木芥子杯酒
(180㎖) 300日圓
「肘折木芥子」的圖案為重點。酒使用的是村內的酒倉銘酒「花羽陽」。

步行約6分

GOAL 4 在 羽賀だんご店 享用現作糰子

Q彈軟嫩的糰子

銅山川沿岸的甜品店。使用粳米製作的糰子香氣濃郁，Q彈可口。有國產紅豆餡、毛豆泥、醬油和芝麻4種口味。

☎0233-76-2231
🕘4月中旬～12月上旬，9:00～16:00(週六、日、假日為～17:00) 🈺期間中不定休 🏠大藏村南山547-1 🚃JR新庄站搭村營巴士往肘折方向，終點下車即到 🅿利用附近的停車場 MAP 附錄② P.7 A-6

↑坐在店門口的長椅上眺望河川，大啖糰子

↓糰子1串100日圓。除了糰子，還有納豆餅等

住宿的翌日就前往這裡

在溫泉旅宿休息完的隔天早上，就前往肘折溫泉的著名早市吧。稍微走遠一點還可以到絕佳景點·地藏倉

和在地人聊天也很愉快

肘折溫泉朝市
ひじおりおんせんあさいち

舉辦於溫泉街沿岸、朝氣十足的早市。有許多早上剛採收的蔬菜和山菜。

4月下旬～12月上旬的5:30～7:30 (10～12月上旬為6:00～)
會場：溫泉街一帶
☎0233-76-2211 (肘折溫泉觀光服務處)
🈺期間中無休 🏠大藏村南山肘折溫泉 🚃JR新庄站搭村營巴士往肘折方向，終點下車即到 🅿利用附近的停車場 MAP 附錄② P.7 A-5

↑詢問烹調方法

可眺望絕景的結緣聖地

地藏倉
じぞうくら

因結緣聖地而聞名的肘折溫泉鄉開湯傳說之地。從山頂上眺望的美景絕不可錯過。

🈺5月中旬～11月中旬、自由參觀 💴免費 🏠大藏村南山肘折 🚃JR新庄站搭村營巴士往肘折方向，終點下車，步行30分 🅿利用附近的停車場 MAP 附錄② P.7 B-6

↑地藏供奉在斷崖旁

肘折いでゆ館 車程5分
☎0233-76-2211 (肘折溫泉觀光服務處)

從絕景和結緣2條路線選擇航線！

最上川遊船
もがみがわふなくだり

提到在大自然中從容流動著的最上川人氣休閒活動就是遊船。有觀看美景和祈求良緣兩條路線可選擇，朝約1小時的遊船之旅出發吧。

→水流平穩的最上川

玩樂

最上
もがみ

介紹的地區
在這裡

鶴岡 ★最上
山形
米澤

義經和芭蕉也曾來訪！
據說源義經在前往岩手縣平泉的途中，曾來過最上地方。俳聖・松尾芭蕉曾經來訪，並留下名句一事也相當著名。

木浴在舒適的
中，盡情享受
船之樂

這裡是這樣的地方！
位於最上川中游的地區。可眺望雄偉群山遊船，還可在巨木茂盛的森林裡散步，有很多大自然中的休閒活動。

交通資訊

開車 1小時5分
東北中央自動車道東根IC經由國道287・13號、縣道56號、國道47號58km

鐵道 3小時45分～4小時20分
東京站搭JR山形新幹線3小時10～45分，在新庄站轉搭JR陸羽東線19分，古口站下車

MAP
附錄②P.4・5・6

住宿資訊
P.91

洽詢處
●戶澤村觀光物產協會
☎0233-72-2110
●鮭川村觀光協會
☎0233-55-2111
●最上町觀光協會
☎0233-43-2233
●大藏村產業振興課
☎0233-75-2105
●真室川町交流課
☎0233-62-2111

魅力3
船夫的船歌
快抵達終點時，船夫會表演轉音技巧高超的「最上川船歌」。也有英文、韓文、法文的版本。

↑也要注意聽特殊的介紹內容

魅力2
船上的美食
兩條航線的觀光船上都有販售可邊遊船邊享用的名產美食。眺望極美大自然時所吃的便當別有一番風味。

魅力1
船上的優美風景
河川兩岸可見連綿的山脈和大大小小的瀑布，美麗的灣灣流水盡入眼簾。秋天的紅葉和冬天的雪景也很美麗。

遊船Q&A

Q 衣服也會溼嗎？
A 最上川也有些地方流速比叫檜，但幾乎無須擔心會噴溼衣服。只是水量多時，可能會濺起較大的水花。

Q 擔心會暈船。船會很晃嗎？
A 兩邊的路線都會慢慢航行，不會有太激烈的搖晃。仙人堂和白糸瀑布之間有一段浪潮較洶湧的地方，需特別留意。

Q 嬰兒也可以一起搭嗎？
A 嬰兒也可以搭船。寵物則須經由其他船隻旅客的同意才得以上船，但請別忘了事先聯絡所有乘船所，並加以確認。

Q 最佳的季節是什麼時候？
A 推薦新綠美景的春天和可看到一整片紅葉的秋天。冬天船上會變暖桌船，不用擔心寒冷，也可欣賞到純白的雪景。

冬天會變身成暖桌船！

12月到3月之間，兩條航線的船上都會準備暖桌，變身成「暖桌船」。各自的航運時間和人數限制需洽詢。

←一邊在暖桌裡溫暖身體，一邊眺望充滿風情的冬季景色。

88

鶴岡・酒田出羽三山　P.19

山形市・藏王　P.49

天童・上山

最上　新庄・銀山溫泉　最上川遊船　P.81

米澤・赤湯　P.97

交通指南

眺望絕景的長途航線

最上峽芭蕉航線觀光

● もがみきょうばしょうらいんかんこう

☎0233-72-2001　**MAP** 附錄② P.4 E-6

可眺望最上川名勝的遊船航線 約12km 需時1小時·可在緩緩前行的船上觀賞5條瀑布 船夫的船歌和說學逗唱的導覽也深受好評 起始站和終點站不同 出發前最好先查好巴士回程的時間。

遊船DATA

時期	全年
料金	2200日圓、國小生1100日圓、幼兒免費
時間	航運時間依時節有所變動（需洽詢）
所需時間	約1小時
路線	戶澤藩船番所～川之驛·最上峽草薙（搭巴士返回戶澤藩船番所。時間需洽詢）

休 無休（天候不佳時除外）　**所** 戶沢村古口86-1　**交** JR古口站步行7分　**P** 免費

蕎麥麵桿麵獅獅體驗

可在遊船前鎮體驗

在戶澤藩船番所可體驗桿蕎麥麵，使用的是香氣濃郁的山形產蕎麥粉「最上早生」。1人2000日圓，2人以上則可體驗。需3天前預約。

令人期待的美食

令人期待的美食

販售使用當地名產食材的便當，可享用當地自豪的美味。菜色依時節有所不同。

↑滿是鄉土料理的「竹籠便當」1300日圓

↑充滿海陸美食的「最上阿信便當」1600日圓

※皆需預約

START

戶澤藩船番所

● とざわはんふなばんしょ

遊船的起點站。附設販售當地特產的伴手禮店、餐廳，以及桿麵體驗設施

在船番所有伴手禮都可以吃喔

↑富有意趣的外觀為標示

↑陳列著各式各樣的伴手禮

水上便利商店

● すいじょうこんびに

也可以順道來這裡

遊船中間地點的休息處。販售鹽烤香魚（500日圓）等外帶美食。冬季不開放。

獲得鹽烤香魚！

↑跟店員阿姨聊天也是樂趣之一

白糸瀑布

● しらいとのたき

最上川最大的瀑布，高123m。據傳芭蕉所留下的記錄就是這條如白線般的水流。

七瀧

● ななたき

有7段傾瀉而下的瀑布。也有弁慶傳說留下的「礫石」。

GOAL

川之驛 最上峽草薙

● かわのえきもがみきょうくさなぎ

最上峽芭蕉航線觀光之旅的終點站。有餐廳和伴手禮賣場，可在這裡悠閒巡逛。

↑館內也有美術館

↑宛如細絲般流下的瀑布是最佳的觀景點

地圖標示：
- 川之驛 最上峽草薙
- 最上峽芭蕉航線觀光
- 最上川遊船義經浪漫觀光
- 白糸瀑布
- 白糸瀑布的Drive in 從窗戶可眺望白糸瀑布
- 余目站
- 仙人堂
- 義經浪漫觀光的起訖站
- 高屋乘船所
- 高屋站
- 七瀧
- 大瀧
- 沓喰
- 47
- 水上便利商店
- 駒詰瀑布
- 慈光瀑布
- 抱石之瀨
- 弁慶的礫石
- 槽瀬 源義經有在此清洗馬槽的傳說
- 水深15m的危險急流
- 柳巷的急流
- 最上川
- 河寬160m
- JR陸羽西線
- JR陸羽西線
- 最上峽芭蕉航線觀光遊船的起始站
- 戶澤藩船番所
- 古口站

順道來這裡

仙人堂

● せんにんどう

祈求締結良緣的能量景點。是和義經·芭蕉有所淵源的神社而聞名。

↑湧泉咖啡（350日圓）

↑樹林環繞的歷史神社

START & GOAL

高屋乘船所

● たかやじょうせんじょ

對岸「仙人堂」建於→

遊船之旅的起點站，位於JR高屋站步行即到處。開車的話可利用JR高屋站的停車場（免費）。

到仙人堂取得結緣票

求姻緣的護身符「結緣票」深受女性觀光客喜愛。只有「仙人堂」才有。

結緣票

↑結緣票200日圓

↑假日有許多女性觀光客來訪

締結良緣路線

最上川遊船義經浪漫觀光

● もがみがわふなくだりよしつねろまんかんこう

☎0234-57-2148　**MAP** 附錄② P.5 D-6

巡遊最上川約1小時的周遊路線，可順路繞到締結良緣的能量景點「仙人堂」。起訖站為「高屋乘船所」，因此無須回程車費。在起訖站對岸的「仙人堂」除了可參拜之外，也可品嘗到十割蕎麥麵、咖啡、點心等美食。

休 無休（視天候有可能停航、變更路線）　**所** 戶沢村古口高屋3112-1 JR高屋駅内　**交** JR高屋站即到　**P** 免費

遊船DATA

時期	全年
費用	2000日圓、國小生1000日圓、幼兒免費
時間	預定10:00到16:00每60分鐘一班（可預約希望的時間）※15:00後會依時節而有所變動，需洽詢
所需時間	約1小時
路線	高屋乘船所～沓喰周邊（往返）

令人期待的美食

在船上可享用招待「芋煮」的「杵打十割蕎麥麵」。

↑「杵打十割蕎麥麵」加搭船費3200日圓

拜訪大自然
所孕育的森林巨人們

前往 幻想之森

曲杉群林
樹齡超過1000年的

種類	杉樹
樹齡	不明
樹高	30m
樹圍	最大12～13m

幻想之森 攻略手冊

1 幻想之森在哪裡？
幻想之森位於最上峽左岸的土湯山麓。從新庄走國道47號往酒田方向約45分。從白絲瀑布前500m處左轉（有「幻想之森」的看板）。走林道車程約15分即到。

2 要怎麼去？
可自行駕車。另外也有以JR新庄站和JR古口站的「共乘計程車」，同時準備了包含「幻想之森」在內的各種路線可供選擇。

洽詢處
◎新庄計程車
☎0233-22-3955
◎最上觀光計程車
☎0233-22-2525
◎戶澤觀光計程車
☎0233-72-2711

3 該怎麼走呢？
散步道路一圈距離很長，慢慢走約20分鐘便能抵達終點。散步道路上有舖木片，無需準備特殊裝備。

位於最上峽左岸山中的土湯杉巨木群生地
可看見日本規模最大的巨木。
被靜靜佇立著的巨木群所療癒，
悠閒散步於步道上吧。

全國數一數二的巨木之鄉
幻想之森 ●げんそうのもり
MAP 附錄②P.5 D-6

最上地區當中，尤其是土湯杉（神代杉）巨木密集度最高的森林。樹木枝幹彎曲打結扭轉朝著天際延伸的模樣相當夢幻。

☎0233-72-2110（戶澤村觀光物產協會）
自由參觀
所 戶沢村山ノ内
JR高屋站車程15分
P 免費

請導遊幫忙導覽吧！ 最上峽導遊協會

熟知最上峽的當地導遊會帶領遊客遊覽最上峽的巨木和人氣的「幻想之森」。需在1週前預約。

☎0233-72-2001（最上峽芭蕉航線觀光）
9:00～16:00 休 無休 導遊費1人5000日圓
所 戶沢村古口86-1 最上峽芭蕉ライン觀光內
JR古口站步行7分 P 免費

還想看更多！ 最上地區的巨木景點

獵人敬仰的神木
女甑山的大連香樹
●めこしきやまのおおかつら MAP 附錄②P.4 F-3

位於女甑山東邊的山麓斜坡上，樹齡超過1000年。據傳周圍的天然木在明治時代都遭砍伐，唯有這棵樹還留著。

☎0233-62-2111（真室川町交流課）
5～11月上旬、自由參觀 所 真室川町女甑山 JR大瀧站車程20分，再步行20分（大瀧站有導覽，需預約） P 利用前森山林道停車場

種類	桂樹
樹齡	1000年以上
樹高	25m
樹圍	13.4m

在山當中穩重地佇立
林 種 山毛櫸樹

日本最大級黑檜巨木
岩神權現的黑檜
●いわがみごんげんのくろべ MAP 附錄②P.6 F-2

村指定天然紀念物，向外延伸的盤大枝幹位於斜坡上，彷彿在俯瞰田園。旁邊還有高約27m的村內最大「岩神權現杉」。

☎0233-75-2105（大藏村產業振興課）
5～12月上旬、自由參觀 所 大藏村赤松 JR新庄站車程25分 P 免費

種類	黑檜
樹齡	200～300年
樹高	25m
樹圍	12.2m

獲選為林野廳「森林巨人百選」的樹木

宛如森林主人般莊重威嚴
東法田大赤松
●ひがしほうでんのおおあかまつ MAP 附錄②P.4 G-6

樹齡號稱全日本之冠的赤松。為菅家氏神的山神之御神木，代代守護至今。樹幹上的樹瘤看起來相當有威嚴。

☎0233-43-2350（最上町教育委員會）
5月中旬～11月中旬、自由參觀 所 最上町東法田 JR大堀站車程15分，再步行5分 P 免費

種類	赤松
樹齡	500～600年
樹高	26m
樹圍	8.24m

樹幹處供奉著山神的石碑

因「龍貓之樹」而大受歡迎的巨木樹
小杉的大杉
●こすぎのおおすぎ MAP 附錄②P.4 E-5

因和動畫《龍貓》裡登場的龍貓形狀相似而聞名。已被指定為村裡的天然紀念物。

☎0233-55-2111（鮭川村觀光協會） 自由參觀 所 鮭川村曲川小杉 JR羽前豐里站搭鮭川村營巴士往大芦沢方向，小杉下車，步行5分 P 免費（積雪期無除雪）

種類	杉樹
樹齡	1000年以上
樹高	20m
樹根周圍	6.3m

也是著名的結緣、求子之樹

鶴岡・酒田出羽三山 P.19
山形市區・藏王 天童・上山 P.49
最上 新庄・銀山溫泉
還想去這些地方！最上
前往幻想之森
P.81
米澤・赤湯 P.97
交通指南

奧山菓子店

購物 和菓子　●おくやまかしてん

MAP 附錄②P.4 F-6

📞0233-42-2437

購買名產「最中」當伴手禮

製造、販售「封人之家最中」的和菓子店。房子形狀的最中裡面包有滿滿的紅豆餡和芝麻餡。因為屬於限定商品，需注意完售。帶有些許味噌味的「溫泉饅頭」也很受歡迎。

🕐7:00～19:30
休無休
所最上町大堀1005
🚃JR瀨見溫泉站步行15分
Ｐ免費

「封人之家最中」（6個裝、1200日圓）

高見屋 最上川別邸 紅

住宿 溫泉旅宿　●たかみやもがみがわべっていべに

MAP 附錄②P.5 D-6

📞0234-57-2100

建於最上川河畔的溫泉旅宿

大廳、大浴場等館內各個地方都可眺望最上川的四季景色，是間以視野絕佳自豪的旅宿。除了「米娘豬」之外，大量使用山形縣當季食材的和風宴席膳也大受好評。

🕐IN10:00、OUT15:00
💴1泊2食20670日圓～
所戶澤村古口3058
🚃JR高屋站車程5分(有接送，詳情請在預約時確認)
Ｐ免費

所有客房都可眺望最上川的河景

赤倉溫泉

●あかくらおんせん

慈覺大師圓仁在貞觀5（863）年發現的溫泉，是個有開湯傳說的溫泉地。湯泉無色透明，呈弱酸性，可溫暖身體內部。湯量充沛，9間旅館都擁有各自的自家源泉。

📞080-1660-4083 (赤倉溫泉觀光協會)
所最上町富澤
🚃東北自動車道古川IC車程1小時
Ｐ利用各個溫泉旅宿

MAP 附錄②P.6 H-1

旅情報

湯量為東北數一數二的赤倉溫泉

會舉辦夏日祭典。8月

小國川流經溫泉街。

還想去這些地方！

巡訪最上川沿途的美景

最上

もがみ

最上峽為最上川從古口流到清川約16km的峽谷。櫻花、新綠、紅葉等，可看到各種大自然打造出來的四季景色。有觀光船周遊此地，最上川兩岸的群山景觀令人驚豔，最具人氣。

森林鐵路列車

玩樂 小火車　●しんりんとろっこれんしゃ

MAP 附錄②P.4 E-5

📞0233-62-2373 (真室川溫泉 梅里院)

搭乘小火車在森林漫步

「真室川溫泉 梅里院」前的森林中，一圈約1km的軌道上，有小火車在轟隆轟隆作響。不妨踏上約10分鐘的小火車之旅，沐浴在爽快的涼風中，享受森林浴吧。

🕐5月上旬～10月下旬的週六、日、假日，11:00、13:00、15:00
💴100日圓
所真室川町平岡894-2
🚃JR真室川站車程5分
Ｐ免費

在大自然中奔馳的復古懷舊小火車

AYUKKO村

玩樂 休閒設施　●あゆっこむら

MAP 附錄②P.6 F-1

📞0233-32-3655 (舟形若鮎溫泉)

玩樂之後，來去悠閒泡湯

休閒娛樂設施建於舟形街道，以及可眺望小國川的高地上。除了有寬敞的溫泉設施之外，還有完善的露營區、小木屋、平房、網球場。草坪廣場上的遊樂器材也應有盡有。

🕐溫泉為6:30～21:30(最終入館時間21:00)、11～3月為8:30～20:30(最終入館時間20:00)
休溫泉為第2週三(1、8月各有1次不定休)、小木屋無休
💴溫泉380日圓、國小生180日圓，住宿設施平房3500日圓～、小木屋8000日圓～
所舟形町長澤8067
🚃JR舟形站車程10分
Ｐ免費

溫泉設施於2018年2月重新整修

採訪筆記 充滿溫暖的小木屋無人車站　昭和24（1949）年開業的JR陸羽東線，大堀站是處小木屋風格的木造建築，深受好評。當地人會在站前廣場種花、照顧花，還有舒適的候車空間，到處充滿著溫馨的感覺。

景點｜複合設施　　　MAP P.93

●もがみこういきこうりゅうせんたーゆめりあ
最上廣域交流中心Yumeria
☎0233-28-8888

新庄伴手禮和觀光資訊就在這裡！

從販售最上地方應有盡有的伴手禮和特產品的「最上物產館」之外，到體驗館、資訊中心、餐飲設施等等的多元化設施。地點位置佳，鄰接車站，等車的時候也可以順道過來逛逛。

🕗8:30〜21:00
休無休
¥免費
所新庄市多門町1-2
🚃JR新庄站即到
Ｐ免費

➡鄰接新庄站西口

景點｜舊家　　　MAP 附錄②P.4 F-5

●きゅうやはぎけじゅうたく
舊矢作家住宅
☎0233-25-2257

讓人感受時光流轉的農家住宅

推估為建於18世紀中葉的最上地方典型農家住宅。加工成多角形柱子的手斧樣式內部構造，簡樸而堅韌，值得一看。是山形縣內保有古早樣式的建築物，為日本的重要文化財。

🕗4〜11月、10:00〜16:00
休週二（逢假日則翌日休）
¥免費
所新庄市泉田往還東460
🚃JR新庄站車程10分
Ｐ免費

➡馬殿從主屋延伸出來的中門造結構為其特徵

還想去這些地方！

曾為新庄藩的城下町而繁榮一時

新庄
しんじょう

被譽為「陸奧的阿爾卑斯山」的神室連峰等群山環繞的地區。市的中心有新庄城遺跡等傳遞新庄藩歷史的各種史跡遍布。也有許多蕎麥麵的名店。

洽詢處	
●新庄市商工觀光課	☎0233-22-2111
●新庄觀光協會	☎0233-22-2340

MAP	P.93、附錄②P.4
交通資訊	開車 50分

東北中央自動車道東根IC經由國道287、13號，縣道32、34號43km

玩樂｜公園　　　MAP P.93

●ひがしやまこうえんあじさいのもり
東山公園　紫陽花之社
☎0233-22-2111（新庄市都市整備課）

34種4萬5000株紫陽花相當壯觀

體育館和田徑競技場整備完善的運動公園的一角。7月上旬園內會有五顏六色的紫陽花綻放，中旬會舉辦「紫陽花祭」。也很推薦一圈500m的「東山三十三觀音巡遊路線」。

🕗4〜11月、自由參觀　所新庄市金沢3070-8 東山公園內　🚃JR新庄站步行10分　Ｐ免費

➡7月上旬〜中旬為賞花季

景點｜資料館　　　MAP P.93

●しんじょうふるさとれきしせんたー
新庄故鄉歷史中心
☎0233-22-2188

介紹祭典與雪的街道・新庄

展示山車，並使用影像來介紹聯合國教科文組無形文化遺產「新庄祭」的魅力。平常會展示約1萬件民具、藩政時代的史料、人間國寶・奧山峰石以及西洋畫家・近岡善次郎大師的作品。

🕗9:00〜16:00(16:30閉館)　休週二（逢假日則翌日休）　¥300日圓，高中生100日圓，國小、國中生50日圓　所新庄市堀端町4-74　🚃JR新庄站步行12分　Ｐ免費

➡全年展示「新庄祭」的山車

景點｜公園　　　MAP P.93

●もがみこうえん
最上公園
☎0233-22-2111（新庄市商工觀光課）

賞櫻名勝的城跡公園

新庄藩初代藩主・戶澤政盛於寬永2（1625）年建蓋的新庄城遺跡。243年來為新庄藩政的中心。同時也是個賞花名勝，一到春天，護城河旁會有約300棵櫻花一齊綻放。

🕗自由參觀　所新庄市堀端町6-86　🚃JR新庄站步行15分　Ｐ免費

➡可以觀賞到水面上的櫻花倒影

⬆25日的本祭會有合計200人的神輿渡御行列隊伍從新庄城址出發

⬆長9m，充滿創意的山車非常值得一看

Pick UP!

●しんじょうまつり
新庄祭
絢爛豪華的山車隊伍

東北最後一個夏日祭典，也是聯合國教科文組無形文化遺產的「新庄祭」的山車遊行活動。據傳是起源於藩政時代，為了振奮因作物欠收而精神萎靡的領民，以及祈求豐收而開始的。山車上會重現歌舞伎和歷史故事中的名場面，在夏日的照射下，綻放強烈的色彩，雄壯威武的演奏聲響遍整座城市。有神輿渡御行列隊伍和20輛山車隊伍進行遊行的25日本祭是非看不可的活動。

🕗2018年8月24〜26日
所新庄市市內各所
🚃JR新庄站即到
Ｐ免費
MAP P.93

☎0233-22-6855（新庄祭執行委員會 新庄商工會議所內）

景點｜自然地形　　　MAP 附錄②P.4 E-6

●もとあいかい
本合海
☎0233-22-2111（新庄市商工觀光課）

絕景・八向楯和芭蕉乘船之地

芭蕉和曾良一行人曾在「奧之細道」的旅途中乘船的地方。隨著最上川溪流而下時可看見白崖中段有祭拜源義經的矢向神社。這裡也是秋天的人氣賞楓景點。

🕗自由參觀　所新庄市本合海「本合海大橋」附近一帶　🚃JR新庄站車程10分　Ｐ利用附近的停車場

➡芭蕉和曾良的新庄東山燒陶像

鶴岡・酒田出羽三山
P19
天童・上山
山形市區・藏王
P49
最上
新庄・銀山溫泉
還想去這些地方！新庄
P.81
米澤・赤湯
P.97
交通指南

美食 拉麵

●いっさあんぶんてん
一茶庵分店
☎0233-22-8133

MAP P.93

拉麵和雞雜的華麗組合

位於新庄站前的拉麵店。僅用醬油調味的新鮮生雜搭配拉麵的「雞雜拉麵」最有人氣。為了打造出纖細的風味，麵條使用從京都來的細麵。

🕐10:30～14:00　❌不定休　📍新庄市沖の町2-24
🚃JR新庄站即到　🅿免費

→雞雜拉麵（750日圓）

美食 蕎麥麵

●きこり
樵
☎0233-22-4088

MAP 附錄②P.4 F-6

使用湧泉和天然鹽的細緻蕎麥麵

可品嘗到堅持使用在地新鮮素材、湧泉、天然鹽等的蕎麥麵。不僅如此，湯頭濃郁卻又清淡爽口的拉麵也相當有人氣。傳統的懷念美味深受好評。

🕐11:00～20:00（20:30打烊）、週日～16:30（17:00打烊）
❌第2、3週二
📍新庄市鳥越521-5
🚃JR新庄站車程10分
🅿免費

↑使用鹽醬汁享用的「竹籠蕎麥麵」（700日圓）

美食 和食

●かっぽうとりや
割烹とりや
☎0233-22-1420

MAP P.93

大快朵頤季節素材的美味

招牌為使用當地產當季食材的鄉料理。春夏兩季、夏季的山菜、秋季的香菇、冬季的納豆湯等，展現四季故鄉風味的「あがらしゃれ全餐」（晚4320日圓～、午2700日圓～）大受好評。

🕐11:00～19:00（22:00打烊）　❌不定休
📍新庄市沼田町6-51　🚃JR新庄站步行15分　🅿免費

←鄉土料理全餐（3240日圓～）

Pick UP!

kitokito市集
匯集當地好物的市集
きときとまるしぇ

↑有很多店家早上就已完售，建議盡早光顧

攤販以手工食品和雜貨等當地生產者為主的人氣活動。每個月有不同主題，可以逛逛風格獨特的攤販。會場內綠意盎然，逛街購物的同時也可度過悠閒時光。

🕐5～11月的每月第3週日、10:00～15:00
📍新庄市十日町6000-1（新庄市エコロジーガーデン）
🚃JR新庄站搭山形交通巴士往金山方向、太田下車，步行8分　🅿免費

☎0233-22-2111（新庄市商工觀光課）
MAP 附錄②P.4 F-6

美食 蕎麥麵

●てうちそばさぶん
手打ちそば さぶん
☎0233-23-7733

MAP P.93

在富有意趣的空間享用手打蕎麥麵

在屋齡120年以上，充滿情懷的建築物中，可以嘗到自家製麵粉製作的手打蕎麥麵，味道滑順可口。店內也有地爐座位，可一邊欣賞美麗的庭院，一邊用餐。單點料理的天婦羅也有很多菜色可以選擇。

🕐11:00～15:00（15:30打烊）、17:00～19:00（19:30打烊）、12～3月晚上需預約
❌週三（逢假日則營業）
📍新庄市小田島町7-48
🚃JR新庄站步行15分
🅿免費

→可享用美味現炸天婦羅的「天婦羅蕎麥麵」（1400日圓）

美食 義式料理

●とらっとりあのんの
TRATTORIA NONNO
☎0233-26-2726

MAP 附錄②P.4 E-6

素材為主角的義式料理

主要使用最上地區產的縣產食材。岩魚、香魚、金山產豬肉的自家製培根和香腸等，使用豐富食材製作的義式料理深受好評。餐廳旁就是一大片田地。

🕐11:30～14:00（15:00打烊）、17:30～21:00（22:00打烊）
❌週二（逢假日則中午營業）
📍新庄市本合海福宮1802-24
🚃JR新庄站搭山形交通巴士往肘折溫泉方向，病院前下車即到
🅿免費

→附前菜和飲料的「B套餐」（1700日圓）

新庄地圖

（地圖區域）

余目站　明倫中　北町　十日町　沼田　陸羽西線　奧羽本線　真室川站　湯澤　小月野　円満寺　イオンタウン
雪の里情報館　新川町　沼田町　割烹とりや　P.93　スーパー銭湯しみずの湯 附錄②P.15　新庄市
善寺　マックスバリュ　オートザム　ユニクロ　ワークマン　スバル　JA施設
市民文化會館　新庄故鄉歷史中心 P.92　ヨークベニマル　ガスト　ダイユーエイト
最上公園 P.92　新庄烤鰰魚祭 P.93　市民プラザ　マックハウス　關屋
手打ちそば さぶん P.93　新庄局　新庄市役所　セントラル　ダイハツ
新庄南高　検察廳　一茶庵分店 P.93　最上廣域交流中心Yumeria P.92
城南町　小田島町　沖の町　新庄站　最上中央　陸羽東線
大町　GOプラザ　グリーン　若葉町　玄関館　東山公園 紫陽花之社 P.92　あじさいスタジアム
大石田站　尾花澤

新庄 1:25,000　0 250m　周邊圖附錄②P.4・6

旅情報

宣告雪國春天到來的新庄祭典

新庄烤鰰魚祭

●しんじょうかどやきまつり

在櫻花盛開的最上公園舉行的新庄春季活動。彷彿要慶祝因大雪而被封住的冬季尾聲，人們會到戶外碳烤被稱為「春告魚」的當季鰰魚，飲酒交歡。

☎0233-22-2340（新庄觀光協會）
🕐4月29～5月5日、11:00～16:00（報名～15:00）
💴當日券2300日圓、座位券300日圓
📍新庄市最上公園內特設会場
🚃JR新庄站步行15分搭山形交通巴士往金山方向，太田下車，步行8分
MAP P.93

↑烤鰰魚慶祝春天的祭典

↑也有舞台歌謠表演秀

採訪筆記　◆糰子的俄羅斯輪盤　以民間傳說為題材的新庄特殊伴手禮「燒喉糰子」是一種紅豆麻糬，共有8顆。其中1顆包了芥末。在「最上物產館」有販售（☎0233-28-8886，需預約）。

拜訪田舍蕎麥麵的實力名店
蕎麥三街道·名店NAVI

大石田·尾花澤

おおいしだ・おばなざわ

山形縣因冷暖溫度大的氣候，以及清澈的伏流水，相當適合製作蕎麥麵。當中的大石田、尾花澤、村山更是對自己廚藝引以為傲的蕎麥麵職人聚集的蕎麥麵聖地。不妨來品嘗看這些味道耐人尋味的自信之作吧。

確認推薦的新蕎麥季

以「最上早生」為主的尾花澤，新蕎麥麵約從10月中旬開始。大石田和村山則是從10月下旬到11月中旬可以吃到新蕎麥麵。

什麼是蕎麥麵街道?

山形縣各地都有蕎麥麵名店林立的「蕎麥麵街道」。尤其是以位於中央部的大石田町、尾花澤市、村山市的「蕎麥麵街道」最為有名，聚集了來自日本全國的蕎麥麵愛好者。

蕎麥麵街道Map

大石田站

大石田站

2018年10月27·28日
新蕎麥麵祭
招待使用在來種「來迎寺」的二八蕎麥麵。當日券1200日圓（2分）。
☎0237-35-2111
（大石田町產業振興課）

2018年10中旬
尾花澤 新蕎麥麵祭
會有販售新蕎麥麵和蕎麥麵餅的攤販。當日券600日圓（1分）。
☎0237-22-1111
（尾花澤市商工觀光課）

每年11月1～30日
木盒蕎麥麵祭
在加盟店享用新蕎麥麵，就有機會抽中市的特產品。
☎0237-55-2111
（村山市商工觀光會）

介紹的地區 在這裡

大石田·尾花澤
鶴岡
山形
米澤

粗麵吃到飽!

使用當地蕎麥粉和北海道產蕎麥粉9:1的比例，讓味道更加滿足。

老闆 井上一義先生

本店的自信招牌料理!
盛蕎麥麵吃到飽
1200日圓、國小生870日圓
偏粗的田舍蕎麥麵味道簡樸卻香氣濃郁，百吃不膩，可自由加麵這點令人高興。

→平日有時也會大排長龍

←彷彿來到鄉下親戚家般悠閒愜意的氛圍

→蕎麥麵會附上時令蔬菜的漬物和黑木耳等3樣小菜

七兵衛そば
しちべえそば
主要使用自家製的大石田特產玄蕎麥粉，偏粗的田舍蕎麥麵條可以無限加麵。加入辣蘿蔔泥湯的沾麵汁可增添風味。另外還有山菜和漬物等小菜。
☎0237-35-4098
⏰11:00～16:00
休第1、3週四
所大石田町次年子266
🚃JR大石田站車程15分 🅿免費
MAP附錄②P.6 F-3

大石田蕎麥麵街道
大石田還保留著招待蕎麥麵的傳統。這裡有14間使用在來種「來迎寺」和次年子地區的特產蕎麥粉製作的手打蕎麥麵店。

手打ち大石田そば きよ
てうちおおいしだそばきよ
繼承大石田的蕎麥麵名人·上代的きよ奶奶的味道，目前已經來到第3代的人氣店。富有嚼勁的十割蕎麥麵麵條偏細，可細品嘗蕎麥的香氣，口感滑順可口。

老闆 高橋ヨシエ女士

精雕細琢捍製出來的蕎麥麵，有獨特的嚼勁。

本店的自信招牌料理!
木盒蕎麥麵（普通份量）
800日圓
富有嚼勁，越嚼越能吃出蕎麥原本甜味。柴魚片和昆布的沾麵汁也微微偏甜。

☎0237-35-4245
⏰11:00～15:00
休週四、逢假日則營業
所大石田町橫山736
🚃JR大石田站車程5分 🅿免費
MAP附錄②P.6 G-3

→家庭式的店內舒適愜意

↑店鋪改裝自民宅

繼承傳統的十割蕎麥麵

這裡是這樣的地方!
這裡有懷舊舊街道銀山溫泉最為有名的尾花澤，和保留招待蕎麥麵文化的大石田等，是個保留古老優良傳統的地區。

交通資訊

🚗開車 約30分
東北中央自動車道東根IC經由國道287、13號、縣道189、121號24km

🚃鐵道 約30分
山形站搭山形新幹線30分，大石田站下車

MAP
附錄②P.6·11

洽詢處
●大石田町產業振興課
☎0237-35-2111
●尾花澤市商工觀光課
☎0237-22-1111
●尾花澤市觀光物產協會
☎0237-23-4567

自家栽培的 玄蕎麥麵

本店的自信招牌料理!

正常分量 700日圓
香氣濃郁的蕎麥麵。可搭配現炸的大塊櫻花蝦炸什錦(500圓)一起享用。

> 我們從蕎麥開始自行栽種,使用石臼研磨出來的風味是我們的自信之作。

老闆 秋保秀雄先生

そば処 鶴子
そばどころつるこ

使用石臼精心粗磨老闆自家栽培的蕎麥粉,香氣濃郁的蕎麥粉製成的粗麵條大受好評。可搭配辣味蘿蔔泥湯,享用當地特有的樸質口味。

☎0237-28-3041
🕚11:00〜15:00(售完打烊) 休第2、4週二(逢假日則翌日休) 所尾花沢市鶴子445 🚉JR大石田站車程30分 🅿免費
MAP附錄②P.6 H-3

↑從山形方向前往時,縣道29號的背炙峠道路狹窄,建議利用國道13、347號

↑連接兩間房間的座位

奧之細道 尾花澤 蕎麥麵街道

尾花澤是優質的蕎麥產地。可在市內的10間店鋪大啖使用山形‧最上地方的傳統蕎麥種「最上早生」的蕎麥麵。

手打そば たか橋
てうちそばたかはし

可品嘗到尾花澤產「最上早生」石磨自製麵條製作的手打蕎麥麵。嚼勁十足、香氣濃郁的蕎麥麵滑順可口。另提供平日限定的「十割蕎麥麵」(1500日圓、2人份)。

☎0237-22-0460
🕚11:00〜20:00 休第1、3週三 所尾花沢市五十沢1468-11 🚉JR大石田站車程10分 🅿免費
MAP附錄②P.6 G-3

本店的自信招牌料理!

鴨肉湯與木盒蕎麥麵 1750日圓
鴨肉湯使用鶴岡農場飼養的本鴨腿肉。鴨肉的油脂和蕎麥麵味道絕配。

> 使用與當地農家協力栽種的蕎麥果實。

老闆 高橋晃治先生

↑除了餐桌席之外也有和式座位

↑位於國道13號旁

香氣濃郁的 現磨蕎麥麵

傳統木盒蕎麥麵

名人技法桿製出來的

本店的自信招牌料理!

薄毛利 920日圓
用杉木盒盛裝的傳統蕎麥麵。用秘傳的味噌熬煮的味噌鯡魚(400日圓)也很推薦。

> 使用從100前未曾改變的製法,揉出越嚼越香的蕎麥麵。

老闆 蘆野又三先生

あらきそば

店內可品嘗傳統的「木板蕎麥麵」。使用當地產蕎麥自製粉的蕎麥麵香氣濃郁,粗麵條嚼勁十足,和偏濃的醬汁味道絕配。利用古民宅的建築也別有一番風味。

☎0237-54-2248
🕚11:00〜16:30(17:00打烊) 休週三 所村山市大久保甲65 🚉JR村山站車程15分 🅿免費
MAP附錄②P.11 B-2

↑屋齡150年以上的簡樸家屋
↓利用和式座位讓店內充滿懷舊氣息

手打蕎麦 おんどり
てうちそばおんどり

使用自家栽培的石磨蕎麥粉。採用葉山湧泉的手打蕎麥麵有細麵和粗麵2種可選擇。可一面眺望自然山里景觀,一面享用美食。

☎0237-57-2552
🕚11:00〜15:00 休週二(逢假日則翌日休) 所村山市山の內255-1 🚉JR村山站車程20分 🅿免費
MAP附錄②P.6 F-3

> 蕎麥粉10:麵粉1的「外一蕎麥麵」的特色為濃郁的風味和嚼勁。

老闆 佐藤和幸先生

↑可從店內遠眺葉山

↑標誌為綠色的門簾

本店的自信招牌料理!

木盒蕎麥細麵 800日圓
一根根透明感的纖細細麵,也可選擇香氣顯著的粗麵。

稍微走遠一點前往村山

最上川三難所 蕎麥麵街道

最上川沿岸蕎麥麵林立的村山市是「蕎麥麵街道」的發源地。長達15km的街道沿岸有老字號「木盒蕎麥麵」店等13間店鋪。

使用泉水桿製而成的招牌蕎麥麵

購物 | 和菓子
●かめや
龜屋
☎0237-28-2028

長期受到喜愛的名產饅頭

溼潤的外皮加上黑糖的甜味令人愛不釋手的「龜饅頭」為該店招牌。單個販售，適合拿來當溫泉街散步時的點心。伴手禮推薦復古設計的盒裝包裝。

⏰8:00～18:00 休不定休 所尾花沢市銀山新畑424 交JR大石田站搭花笠巴士往銀山溫泉方向，終點下車，步行3分 P免費

→銀山溫泉名產「龜饅頭」（1個、90日圓）

美食 | 拉麵
●ちゅうかりょうりしょうわしょくどう
中華料理 昭和食堂
☎0237-22-0445

加入「尾花澤牛」的當地拉麵

有各種麵類的餐廳。名產「尾花澤牛拉麵」將特產「尾花澤牛」燉煮到軟嫩，添加湯頭的鮮嫩美味。另外還附有尾花澤的特產「醃漬茄子」。

⏰11:00～14:00、17:00～19:30（20:00打烊）休週一 所尾花沢市新町1-13-8 交JR大石田站車程15分 P免費

→尾花澤牛拉麵（900日圓）

還想去這些地方！

享受豐富的大自然和名湯

大石田・尾花澤
おおいしだ・おばなざわ

以縣內蕎麥產量第一而自豪的大石田，蕎麥麵名店林立的「大石田蕎麥麵街道」是必到景點。尾花澤有全國知名的溫泉地・銀山溫泉。除了湯泉之外，充滿鄉愁情懷的溫泉街也魅力十足。來這裡隨興漫步吧。

購物 | 漬物
●つけもののどころいげたやしょうじじょうぞう
つけもの処 いげたや庄司醸造
☎0237-35-2003

充滿獨特風格的漬物

完全不使用防腐劑和人工合成色素，自古使用傳統製法長年製作漬物至今。販售大石田自古相傳的「醃漬茄子」和「醃漬蕨菜」等運用當地素材的美味漬物。

⏰9:00～18:00 休不定休 所大石田町大石田丙53 交JR大石田站車程5分 P免費

↑「醃漬茄子」（540日圓）等各式各樣的漬物

購物 | 和菓子
●もがみがわせんぼんだんご
最上川千本だんご
☎0237-35-2312

豆腐店製作的大石田糰子

使用大石田優質米製作的「千本糰子」。經過一段時間就會變硬正是無添加化學物質以及使用傳統製法的證明。有毛豆泥、紅豆、胡桃等6種口味。

⏰8:30～17:30 休不定休 所大石田町大石田乙76 交JR大石田站步行10分 P免費

↻嚼勁十足的糰子100%使用山形代表米「HAENUKI」

美食 | 牛排
●れすとらんとくらこ
レストラン徳良湖
☎0237-23-2989

大快朵頤特選「尾花澤牛」

建於德良湖畔的牛排小屋。可一邊眺望德良湖的四季美景，一邊享用「尾花澤牛」入口即化的頂級霜降牛排。也有義大利麵和披薩等菜色。

⏰11:00～18:00(18:30打烊)※冬季有變更的情形 休週二 所尾花沢市二藤袋1767-6 交JR大石田站車程20分 P免費

↻享用特選牛排

購物 | 伴手禮
●やぎはししょうてん
八木橋商店
☎0237-28-2035

溫泉街的摩登伴手禮店

這裡是銀山溫泉最古老的伴手禮店，摩登時尚的店面令人印象深刻。店內販售嚴選的山形特產酒、充滿鄉土氣息的漬物、點心等，種類多元豐富。商品的陳列擺設深受好評，就算只是純逛逛也樂趣無窮。

⏰8:30～18:00(週六為～21:00) 休無休 所尾花沢市銀山新畑448 交JR大石田站搭花笠巴士往銀山溫泉方向，終點下車，步行7分 P利用附近的停車場

↻有許多特產酒和當季美味

←味道簡單樸素的木盒蕎麥麵800日圓。岩魚另計

在地爐旁享用田舍蕎麥麵

手打 三郎兵衛そば
・てうちさぶろべえそば

利用屋齡200年的舊屋改造的獨特風格店家。店內的地爐和土間充滿懷舊氣息。簡單樸素的田舍蕎麥麵和炭火精心燒烤的岩魚為該店招牌。

⏰11:00～19:00(11～4月為～18:00) 休週二 所村山市富並921 交JR村山站車程15分 P免費

☎0237-57-2305

↻蕎麥麵餅 750日圓

Pick UP!

豐富多彩的蕎麥料理為其魅力所在

そば処 ふうりゅう
・そばどころふうりゅう

位於JR大石田站內，可品嘗到正宗手打蕎麥麵的店。使用當地麵粉「來迎寺」製成的十割蕎麥麵、蕎麥麵餅和蕎麥紅豆湯都深獲好評。

⏰11:00～15:30(以降僅提供預約宴席料理) 休無休 所大石田町駅前通り1-2 JR大石田駅構內 交直通JR大石田站 P免費

☎0237-36-1516

採訪筆記 名產・醃漬茄子（べそら漬）的由來 ｜ 辛辣的「醃漬茄子（べそら漬）」，這個特殊的名字的名字由來據說是源自大石田的方言「べそら」，表示浸水後變得軟嫩的意思，眾說紛紜。

米澤・赤湯

よねざわ・あかゆ

因「米澤牛」而大受歡迎的上杉家管區

曾為上杉15萬石城下町而繁榮的地區，是上杉家的淵源之地。一邊品嘗「米澤牛」等當地美食吧。浸泡名湯也很令人期待。一邊逛上杉家

這個地區的
No.1
必訪景點

●うえすぎじんじゃ
上杉神社　P.98

建於松之岬公園中央，供奉戰國勇將‧上杉謙信的神社。收藏許多上杉家相關文物資料的上杉神社寶物殿「稽照殿」也不可錯過。

其他 必訪景點

在秘湯天國暢享溫泉
●よねざわはっとう
米澤八湯　P.108

位於米澤郊外的8座名湯‧秘湯的總稱。盡情享受這個山峽的溫泉天國吧。

這個地區的 必吃美食

一定要吃過一次的品牌牛
●よねざわぎゅう
米澤牛　P.100

口感鮮甜圓潤，壽喜燒、牛排、燒肉等，吃法多樣豐富。

其他 必訪景點

葡萄產地的酒廠
●たかはたわいなりー
高畠葡萄酒廠　附錄① P.8

運用豐富的風土釀造出來的優質葡萄酒是最有人氣的伴手禮。

Contents

介紹的地區在
這裡

庄內
鶴岡‧酒田地區

最上
新庄‧銀山溫泉地區

山形市內‧藏王
天童‧上山地區

米澤‧赤湯地區

Area Map

寒河江

白鷹
荒砥站
山形縣
新潟縣
山形鐵道 長井線
長井
今泉站
赤湯站
米坂線
南陽‧赤湯溫泉
高畠站
米沢北IC
米澤站
白石

米澤到高畠搭JR奧羽本線車程約10分

坂町站

飯豐山

山形縣

福島縣

小野川溫泉
米澤
山形新幹線

米澤八湯

白布溫泉

米澤到米澤八湯車程25～50分

福島站

喜多方

周邊地圖請參閱附錄② P.9、13

米澤 歷史浪漫巡禮

米澤（よねざわ）

米澤是和上杉氏及直江兼續有所淵源的城下町。有許多和上杉氏相關的史跡散布在各處。不妨來戰國武將生活過的土地走走逛逛吧。

介紹的地區在這裡

直江兼續
侍奉於景勝，為上杉家優秀的執政者。在許多故事中，被描寫為貫徹「義」的智將。
←傳 直江兼續擁有的盔甲

前田慶次
喜好華麗打扮的「傾奇者（傾向奇異者行為怪異之人）」，侍奉於上杉家，晚年結草庵隱居於米澤。
→傳 前田慶次擁有的盔甲

上杉景勝
上杉謙信的養子，繼承上杉家，成為米澤藩第一代藩主。憑藉與直江兼續之間的信任，建立了主從關係。
←傳 上杉景盛擁有的盔甲

上杉謙信
上杉家初代，和武田家的川中島對決最為有名。信仰昆沙門天，本陣旗上印有「毘」的字樣。
→傳 上杉謙信擁有的盔甲

這裡是這樣的地方！
和戰國武將，上杉謙信及直江兼續有所淵源的城下町。分布於市內各處的歷史遺跡已成為觀光名勝。「米澤牛」等美食也相當受歡迎。

交通資訊
開車 10分
從東北中央自動車道米沢中央IC走國道13號3km

鐵道 1小時55分～2小時10分
東京站搭JR山形新幹線，米澤站下車

MAP
P.110、附錄②P.8・9・13

住宿資訊
P.108

洽詢處
●米澤市觀光課
☎0238-22-5111
●米澤觀光代表協會
☎0238-21-6226

展示戰國武將的盔甲

1 宮坂考古館
●みやさかこうこかん
MAP P.110 C-3

收藏米澤・置賜地方約700件的考古、歷史、民俗文物資料。除了上杉謙信等人的盔甲之外，還有火繩槍、長槍等多項貴重的文化財。

☎0238-23-8530
🕙10:00～17:00 (10～3月為～16:00)
休週一、假日翌日 (冬季有臨時休館日)
¥400日圓，高中、大學生300日圓，國小、國中生100日圓 所米沢市東1-2-24 🚃JR米澤站步行8分 P免費

↑展示戰國武將的盔甲

供奉上杉謙信的神社

2 上杉神社
●うえすぎじんじゃ
MAP P.110 A-3

奉祀藩祖・上杉謙信的神社，位於米澤城本城遺址。境內立有上杉謙信、鷹山的銅像，也可見「上杉謙信公家訓」的石碑。

☎0238-22-3189
🕙6:00～17:00 (11～3月為7:00～)
休無休 所米沢市丸の内1-4-13
🚃JR米澤站市街地循環巴士「ヨネザアド號」右迴線，上杉神社前下車，步行5分 P免費

不可不知！

上杉氏與米澤
上杉謙信的養子、第2代的景勝曾在關原之戰加入豐臣軍勢力，因此被德川家康命令轉封至米澤。景勝與直江兼續等人致力於重新建立藩的體制，讓米澤成為上杉家的城下町而變得興盛。

佇立於上杉神社參拜道路右手邊的上杉謙信像

上杉鷹山為上杉家重定的養子，17歲便成為第9代米澤藩主。發行大檢約令，進行藩政改革，並改革農業、推動教育，促進產業發展。

畢生為米澤藩鞠躬盡瘁的鷹山

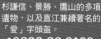
繞道而來

收藏上杉氏相關的貴重遺物

上杉神社寶物殿「稽照殿」
●うえすぎじんじゃほうもつでんけいしょうでん
MAP P.110 A-2

上杉神社的寶物殿。收藏上杉謙信、景勝、鷹山的多項遺物，以及直江兼續著名的「愛」字頭盔。

☎0238-22-3189 (上杉神社社務所)
🕙3月下旬～11月月底，9:00～15:45 (16:00閉館)
休期間中無休 ¥400日圓，高中、大學生300日圓，國小、國中生200日圓 所米沢市丸の内1-4-13 🚃JR米澤站市街地循環巴士「ヨネザアド號」右迴線，上杉神社前下車，步行5分 P免費

巡禮路線

START JR米澤站 → 步行10分 → ① 宮坂考古館 (開車5分／巴士8分) → 步行即到 ② 上杉神社 (開車即到／步行即到) → 步行即到 ③ 上杉伯爵邸 (開車即到／步行即到) → ④ 傳之社 米澤市上杉博物館 (開車12分／步行即到) → ⑤ 上杉城史苑 (開車12分／步行即到) → ⑥ 上杉家廟所 (開車30分／巴士20分) → GOAL JR米澤站 (開車5分／巴士20分)

上杉神社周邊MAP

伊達政宗出生之地石柱
①宮坂考古館
③上杉城史苑
上杉神社前巴士站
④傳之社 米澤市上杉博物館
松岬神社
正面參道
上杉謙信像
上杉神社
②上杉神社
上杉神社寶物殿「稽照殿」
⑦上杉伯爵邸
⑧上杉家廟所
祭典廣場停車場

在風雅的伯爵邸享用鄉土料理

享用午養在這裡

3 上杉伯爵邸
●うえすぎはくしゃくてい
MAP P.110 B-3

運用上杉家14代茂憲的舊宅邸改造的餐廳。銅板屋頂和欅木建蓋的入口等威嚴莊重的建築物已登錄為日本的有形文化財。

☎0238-21-5121
🕙11:30～20:00 (14:30以降需預約) 休無休 (12～3月休週三) 所米沢市丸の内1-3-60 🚃JR米澤站市街地循環巴士「ヨネザアド號」右迴線，上杉神社前下車，步行5分 P免費

↑「米澤牛膳菲力牛排」(6480日圓)
↑適合散步，也適合享用午餐

方便遊覽街道的交通工具！

租借自行車
有3處可租借觀光用自行車，包括米澤觀光代表協會、車站租車米澤營業所、自行車小屋前山。費用和租借時間各處皆異。

市街地循環巴士「ヨネザアド號」
從JR米澤站到上杉神社周邊可利用循環巴士「ヨネザアド號」。乘車1次200日圓。有右迴線和左迴線，每隔50～70分運行。

鶴岡・酒田出羽三山

P.19

山形市區・藏王
天童・上山

P.49

最上
新庄・銀山溫泉

P.81

米澤・赤湯

歷史浪漫巡禮

P.97

交通指南

上杉家相傳的國寶

除了著名的〈上杉本洛中洛外圖屏風〉之外，還收藏了初次獲指定為國寶的武家文書「上杉家文書」等貴重資料。

➔國寶〈上杉本洛中洛外圖屏風〉（右圖）（收藏於米澤市上杉博物館）

想了解上杉氏和米澤的歷史就到這裡

↑常有常設展和企劃展

↑洋溢著老杉環繞的莊嚴氣息

4 傳國之杜・米澤市上杉博物館

●でんこくのもりよねざわしうえすぎはくぶつかん

MAP P.110 B-3

除了國寶「上杉本洛中洛外圖屏風」之外，還收藏了許多上杉家相關文物。常設展示裡有簡單的米澤和置賜歷史文化介紹。

✆ 0238-26-8001
🕘9:00～17:00　休第4週三(12～3月休週一、逢假日則翌日休)
¥410日圓，高中、大學生200日圓，國小、國中生100日圓(企劃展另計)　所米沢市丸の内1-2-1
🚌JR米澤站搭市街地循環巴士「ヨネザアド號」右迴線，上杉神社前下車即到　P免費

有各式各樣的米澤物產

5 上杉城史苑

●うえすぎじょうしえん
MAP P.110 B-3

有各式各樣的米澤伴手禮。也有米澤織等傳統工藝、直江兼續、上杉謙信的戰國武將周邊商品等。也有販售伴手禮用的米澤牛。

✆ 0238-23-0700
🕘9:00～18:00　休無休
所米沢市丸の内1-1-22
🚌JR米澤站搭市街地循環巴士「ヨネザアド號」右迴線，上杉神社前下車即到
P免費

就要到買這伴裡手♪禮

愛

（愛字頭帶 765日圓）

上杉家歷代當家長眠於此

6 上杉家廟所

●うえすぎけびょうしょ
MAP P.110 A-2

米澤藩祖・各代藩主之墓，已成為日本的指定史跡。中央正面供奉上杉謙信，左右依序排列著到上杉齊定為止的祠堂。

✆ 0238-23-3115
🕘9:00～17:00　休無休
¥350日圓，高中、大學生200日圓，國小、國中生100日圓
所米沢市御廟1-5-30　🚌JR米澤站搭市街地循環巴士「ヨネザアド號」右迴線，御廟所西口下車，步行3分
P免費

還想看更多！

上杉家&戰國武將的淵源景點

直江兼續與其妻子長眠的寺院

春日山林泉寺

●かすがさんりんせんじ　MAP P.110 A-3

上杉家和直江兼續的菩提寺。有上杉家之墓，以及直江兼續與其妻・阿船長眠的墳墓。

✆ 0238-23-0601
🕘4月～11月，9:00～16:30 (參觀～17:00)　休週三，需洽詢　¥境內參觀100日圓，堂內參觀(含資料室)300日圓　所米沢市林泉寺1-2-3　🚌JR米澤站搭市街地循環巴士「ヨネザアド號」右迴線，山大正門前下車，步行5分　P免費

畢生未娶側室的兼續與妻子的墓石並排在一起

供奉上杉鷹山等的神社

松岬神社

●まつがさきじんじゃ　MAP P.110 B-3

鄰接松岬公園，供奉上杉鷹山的神社。大正8 (1919)年合祭初代藩主・上山景勝，昭和13 (1938)年配祀重臣直江兼續。

✆ 0238-22-3189
(上杉神社社務所)　🕘自由參拜
所米沢市丸の内1-1-38
🚌JR米澤站搭市街地循環巴士「ヨネザアド號」右迴線，上杉神社前下車即到
P免費

↑立有鷹山贈與養子・治廣的「傳國辭」石碑

兼續所蓋的石堤至今仍保留著

直江堤公園

●なおえていこうえん　MAP附錄②P.13 B-6

為了預防米澤城下遭遇水害，直江兼續致力於建設堤防。經過400年石堤至今仍保留著。

✆ 0238-22-5111
(米澤市都市整備課)　🕘自由入園(12月中旬～4月上旬封閉)　所米沢市赤崩　🚌JR米澤站車程15分
P免費

↑兼續親自指揮，率領下級武士建蓋的堤防

前田慶次淵源之地

堂森善光寺

●どうもりぜんこうじ　MAP附錄②P.13 C-5

據傳為平安時代以前開山的古寺。侍奉上杉景勝的豪邁武將・前田慶次的供奉塔也是必看的場所。

✆ 0238-28-1638
🕘自由參拜(阿彌陀堂為9:00～16:00或17:00，需事前洽詢)　所米沢市万世町堂森山下375　🚌JR米澤站車程10分
P免費

↑遍布著慶次晚年度過的庵堂遺址等淵源之地

砸重金享用品牌牛，為旅遊回憶增添美好的一頁！

米澤牛

米澤
必吃
美食

品牌牛·米澤牛的魅力在於鮮甜的油脂和入口即化的口感。來到米澤一定要嘗一嘗這名震全國的芳醇美味。不妨多花點錢，享受旅遊才有的奢侈時光吧。

米澤牛的小知識

1.每一頭都精心肥育
米澤牛為32個月以上長期肥育的牛。每一頭牛都在充滿愛心的養育之下成長。

2.母牛格外美味！
米澤牛全為未經生產的母牛，和公牛相比肉質紋理纖細，油脂也更加鮮美細膩。

3.有販賣店指定制度
為了提供安全的優質米澤牛，米澤牛銘柄推進協議會會發行認證書給指定店家，以及寫有「米澤牛」的裝飾棋子。

老店頂級壽喜燒的
鮮甜美味在嘴裡擴散

霜降牛肉有美麗的油花

必吃
壽喜燒全餐(特選)8600日圓
大塊霜降牛肉是米澤牛肋排最重點的部位，有入口即化般的軟嫩口感。會附白飯和蔬菜。

其他人氣菜單
- 薄切牛排(1分熟)1500日圓
- 涮涮鍋3900日圓～
- 牛排5000日圓～

↑建於商店林立的縣道旁

`牛排` `壽喜燒` `涮涮鍋` `燒肉`
午 3300日圓～ 晚 3300日圓～

お食事処 すき焼き 登起波
● おしょくじどころすきやきときわ

☎0238-23-5400 **MAP** P.110 B-2

明治27（1894）年創業的「米澤牛」老店。除了使用特製味噌醬汁品嘗的名產壽喜燒之外，還有使用備長炭的網烤厚肉多汁牛排等，搭配老闆親自競標的高級「米澤牛」，可享用豐富多元的菜色。

🕐11:00～19:30(21:00打烊)、18:00～需預約
休週二(逢假日需洽詢) 所米沢市中央7-2-3 🚃JR米澤站搭市街地循環巴士「ヨネザアド號」左迴線，中央四丁目下車，步行4分 Ｐ免費

↑老字號店鋪店內充滿沉穩的風格

↑店內設有包廂，可悠閒愜意地用餐

`牛排` `壽喜燒` `涮涮鍋` `握壽司`
午 3000日圓～ 晚 4000日圓～

グルメ小僧万吉
● ぐるめこぞうまんきち

☎0238-24-5455 **MAP** P.110 B-2

提供各式米澤牛料理的餐廳。除了各式美食匯集的全餐料理之外，還有甜辣調味「米澤牛」的米漢堡。1樓的精肉店可點外帶餐點。

🕐11:30～14:00(L.O.)、17:00～21:30(L.O.、8月13日僅中午營業)
休週一(逢假日則翌日休) 所米沢市中央4-2-6 🚃JR米澤站搭市街地循環巴士「ヨネザアド號」左迴線，中央2丁目下車即到 Ｐ免費

↑1樓也有販售一些「米澤牛」熟菜

其他人氣菜單
- 米澤牛頂級壽喜燒套餐3100日圓
- 涮涮鍋2800日圓～
- 米澤牛牛排4100日圓～

精肉店才吃得到的
超新鮮米澤牛握壽司

必吃
米澤牛的握壽司(炙燒)(1貫)410日圓
使用的是幾乎可以蓋住米飯的超大片「米澤牛」腿肉，油脂圓潤鮮甜，建議沾鹽巴享用。

將美味濃縮在一起的
低溫熟成牛排

`牛排` `壽喜燒` `涮涮鍋` `燒肉`
午 1200日圓～ 晚 4000日圓～

米沢牛の味処 ミートピア
● よねざわぎゅうのあじどころみーとぴあ

☎0238-21-0377 **MAP** P.110 B-2

精肉店經營的餐廳。可以用精肉店特有的平價價格品嘗到優質的「米澤牛」，大受好評。在多數菜單當中，首推低溫熟成、風味濃郁的牛排。

🕐11:00～20:30(21:00打烊) 休週日(逢假日則營業) 所米沢市中央1-11-9 🚃JR米澤站搭市街地循環巴士「ヨネザアド號」左迴線，門東町三丁目下車即到 Ｐ免費

↑1樓店鋪有販售「米澤牛」的各個部位

必吃
霜降迷你牛排定食(僅平日中午)3000日圓
厚切牛排越嚼越能吃到肉質的鮮美和香氣。

其他人氣菜單
- 特選米澤牛壽喜燒丼1700日圓
- 壽喜燒3850日圓
- 牛排5500日圓

鶴岡・酒田出羽三山

P.19

山形市區・藏王

天童・上山

P.49

最上

新庄・銀山溫泉

P.81

米澤・赤湯

米澤必吃美食 米澤牛

P.97

交通指南

可吃到肉原有鮮味的牛排

可盡情享用厚切米澤牛的涮涮鍋

必吃
米澤牛涮涮鍋
(牛肋排)6000日圓
點餐後才切下的米澤牛新鮮到無須去除浮渣。1人份150g（照片為2人份）

其他人氣菜單
● 米澤牛壽喜燒4000日圓～
● 米澤牛牛排3300日圓～

牛排 漢堡排 燒肉
午 1000日圓～ 晚 2000日圓～

ステーキハウス・オルガン
すてーきはうすおるがん

☎0238-22-0057
MAP P.110 B-3

提供「米澤」漢堡排以及牛排的餐廳。採購吾妻山麓飼養的優質「米澤牛」料理，可以用平價價位品嘗到「米澤牛」，在當地人氣也相當高。

必吃
特上米則牛菲力牛排160g
(附湯、沙拉、飯)5100日圓
紋理細緻纖細的牛排，搭配紅酒和醬油製作的醬汁風味最佳。

其他人氣菜單
● 漢堡排(附沙拉、飯)1380日圓
● 牛燒肉膳2280日圓
● A5等級沙朗牛排
　(附沙拉、湯品、飯)5960日圓

⌚11:30～14:00(L.O.)、17:30～20:00
(L.O.) 休週三(逢假日則翌日休)
所米沢市大町4-1-26
交JR米澤站步行10分
Ｐ免費

↑店內擺飾著陶藝品收藏　↑建於相生橋附近的獨棟餐廳

牛排 壽喜燒 涮涮鍋 燒肉
午 1000日圓～ 晚 1000日圓～

米沢牛亭ぐっど
よねざわぎゅうていぐっど

☎0238-22-6729 MAP P.110 C-3

由老闆透過專業眼光親自試吃、進貨的「米澤牛」，是充滿鮮甜美味的逸品。可盡情享受圓潤的肉質、鮮甜的美味、入口即化的口感和熟成的香味。

⌚11:00～14:30(15:00打烊)、17:00～20:30
(21:00打烊) 休週一(逢假日則翌日休) 所米沢市下花沢1-3-4 交JR米澤站步行7分
Ｐ免費

↑除了餐桌席、高席座之外，2樓也有和式座位　↑以大三角屋頂為標誌

享用風味濃郁的壽喜燒，品嘗肉的鮮美和香氣

牛排 壽喜燒 涮涮鍋 燒肉
午 1350日圓～ 晚 3000日圓～

米澤牛DINING べこや
よねざわぎゅうだいにんぐべこや

☎0238-24-2788 MAP P.110 C-3

連肉片切割都相當精細講究的米澤牛菜單種類豐富。有碳烤燒肉區，也有可就近看主廚烹調的牛排吧檯座，座位會依料理分開。

⌚11:15～14:00(14:30打烊)、17:00～21:00(21:30打烊)、週六、日、假日的中午為～14:30(15:00打烊) 休無休 所米沢市東3-2-34 交JR米澤站步行3分 Ｐ免費

必吃
米澤牛特選壽喜燒
(里肌套餐)7000日圓
使用厚切霜降「米澤牛」，因此可在嘴裡享受風味濃郁的鮮美肉質。

其他人氣菜單
● べこや御膳2780日圓
● 米澤牛滿饗膳5100日圓
● 米澤牛沙朗牛排套餐
　(150g)9000日圓～

↑以白色木頭為基調的餐桌席　↑移建古民宅的店家

也可以外帶！
想要以平價價位享用「米澤牛」就到這裡

100%米澤牛的漢堡
Yamagata Steak&Cafe Restaurant 飛行船
● やまがたすてーきあんどかふぇれすとらんひこうせん
☎0238-24-1848 MAP P.110 A-2

提供漢堡排、蛋包飯等西式餐點的餐廳。使用多汁「米澤牛」，分量十足的漢堡深獲觀光客好評。

⌚11:00～21:00(22:00打烊) 休不定休 所米沢市城西1-5-56 交JR米澤站搭山交巴士往小野川溫泉方向，城西町下車即到 Ｐ免費

米澤牛古岡佐拉起司漢堡
1620日圓

↑肉汁豐富的米澤牛肉醬和濃郁的起司味道絕配
↑休閒的氣氛讓客群很廣

肉汁滴嫩絕品串燒
べに花庵
● べにばなあん
☎0238-23-6310 MAP P.110 B-3

位於「上杉城史苑」腹地內的餐廳。可輕鬆品嘗「米澤拉麵」（600日圓）和「甘煮鯉魚」（730日圓）等米澤美食。外帶菜色也很豐富。

⌚9:00～17:00、1～3月為16:30 休無休 所米沢市丸の内1-1-22 交JR米澤站搭市街地循環巴士「ヨネザアド號」右迴線，上杉神社前下車即到 Ｐ免費

米澤牛串
1200日圓

→油嫩的牛肉串鮮嫩多汁，可選擇沾鹽巴或醬汁

包米澤牛的豪華飯糰
肉の斎藤
● にくのさいとう
☎0238-46-2257 MAP 附錄②P.13 A-2

除了「米澤牛」之外，還有販售老闆嚴選的優質肉的精肉店。用「米澤牛」的腿肉包住糯米飯的「牛賜」相當有人氣。2樓為專門提供肉類料理的餐廳。

⌚9:00～18:30 休週二 所川西町上小松1792 交JR羽前小松站步行5分 Ｐ免費

牛賜
(1個)525日圓

↑用米澤牛包住壽喜燒醬汁相當入味的糯米飯
↑有各種部位的優質肉

湯頭以雞汁為主，再加入少許豚骨，打造出清爽卻濃郁的風味

米澤
よねざわ

米澤拉麵

米澤有100間以上的拉麵店，競爭激烈。細打手揉捲麵搭配清爽的湯頭是令人懷念的味道。

米澤拉麵的小知識

1.手桿細捲麵為主流
細打捲麵，加水率高。放置數天之後再手工揉製麵條，完成嚼勁十足的捲麵條。

2.清爽的雞骨湯頭
高湯使用蔬菜和雞骨、小魚乾等材料。每間店都以清爽的醬油湯頭為基底。

3.配料簡單
上面的配料有叉燒、筍乾、蔥、海苔、魚板等，道地又簡單。

任何年齡層的人都可享用口味溫和的米澤拉麵！

老闆　平間忠先生

叉燒使用當地產豬肉。恰到好處的嚼勁襯托出拉麵的美味

讓美食通讚不絕口的 超極細麵

必吃
中華麵 600日圓
雞骨高湯搭配醬油增添濃郁口味。煮前手工揉製的自家製極細麵和湯頭的味道絕配。

其他人氣菜單
● 味噌拉麵750日圓
● 沾麵700日圓

そばの店ひらま
● そばのみせひらま
☎ 0238-37-2083　**MAP** 附錄②P13 C-3

批貨至米澤市內以及近郊的製麵所直營店。麵條的美味深受好評，麵條雖然非常細，但始終維持著應有的嚼勁。1球麵180g，女性也能輕鬆吃完。

⊞ 11:20～15:00
㉁ 週三（逢假日則翌日休）
㊞ 米沢市浅川1314-16
🚃 JR米澤站車程10分
🅿 免費

↑從吧檯可看見裡面的製麵所

叉燒的驚人口感 令人讚嘆不已

山大前やまとや
● やまだいまえやまとや
☎ 0238-23-3012　**MAP** P.110 A-3

使用蒜泥搭配濃口醬油襯托出湯頭的鮮美是決定味道的關鍵。創業開始就會放固定大小的叉燒在碗裡，使用腿肉燉煮2小時的濃厚感叉燒是該店的招牌名產。

必吃
中華麵 650日圓
使用「米澤牛油」的湯頭在清爽的米澤拉麵當中，算是較為濃稠的口味。

⊞ 11:00～14:00、17:00～19:30
㉁ 週二
㊞ 米沢市城南3-3-33
🚃 JR米澤站搭市街地循環巴士「ヨネザアド號」右迴線，山大正門下車即到
🅿 免費

→在當地也常大排長龍的人氣店

其他人氣菜單
● 鹽中華麵650日圓
● 清炒蔬菜中華麵750日圓

清爽的醬油湯頭是 米澤拉麵的精髓

必吃
中華麵 600日圓
極細麵條搭配口味清爽的湯頭，使用日本鯷魚增添香氣。

其他人氣菜單
● 叉燒麵800日圓
● 豆芽菜拉麵650日圓

熊文
● くまぶん
☎ 0238-24-3522　**MAP** P.110 B-1

長久以來製作米澤特有的清爽拉麵的人氣店。將小魚乾、雞骨、豚骨的鮮美口味搭配得恰到好處的湯頭，加上生醬油，讓香氣變得更加濃郁，風味更加圓潤。

⊞ 11:00～14:50(15:00打烊)、16:30～18:50(19:00打烊)、週日、假日為11:00～19:00
㉁ 週四（逢假日則翌日休）、第3週五（逢假日則第4週五休）
㊞ 米沢市春日5-2-52
🚃 JR米澤站搭山交巴士往赤湯方向，四中前下車即到　🅿 免費

←店內充滿親切溫馨的氛圍 家庭式的

景點　寺社

● ささのかんのん

笹野観音

☎0238-38-5517

別名「紫陽花寺」的古寺

會津的高僧‧德一上人於9世紀初創建的佛寺。現在的建築物為天保14（1843）年重建的佛殿。每年梅雨季來臨時，境內會開滿美麗的紫陽花。

└ 自由參拜
所 米沢市笹野本町5686-5
交 JR米澤站搭山交巴士往白布‧天元台方向，笹野大門前下車，步行10分
P 免費

➡佛殿華麗的雕刻也引人注目

有許多史跡&美食的城下町

米澤

よねざわ

米澤為米澤藩上杉家的城下町，到處都有保留歷史面貌的史跡和神社寺院等知名景點。市內還有8處溫泉，每處都可看到許多名湯和秘湯。觀光之際也別忘了品嘗代表山形的品牌牛‧米澤牛。

景點　酒倉

● しゅぞうしりょうかんとうこうのさかぐら

酒造資料館 東光酒藏

☎0238-21-6601

持續420年以上的老字號酒倉

慶長2（1597）年創業的米澤藩御用老字號酒倉。目前公開倉庫的一部分，可看到當時的酒館樣貌。參觀最後可在品酒區試喝。

└ 9:00~16:30　休 無休
¥ 310日圓，國中、高中生210日圓，國小生150日圓
所 米沢市大町2-3-22　交 JR米澤站車程6分　P 免費

⬆具有歷史情懷的莊嚴建築物

➡水果又濃郁的味道正是魅力十足的「東光 純米吟醸原酒」(1.8ℓ、2600日圓)

景點　寺社

● ほうせんじ

法泉寺

☎0238-22-5111（米澤市觀光課）

以直江兼續的藩學為基礎所建蓋的寺院

直江兼續於元和4（1618）年建立。當時名為「禪林寺」，匯集了許多直江兼續蒐藏的書籍，成為米澤的年輕藩士研究學問的場所。境內有文殊堂，因此也成為祈求「智慧」的信仰之地。

└ 自由參拜
所 米沢市城西2-1-4
交 JR米澤站車程10分
P 免費

➡供奉鎮守神的文殊堂

魄力　武士們進行混戰的畫面充滿

市內遊行　⬅上杉軍團隊伍和神轎一同在

米澤上杉祭

● よねざわうえすぎまつり

供奉上杉謙信的上杉神社，和供奉上杉鷹山、上杉景勝、直江兼續等人的松岬神社的春天例大祭。重現被喻為「戰國史上最大戰爭」的川中島合戰和上杉謙信於戰前祈求勝利的「武禘式」為最大的看點之一。例年4月29日~5月3日舉辦。

☎0238-22-9607
（米澤上杉祭執行委員會）
└ 4月29日~5月3日、武禘式(5月2日)18:30~、上杉軍團隊伍(5月3日)10:20~、川中島合戰(5月3日)14:00~15:30、其他依活動而異
所 米沢市丸の内1-2-1(開幕祭会場)
交 JR米澤站搭市街地循環巴士「ヨネザアド號」右迴線，上杉神社前下車即到
P 利用附近的停車場
MAP P.110 B-3

旅 情報

回顧謙信和信玄之戰

Pick UP!

↑前一天雪燈籠會提前點燈

上杉雪燈籠祭
●うえすぎゆきどうろうまつり

溫柔的燈光照亮銀色世界

會場位於松之岬公園一帶的冬日祭典。現場會準備約300座雪燈籠和約1000座紙罩燈，點燈後會變成一整片夢幻的世界。

- ⏰2月第2週六和其翌日、17:30～ ※兩天點燈
- 🏠米澤市丸之內松之岬公園一帶
- 🚌JR米澤站搭市街地循環巴士「ヨネザアド號」右迴線，上杉神社前下車即到(米澤市公所和JR米澤站有接駁巴士運行到會場附近)
- Ｐ免費(米澤市公所等)

☎0238-22-9607(上杉雪燈籠祭執行委員會)

景點 **紅葉** MAP 附錄②P.9 D-6

天元台高原
●てんげんだいこうげん

☎0238-55-2236

空中漫步觀賞滿山紅葉

位於吾妻山登山口、海拔1300m的高原，也是紅葉的名勝。往年一到9月下旬就會開始變色，從空中纜車可以觀賞到壯觀的美景。冬天也有很多滑雪客前來。

- ⏰8:20～17:00，週六、日、假日為8:00～ 休無休(空中纜車5、11月檢修期間休) 🎫空中纜車(來回)1500日圓 🏠米澤市白布溫泉天元台 🚌JR米澤站搭山交巴士往白布溫泉方向，湯元駅前下車，在白布湯元站搭空中纜車5分，終點下車即到 Ｐ免費

→隨著海拔高度不同，看到的紅葉顏色也隨之變化

美食 **米澤牛** MAP P.110 B-2

米沢牛 炭火焼肉さか野
●よねざわぎゅうすみびやきにくさかの

☎0238-26-4829

可以盡情享用「米澤牛」的鮮甜美味

精肉店直營的燒肉店。有沙朗、五花肉等各個部位的牛肉，可以盡情享用牛肉本身的美味。米澤牛漢堡排等午間菜單可以平價的價格享用，因此深受好評。

- ⏰11:30～14:00(14:30打烊)，17:00～21:30(22:00打烊)，週六、日、假日為11:30～21:30(22:00打烊)
- 休週二
- 🏠米沢市金池5-6-115
- 🚌JR米澤站車程10分
- Ｐ免費

→大啖現烤「米澤牛」

美食 **米澤牛** MAP P.110 B-2

登起波分店 登
●ときわぶんてんのぼる

☎0238-21-1129

以平易近人的價格品嚐「米澤牛」

著名的老字號米澤牛專門店「お食事處 すきやき 登起波」(→P.100)開的分店。價位定在平易近人的價格。可在此品嚐最有人氣的牛丼、牛皿定食、牛肉火鍋等正宗道地的美味。

- ⏰11:29～14:30(15:00打烊)，17:00～20:00(21:00打烊)，週六、日、假日為11:29～20:00(21:00打烊)
- 休週三
- 🏠米沢市金池5-10-21
- 🚌JR米澤站車程10分
- Ｐ免費

→米澤牛牛丼(正常分量、1500日圓)

美食 **蒙古烤肉** MAP P.110 C-3

なみかた羊肉店めえちゃん食堂
●なみかたようにくてんめえちゃんしょくどう

☎0238-24-6887

在米澤深受喜愛的地方美食

薄切羊肉和蔬菜沾甜辣味噌醬烤的米澤當地美食「義經燒」的發祥店。「義經燒」的關鍵味道·味噌醬加入了當地所產的蒜和蘋果。

- ⏰17:00～21:30(22:00打烊)，週六、日、假日為11:30～
- 休週一(逢假日則翌日休)
- 🏠米沢市東2-1-30
- 🚌JR米澤站步行5分
- Ｐ免費

→義經燒
(冷凍羊肉、1200日圓)

美食 **米澤牛** MAP P.110 B-2

米沢牛黃木 金剛閣
●よねざわぎゅうおおきこんごうかく

☎0238-22-4122

可以品嚐到最高級的「米澤牛」

精肉店直營的餐廳。不仰賴品牌牛的等級，直接以專業眼光挑選優質「米澤牛」。牛排、壽喜燒、涮涮鍋等菜色種類豐富。1樓也有禮品區。

- ⏰11:00～14:30(15:00打烊)，17:00～21:00(22:00打烊)，週六、日、假日為11:00～21:00(22:00打烊)
- 休週二(有時會營業，需洽詢)
- 🏠米沢市桜木町3-41
- 🚌JR米澤站步行12分
- Ｐ免費

→米澤牛沙朗牛排套餐
(100g、5400日圓～)

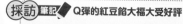

美食　蕎麥麵

●そばやでんえもん

そばや伝右工門

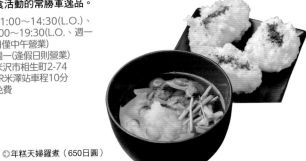

📞0238-22-7804

美食活動的霸王

以香氣濃郁的蕎麥麵而聞名的店。11月到4月可品嘗到店家自己栽培的「出羽香」蕎麥麵。每天早上搗年糕製作的「年糕天婦羅煮」，在市內是美食活動的常勝軍逸品。

🕐11:00～14:30(L.O.)、
17:00～19:30(L.O.、週一假日僅中午營業)
🈺週一(逢假日則營業)
🏠米沢市相生町2-74
🚃JR米澤站車程10分
🅿免費

➡年糕天婦羅煮（650日圓）

MAP P.110 B-3

美食　鰻魚

●かなめ

可奈免

📞0238-23-0462

秘傳的醬汁是決定美味的關鍵

創業超過100年的老字號鰻魚店。代代相傳的秘傳醬汁能夠帶出鰻魚的美味。直接火烤不蒸的鰻魚，充滿濃郁香氣和軟嫩的美味，令人百吃不膩。

🕐11:00～14:00、
17:00～20:00
🈺週一(逢假日則翌日休)
🏠米沢市中央
1-6-10
🚃JR米澤站搭市街地循環巴士「ヨネザアド號」左迴線，大町下車，步行5分
🅿免費

➡鰻重膳
（竹、3850日圓）

MAP P.110 B-2

美食　拉麵

●うまいらーめんさんなんぼうりゅうぞう

旨い！らーめん三男坊りゅうぞう

📞0238-23-0111

米澤拉麵的新境界

可以平易近人的價格品嘗到醬油、味噌、鹽、冷麵等種類豐富的「米澤拉麵」，和正宗中華料理的單點料理。推薦分量飽滿的「味噌叉燒拉麵」。

🕐11:00～14:30(L.O.)、
17:30～21:00(L.O.)、
週六、日、假日為11:00
～15:00(L.O.)
🈺週二
🏠米沢市金池5-8-84
🚃JR米澤站車程10分
🅿免費

➡味噌叉燒拉麵（1000日圓）

MAP P.110 B-2

美食　洋食

●れすとらんびっきいし

レストラン ビッキ石

📞0238-28-2450

以前田慶次為概念的巨無霸咖哩

精肉店經營的餐廳。比一般咖哩大3倍到4倍的咖哩和漢堡排等餐點是這裡的招牌。豪邁地擺上炸里脊和炸蝦的「傾奇者咖哩」是以和米澤有所淵源的戰國武將，前田慶次為概念。

🕐11:00～15:00(L.O.)，17:30～20:00
(L.O.)，週六、日、假日晚為17:00～
🈺週一　🏠米沢市万世町桑山1490-8
🚃JR米澤站車程5分　🅿免費
➡傾奇者咖哩（1550日圓）
🔴推薦可在店內披上前田慶次風格的羽織外罩拍攝紀念照片

MAP 附錄②P.13 C-5

鯉の六十里

●こいのろくじゅうり

上杉鷹山曾獎勵人民養殖鯉魚。能品嘗到在清冽山水中孕育的最高級鯉魚專賣店就在這裡。烹調從魚槽中剛打撈起來的鯉魚。在屋齡200年的日式店家中，可大快朵頤鯉魚丼、鯉魚湯和甘煮鯉魚。

📞0238-22-6051

🕐11:00～14:00(L.O.)、17:00～19:00(L.O.、晚上需預約)、販賣部為8:00～17:00　🈺週二　🏠米沢市東1-8-18
🚃JR米澤站步行10分　🅿免費

MAP P.110 C-3

旅情報

米澤名產・和鷹山相關的・鯉魚料理

⬆使用開店以來的醬汁烤的「鯉丼定食」（2100日圓）

美食　蕎麥麵

●こなやこたろう

粉名屋小太郎

📞0238-21-0140

充滿情懷的老字號蕎麥麵店

正德2（1712）年創業，至今已傳承到第13代的老店，以「米澤藩御用掛込蕎麥」而聞名。推薦可在每層享用不同配菜的「割子蕎麥麵」。是間很適合蕎麥麵配上杯酒這樣豪邁吃法的店家。

🕐11:30～19:30(20:00打烊)
🈺週一
🏠米沢市中央5-3-19
🚃JR米澤站車程10分
🅿免費

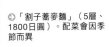

➡「割子蕎麥麵」（5層、1800日圓）。配菜會因季節而異

MAP P.110 B-2

採訪筆記　米澤的鯉魚料理為何如此美味？ 米澤藩第9代藩主，上杉鷹山從福島縣引進幼魚，並開始獎勵在屋內養鯉魚為最初的起源。清澈的山水孕育的鯉魚沒有泥臭味，同時因為冬季的嚴寒，使得魚身緊實飽滿。

咖啡廳 | 咖啡廳

MAP P.110 A-3

●かふぇとわ

cafe towa

☎0238-20-5883

使用當季食材的午餐＆甜點

使用當地產食材而菜單大受好評的咖啡廳。午間套餐有義大利麵或咖哩可選擇，皆附前菜和酵素飲料。隨季節變化的起司蛋糕也相當有人氣。整天都有提供酒精飲料。

🕐11:30〜16:00、18:30〜23:00、週日為11:30〜21:00
休週三、第3週二
所米沢市御廟2-3-47
🚃JR米澤站車程10分
🅿免費

➡起司蛋糕（486日圓〜）

咖啡廳 | 輕食

MAP P.110 B-3

ベーカリーカフェ　ル・シエル

☎0238-23-0700（上杉城史苑）

適合購物途中小休片刻的地方

位於「上杉城史苑」的咖啡廳。有加入米澤牛可樂餅的三明治等等多樣化的米澤牛菜色。上杉鷹山以圍籬來獎勵開墾種植，能用來食用的「五加科」製成的冰淇淋和茶品也很有人氣。

🕐9:00〜18:00(12〜3月為〜17:00)
休無休
所米沢市丸の内1-1-22 上杉城史苑內
🚃JR米澤站搭市街地循環巴士「ヨネザアド號」右迴線，上杉神社前下車即到
🅿免費

➡外觀也很清爽的「五加科冰淇淋」（500日圓）

購物 | 米澤牛

MAP P.110 B-2

●よねざわぎゅうおおき

米沢牛 黄木

☎0238-22-2241

購買米澤牛當伴手禮

大正12（1923）年創業，以傳統自豪的老店。使用由專家挑選的第一級「米澤牛」，陳列用味噌、酒粕醃漬過後增添美味的「味噌吟釀酒粕漬」，還有佃煮等各式各樣的經典伴手禮。

🕐9:00〜18:30(冬季為〜18:00)
休週二(有時會營業)
所米沢市桜木町3-41
🚃JR米澤站步行12分
🅿免費

➡嚴選「米澤牛」當中香氣特別濃郁、特別鮮美的肉品

美食 | 拉麵

MAP P.110 B-2

●かねざわや

金澤屋

☎0238-23-4907

使用「米澤牛」的豪華拉麵

明治25（1892）年創業的米澤數一數二老字號拉麵店。嚼勁十足的自家製麵條搭配清甜的海鮮湯頭是米澤的道地組合，上面還加了鮮嫩多汁的「米澤牛」叉燒，成為相當豪華的一道料理。

🕐11:00〜15:00
休週四
所米沢市中央7-1-10
🚃JR米澤站車程10分
🅿免費

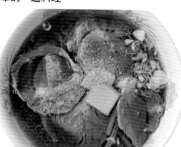

➡有很多常客的米澤拉麵老店　　➡米澤牛萬切拉麵（900日圓）

美食 | 湯咖哩

MAP P.110 B-2

●らぁじゃ

らぁじゃ

☎090-5595-6913

可選擇辣度的湯咖哩

加入大量蔬菜的湯咖哩專門店。辣度從0開始，有15個階段可以挑選，辛辣的香味令人食指大動。並且使用「五加科」等米澤季節性的傳統蔬菜。其他還有溫泉蛋、納豆、起司等配菜。

🕐11:30〜14:30(L.O.)
休週一
所米沢市中央5-3-17
🚃JR米澤站車程5分
🅿免費

➡最愛蔬菜湯咖哩（1680日圓）

美食 | 有機料理

MAP P.110 A-2

●もとやおや

moto808

☎0238-23-6376

健康的蔬菜料理

提供使用玄米和有機蔬菜的有機料理。為了帶出新鮮蔬菜的美味，味噌、醬油、鹽等調味料都無添加化學物質。另可提供純素食料理。

🕐12:00〜13:00(14:00打烊)、18:00〜19:30(20:30打烊)
休不定休
所米沢市信夫町3-46
🚃JR米澤站搭市街地循環巴士「ヨネザアド號」左迴線，信夫町下車，步行3分　🅿免費

➡有機蔬菜的素食午餐（1600日圓）

採訪筆記 「愛」文字令人印象深刻的超人氣麵包　松岬公園旁的烘焙坊「愛とパン」的人氣「五加科菠蘿麵包」效仿米澤的戰國武將，直江兼續，用巧克力在麵包上寫著大大的「愛」字。（洽詢處0238-22-0867）

還想去這些地方！米澤 P.97

手作りジェラート グレイス

購物 | 西點

●てづくりじぇらーととぐれいす

☎0238-21-8228

MAP P.110 A-2

鬆軟的可麗餅和蘋果的結合

手烤可麗餅和自家製義式冰淇淋的人氣店家。米澤產蘋果「館山蘋果」的酸甜添加可麗餅的風味，還可品嘗到使用山形縣產米「豔姬米」和「達達茶豆」的義式冰淇淋。

🕙10:00～19:00
休無休
所米沢市德町2-67
🚃JR米澤站車程10分
P免費

↪也有可悠閒用餐的內用區

↪館山紅玉蘋果可麗餅（450日圓）

日乃本帆布 牛や

購物 | 雜貨

●ひのもとはんぷぎゅうや

☎0238-22-6174

MAP P.110 B-3

使用越久，越能添增風味

販售以特製帆布為素材的包包和小配件，特製帆布有優秀的防水性和耐久性、風味獨特。還有旅行、戶外活動、日常外出用等搭配各種用途的各式商品。

🕙10:00～17:00
休不定休
所米沢市門東町1-5-29
🚃JR米澤站搭市街地循環巴士「ヨネザアド號」右迴線，上杉神社前下車即到
P免費

↪帆布皮革提手購物包（No.202）12960日圓

↪倉庫建築的外觀為標誌

笹野民芸館

購物 | 工藝品

●ささのみんげいかん

☎0238-38-4288

MAP 附錄②P.13 B-6

販售技術高超的鄉土玩具

擁有千餘年歷史，製作、販售保佑生意興隆的守護神，也是人氣鄉土玩具的「鷹Poppo」。還有使用「漉油」野生樹木製作的長尾雞和惠比壽大黑等，現場經常會有約20種玩具。

🕙10:00～17:00
（10～4月為～16:00）
休無休
¥入館免費
所米沢市笹野本町5208-2
🚃JR米澤站搭山交巴士往白布・天元台方向，笹野大門前下車，步行5分
P無料

↪因吉利而受人喜愛的木雕玩具

松川弁当店 駅前店

便當 | 便當

●まつかわべんとうてんえきまえてん

☎0238-23-0725

MAP P.110 C-2

創業於明治32年的傳統味道

明治32（1899）年創業，現在已是第7代繼承的傳統便當店。包括堅持使用「米澤牛」和縣產和牛的鐵路便當都隨著時代變遷，持續創造出新的口味。拉開繩子就能變得溫熱的加熱式便當也大受好評。

🕙7:00～19:00
休無休
所米沢市駅前2-1-29
🚃JR米澤站步行5分
P免費

↪由料理職人手工切割，熱騰騰的「米澤牛碳烤特上五花肉便當」（1600日圓）

新杵屋

購物 | 便當

●しんきねや

☎0238-22-1311

MAP P.110 C-3

使用特製醬料調味的名產便當

販售山形名產和各種便當。山形縣產米「Domannaka」上放入甜辣調味的絞肉和燉牛肉的「牛肉Domannaka」便當，是很多人特地前來購買的超人氣品項。

🕙7:00～19:00
休無休
所米沢市東3-1-1
🚃JR米澤站步行即到
P免費

↪牛肉Domannaka（1250日圓）

↑顏色款式豐富多樣

有咖啡廳空間的米澤織店

鷹山堂

●ようざんどう

當地織品廠商的直營店。販售摩登的米澤織商品，有很多化妝包、零錢包等流行小物，店內還有咖啡廳空間，可在挑選伴手禮時，坐下來小休片刻。

🕙9:00～17:00（咖啡廳為～16:30）
休週二 所米沢市赤芝町1754
🚃JR米澤站搭山交巴士往小野川溫泉方向，松の下下車即到
P免費

MAP 附錄②P.13 A-5

☎0238-33-9467

採訪筆記 🔺3種螢火蟲飛舞的小野川溫泉　小野川溫泉是可以同時看到源氏螢、平家螢、姬螢的稀有地區。6月中旬～7月中旬會舉辦「小野川溫泉螢火蟲祭」。（請洽0238-32-2740小野川溫泉旅館組合）

1、姥湯溫泉 ●うばゆおんせん

開湯於室町時代，位於縣內海拔最高的1250m山中的獨棟溫泉。溫暖的乳白色湯泉為其特徵。

泉質 單純酸性硫磺泉

功效 皮膚病、高血壓症、腸胃病等

←風景會隨著季節變換，美不勝收

這裡可以浸泡
桝形屋
●ますがたや

MAP 附錄②P.9 D-6

以裸露的岩石組成的混浴露天浴池知名，景觀良好。也有女性專用的露天浴池和檜造室內浴池，可盡情享受源泉放流的湯泉。4月下旬～11上旬營業。

☎090-7797-5934

不住宿入浴 ⏰9:30～15:30 ¥600日圓、3歲～國小生300日圓 🏠米沢市大沢姥湯1 🚃JR峠站車程30分，從停車場步行5分(住宿旅客有接送，預約制) 🅿免費

住宿 ⏰IN 15:00 OUT 10:00 ¥1泊2食13542日圓～

這裡可以浸泡
福島屋旅館
●ふくしまやりょかん

MAP 附錄②P.9 D-6

佇立於前川上游沿岸的獨棟旅宿。浴池為源泉放流，從3座自家源泉中都不間斷地流出乳白色的濁湯。天然岩石環繞、飽富野趣的露天浴池大受歡迎。4月下旬～11月上旬營業。

☎0238-34-2250

不住宿入浴 ⏰9:00～16:00 ¥500日圓、3歲～國小生以下250日圓 🏠米沢市大沢滑川15 🚃JR峠站車程15分(住宿旅客有接送，需洽詢) 🅿免費

住宿 ⏰IN 14:00 OUT 11:00 ¥1泊2食10368日圓～

秘湯位於奇岩聳立的深山溪谷中

露天浴池
被充滿魄力的大自然環繞的

↑可俯瞰河川泡湯的岩浴池

2、滑川溫泉 ●なめがわおんせん

聳立於東吾妻山深山當中、江戶時代開湯的秘湯。泉質優良，自古被當作溫泉療養地。

泉質 硫酸鹽泉

功效 風濕、神經痛等

秘湯·名湯連續泡溫泉

想泡 米澤八湯 的
よねざわはっとう

名浴池！

上杉家的城下町·米澤郊外有8處名湯和秘湯！
充滿野趣的絕景露天浴池，以及可輕鬆泡湯的共同浴場等，
有各式各樣的溫泉可泡。挑戰連續泡湯，
品嘗該地區的自信料理，盡情享受山峽溫泉天堂的樂趣吧。

米澤八湯小檔案

位於米澤郊外的8座溫泉地的總稱，分別是白布、小野川、新高湯、姥湯、滑川、五色、大平、湯澤，每個都是風格獨特的知名秘湯。不妨巡遊八湯，盡情享受大自然環繞的秘湯，以及歷史悠久的傳統旅宿的魅力吧。

☎0238-22-5111
(米澤市觀光課)

米澤八湯

⑧湯澤溫泉
⑦小野川溫泉
④大平溫泉
⑤白布溫泉
③新高湯溫泉
②滑川溫泉
⑥五色溫泉
①姥湯溫泉

想泡泡米澤八湯的名浴池！

P.97

交通指南

可將深山峽谷盡收眼底的獨棟旅宿

↑寬闊的視野可眺望朝日連峰

湯瀧之宿 西屋
●ゆたきのやどにしや

MAP 附錄②P.9 D-6

江戶時代保留下來的茅草屋頂的主屋，和屋齡80年的本陣建築本館醞釀出溫泉療養地的風情。300多年前建造的御影石浴場有知名湯泉「瀧湯」滔滔湧流著。

☎0238-55-2480

不住宿入浴 ⏰11:45～15:30 ¥700日圓、國小生以下350日圓 📍米沢市関1527 🚌JR米澤站搭山交巴士往白布・天元台方向，白布溫泉下車即可 🅿免費
住宿 ⏰IN 15:00 OUT 10:00 ¥1泊2食12150日圓～24150日圓

↑湯泉宛如瀑布般傾瀉而下注滿整座浴池

充滿意趣的浴場

從江戶時期從未改變

↑屋齡200年以上的茅草屋頂主屋

5、白布溫泉 ●しらぶおんせん

開湯700年以上，和福島的信夫高湯、山形的最上高湯（藏王溫泉）並列為「奧州三高湯」。湯泉湧於深山之間。

泉質 鈣-硫酸鹽泉
功效 神經痛、易冷體質、恢復疲勞等

「雙人專用」的愜意旅宿

時之宿 菫 ●ときのやどすみれ

MAP 附錄②P.13 C-6

以「雙人專用」為概念的旅宿。全10間的客房有和室、洋室、亞洲度假村等各有不同風情。晚餐為「米澤牛」的懷石料理，可品嘗頂級牛肉。

☎0238-35-2234

不住宿入浴 無
📍米沢市関根12703-4 🚌JR米澤站車程15分（有接送、2天前預約制） 🅿免費
⏰IN 15:00 OUT 11:00
¥1泊2食23370日圓～

8、湯澤溫泉 ●ゆのさわおんせん

江戶中期發行的《諸國溫泉功能鑑》中介紹為「前頭之湯」的古湯。透明無色的單純泉溫和舒適。

泉質 單純泉
功效 外傷、皮膚病、神經痛等

↑舒適的檜木香味「森與風之湯」

這裡可以浸泡
五個絕景露天風呂 吾妻屋旅館
●いつつのぜつけいろてんぶろあづまやりょかん

MAP 附錄②P.9 D-6

完全被大自然包圍的獨棟旅宿。可眺望山峽的著名露天浴池，和穿鑿樹根建蓋的露天浴池、女性專用露天浴池、可24小時入浴的總檜室內溫泉等，有各式各樣的浴池可供選擇。

☎0238-55-2031

不住宿入浴 ⏰13:00～16:00（僅開放露天浴池） ¥500日圓、國小生250日圓 📍米沢市関の湯入沢3934 🚌JR米澤站搭山交巴士往白布・天元台方向，終點下車，步行30分 🅿免費 住宿 ⏰IN 14:00 OUT 10:00 ¥1泊2食14190日圓～

3、新高湯溫泉 ●しんたかゆおんせん

湧於西吾妻山中段海拔1126m處。明治14（1881）年開湯，同35（1902）年開宿。以能夠暖和身體內部的透明湯泉著稱。

泉質 含硫磺-硫酸鹽泉
功效 腸胃病、異位性皮膚炎、撞傷等

這裡可以浸泡
瀧見屋 ●たきみや

MAP 附錄②P.9 D-6

從停車場走登山步道20分，就會抵達充滿秘湯氣息的獨棟旅宿。使用自然石塊堆積而成的露天浴池位於溪流旁，可眺望風光明媚的溪谷美景。

這裡可以浸泡
宗川旅館 ●そうかわりょかん

MAP 附錄②P.8 E-6

在展望露天浴池可泡在源泉放流的湯泉鐘，眺望吾妻山脈的絕景。以「米澤牛」為主的晚餐也深受好評。12月上旬到4月中旬不可使用露天浴池。

☎0238-34-2511

不住宿入浴 ⏰10:30～15:30 ¥600日圓、3歲～國小生300日圓 📍米沢市板谷498 🚌JR米澤站車程10分（有接送、預約制） 🅿免費
住宿 ⏰IN 14:00 OUT 10:00
¥1泊2食12030日圓～

這裡可以浸泡
小町之湯 ●こまちのゆ

MAP 附錄②P.13 A-6

溫泉街對岸有共同浴場。野趣十足的石造露天浴池中注滿了湯泉。初夏有螢火蟲飛舞，在大自然中泡湯，別有一番風味。

☎0238-32-2740

（小野川溫泉旅館組合）⏰6:00～18:00（9～11月為7:00～17:00） 休週二、12～4月 ¥200日圓 📍米沢市小野川町 🚌JR米澤站搭山交巴士往小野川溫泉方向，終點下車，步行3分

位於最上川溪谷沿岸的絕景露天浴池

↑可觀賞溪谷的四季之美

4、大平溫泉 ●おおだいらおんせん

湧於西吾妻山中，接近最上川源流海拔1050m的柳澤溪谷的秘境之湯。以每分鐘約720L的充沛湯量自豪。

泉質 含硫磺・鈣・鈉硫酸鹽泉
效能 風濕、撞傷、扭傷等

☎0238-38-3360

不住宿入浴 ⏰4月下旬～11月上旬、9:30～15:30（視天候而異） ¥500日圓、國小生250日圓 📍米沢市李山12127 🚌JR米澤站車程50分，從停車場步行20分（住宿旅客有停車場接送、14:00出發、預約制） 🅿免費
住宿 ⏰IN 14:00 OUT 10:00 ¥1泊2食12894日圓～

↑透明的美肌之湯。泡完湯後肌膚會變得柔順光滑

以上杉家的守護之湯而聞名的溫泉

6、五色溫泉 ●ごしきおんせん

據傳為修驗道的始祖，役小角所發現的溫泉。慶長14（1609）年，上杉家重臣・直江兼續所整備的上杉家相關歷史溫泉地。

泉質 碳酸氫鹽泉等
功效 割傷、燙傷、皮膚病等

有小野小町傳說的美人之湯

7、小野川溫泉 ●おのがわおんせん

據說是讓小野小町病癒的溫泉。位於樽川沿岸的溫泉街有14間旅館和共同池、伴手禮店等，可在這裡散步遊逛

泉質 含硫磺・鈉・鈣-氯化物泉
功效 神經痛、皮膚病等

→「小野川溫泉螢火蟲祭」（→P.107）期間延長至21時

米澤

1:22,000
0 300m

周邊圖
附錄②P.9・13

●景點・玩樂 ●美食 ●溫泉 ●購物 ●住宿

米沢北IC
高畠
高畠站
ダイユーエイト
北産業通
県営第1
ネッツ
新田橋
日産
アイメモリー
地方卸売市場
中田町
若宮八幡宮
アミーゴ
トヨペット
鷹山の湯
米沢大橋
西の屋敷
ホンダ
福徳毘沙門天
ミユキ精機
国交省国道・
維持出張所
芦付
芦付橋
新堀立川大橋
花沢
マツキドライビングスクール
塩井
延徳寺
坊中町
下川辺
塩野
東町
塩井小
中町
荒川
塩井神社
四中前
第四中
P.102 熊文
芦付公園
JA倉庫
奥羽本線《山形新幹線》
ルネサス
日刃物産
米沢アルミ
塩井町塩野
塩野上町
上町
塩井町団地
市弓道場
興道北部
堀立川
スポーツクラブジャンプ
法務局
置賜総合支庁
西谷地
米沢ドライビングスクール
羽黒電子
アイダ工業
米沢中央
公民館
皆川球場
米沢総合公園
ケーズデンキ
春日
春日局
米沢牛炭火焼肉さか野
P.104
登起波分店 P.104
金池
米沢署
旨いらーめん
三男坊りゅうぞう P.105
羽黒橋
徳町
ツルハ
ヨークベニマル
マルトク
徳町
集会所
イオン
米沢環状線
イオン前
米沢中央高
北部小
春日1
米沢市役所前
米沢市公所
市役所前
体育館
保健所
花沢大橋
文化センター南
花沢町
公民館
P.107 手作りジェラート グレイス
舘山バイパス
信夫の里
しまむら
ムサシ
粉名屋小太郎 P.105
らぁじや P.106
フルーツショップ キヨカ P.16・附録①P.6
ジョーシン
信夫町
P.106 moto808
P.106 金澤屋
お食事処 すき焼き 登起波
中央6
東源寺
コマレオ
金池1
公園西
米沢市
花沢町
西大通
木場町
アクティー
成人病検診センター すこやかセンター
三友堂病院
裁判所
中央
長命寺
本家岩倉まんじゅう
法泉寺庭園
検察庁
米沢署
P.100 グルメ小僧万吉
松川橋
埋蔵文化財資料室
下花沢
上杉家廟所 P.99
法泉寺西
P.103 法泉寺
城西
城北
NTT前
待合所
東京第一
可奈免 P.105
米沢牛黄木 金剛閣 P.104
第一貨物
ヨークベニマル
御廟所西口
米沢東高
興譲小
丸の内郵便局
米沢牛の味処 ミートピア P.100
ナセBA
モントビュー
米沢牛 黄木 P.106
八谷街道
会津街道
P.101 Yamagata Steak&Cafe Restaurant 飛行船
松川神社 P.99
大町
松が岬郵便局
丸の内
松が岬公園
駅前
松川弁当店 駅前店 P.107
米沢支店
峠の力餅
米沢牛DINING べこや P.101
御廟
P.98 上杉神社寶物殿「稽照殿」
べに花庵 P.101
ステーキハウス・オルガン
今泉站
cafe tower
P.16・P.69 上杉神社
P.104 上杉雪灯篭祭
P.8・103 米澤上杉城
日乃本帆布 牛や P.107
そばや伝右エ門
相生橋
マックスバリュ
ツルハ
NEC パーソナルコンピュータ
P.98 上杉伯爵邸
ベーカリーカフェ ル・シエル P.106
米織おしゃれ館
米沢織物資料館
新杵屋 P.107
喜多屋果実店 附録①P.7
米沢牛亭ぐっど P.101
愛とパン 松が岬
P.16・P.69 停蔵之社
米澤市上杉博物館
九里学園高
税務署
相生町
なみかた羊肉店
めえちゃん食堂 P.104
宮坂考古館 P.98
愛宕小
愛宕泉前
ヤマザワ
酒造資料館 東光酒蔵 P.103
福寿院
ヤマザワ
市立病院
鯉の六十里 P.105
米坂線
堀川町
城南
門東町
南部小
ヨークベニマル
東米沢INN
米沢線
東横
大町
米沢商高
本町
福田町
春日山林泉寺 P.99
林泉寺
旧米沢学校
山大前やまとや P.102
山大正門
山形大
法因寺
耕澤寺
米坂線
通町
サクサ
東部小
古志田東遺跡
常安寺
城南4
南米澤站
米坂線
松川公園
通町
福島站
奥羽本線《山形新幹線》
万世大橋
福島

鶴岡・酒田出羽三山
P.19
山形市區・藏王
天童・上山
P.49
新庄・銀山溫泉
最上
P.81
米澤・赤湯
P.97
交通指南

購買 香腸

●スモークハウスファイン

smoke house fine

☎0238-57-4353

正宗認可的無添加香腸

除了德國的國際食用肉大賽金賞之外，也榮獲許多榮譽的火腿與香腸製造、販售處。堅持不添加化學物質，取決於味道關鍵的辛香料也從德國進口。

🕘9:00～18:30　休週日　所高畠町福沢21-9　🚉JR高畠站車程5分　Ｐ免費

←絞肉香腸1包648日圓起

景點 紀念館

●はまだひろすけきねんかん

濱田廣介紀念館

☎0238-52-3838

遊訪廣介童話的世界

以《哭泣的紅鬼》等作品聞名，出生於高畠町的童話作家・濱田廣介的紀念館，也是移建、復原過的廣介老家。展示室可透過影音來感受溫柔的廣介童話世界。

🕘9:00～16:30（12～3月為9:30～、17:00閉館）　休週一（逢假日則翌日休）　¥500日圓，高中、大學生300日圓，國小、國中生200日圓，3歲以上100日圓　所高畠町一本柳2110　🚉JR高畠站車程5分　Ｐ免費

→從「聽故事之樹」可聽見廣介的童話

MAP P.111

還想去這些地方！

水果和童話的「優美之鄉」

高畠

たかはた

生產葡萄等水果。因此地「群山環繞，豐饒易居」，因此又有「優美之鄉」之稱。也是被譽為「日本安徒生」的童話作家・濱田廣介淵源之地。

洽詢處

● 高畠町觀光協會　☎0238-57-3844
● 高畠町商工觀光課　☎0238-52-4482

MAP	P.111、附錄②P.13
交通資訊	開車 35分

東北中央自動車道山形上山IC經由國道13號28km

購買 伴手禮

●たかはたちさんかん

高畠地產館

☎0238-57-2140（YONEORI觀光中心）

可購買特產品的伴手禮店

以山形縣內的名產和特產為中心，販售山菜、水果等新鮮食材的伴手禮店。館內還有講究的蕎麥麵店，以及使用「米澤牛」的日式料理店等，有許多可品嘗到高畠產食材的店家。

🕘9:00～17:30（12～3月為9:30～17:00）　休無休　所高畠町福沢7-1072よねおりかんこうセンター內　🚉JR高畠站車程5分　Ｐ免費

→陳列著一整排顏色鮮艷的蔬菜和水果

美食 和食

●きょうどりょうりきくてい

鄉土料理 掬亭

☎0238-57-3841

在茅草建蓋的古民宅享用鄉土料理

在茅草屋頂營造出簡樸情懷的古民宅，可享用100%使用國產蕎麥粉、香氣濃郁的「十割蕎麥麵」，以及「米澤牛丼」等鄉土料理，還有搭配山形代表性的漬物「晚菊」。另附設高畠民俗資料館。

🕘4～12月、11:00～14:00（需電話確認）　休週一、二　所高畠町糠野目2017　🚉JR高畠站車程5分　Ｐ免費

→十割蕎麥麵附鄉土料理、天婦羅、漬物的「涼天蕎麥麵」（1620日圓）

景點 寺社

●あくつはちまんじんじゃ

安久津八幡神社

☎0238-52-5990

三重塔為高畠的象徵

據傳為貞觀2（860）年，來訪此地的慈覺大師在此建立了阿彌陀堂。石階參道的西側有山形縣指定文化財・三重塔，吸引參拜訪客的目光。

🕘自由參拜　所高畠町安久津2011　🚉JR高畠站車程15分　Ｐ免費

→深山中遍布著古墳群

還想去這些地方！高畠

美食 法式料理

●フルール・ドゥ・ソレイユ

Fleur de soleil

☎0238-52-1155

無農藥蔬菜的人氣法式料理

可品嘗大量使用由主廚親自栽種的無農藥蔬菜所烹煮成的法式料理。品嘗到的各種季節美味，每一道菜都讓人印象深刻。能眺望到葡萄田的露台座也很受歡迎。

🕘12:00～14:00、18:00～20:00（需洽詢）　休不定休　所高畠町時沢527　🚉JR赤湯站車程10分　Ｐ免費

←魚肉或雞肉的迷你全餐（1730日圓）

景點 古墳

●はやまこふん

羽山古墳

☎0238-57-3844（高畠町觀光協會）

保留壯觀石階的玄室

位於羽山中段的橫穴式古墳。為35座古墳構成的安久津古墳群之一，曾出土勾玉和菅玉等古物。是縣內貴重的遺跡，可經由步道路線順路來此。

🕘自由參觀（冬季需洽詢）　所高畠町安久津　🚉JR高畠站車程15分　Ｐ免費

→7世紀後半的古墳，曾在此發現瑪瑙勾玉等古物

 採訪筆記 供奉狗和貓的宮社　位於高畠町中央，高安地區道路兩旁有「犬之宮」和「貓之宮」，據傳裡面分別供奉著有救過人類的狗和貓。「犬之宮」保佑安產、「貓之宮」保佑寵物健康和供養寵物，很多人為此來造訪這兩座宮社。

南陽・赤湯溫泉
なんよう・あかゆおんせん

附露天浴池的客房是
最有人氣的溫泉旅宿

赤湯溫泉的溫泉旅宿

溫泉介紹

擁有超過900年歷史的古湯。據說是在戰場上受傷的武士來此泡湯後，血將溫泉水染成鮮紅色，隨後傷口便立刻痊癒，因此稱為「赤湯」。

介紹的地區 在這裡

最上
鶴岡
山形
南陽・赤湯溫泉
米澤

泉質 含硫磺・鈉・鈣・氯化物泉
功效 皮膚病、婦人病、神經痛、肌肉酸痛等

魅力介紹！ 客房的露天浴池
可悠閒惬意地在源泉放流的浴池裡泡湯。

⬆晚餐享用擺盤鮮艷的當季美食

⬆在客房可盡情享受奢華時光

舒適的服務態度深受好評

森之湯 ●もりのゆ
部分放流

📞0238-43-2057
MAP P.115

全館木造平屋建築的旅宿。外廊連接的5間別館都附有露天浴池。能品嘗到嚴選山形食材的料理也相當有人氣，提供當地蔬菜和「米澤牛」等料理。

⬆客房「童」的陶製露天浴池

1泊2食 18510日圓〜（假日前日）
IN 15:00　OUT 11:00
浴池 室內浴池：男1女1／露天浴池：男1女1
包廂 無　**客房** 和室8、別館5
接送 無

住宿資訊

所 南陽市赤湯548　**站** JR赤湯站車程5分
P 免費

♨不住宿溫泉資訊
純泡湯▶不可
含用餐▶10:00～16:00／5475日圓〜／需預約（4名〜）

魅力介紹！ 飽富野趣的岩造浴池
在面山的室內浴池可一邊泡湯，一邊眺望岩石地中湧出的溫泉。

每座浴場都使用100%源泉放流的湯泉

可透過玻璃窗眺望遠山的岩造浴池

宛如藝術作品般的藝術旅宿

美術館之宿 旅館 大和屋
●びじゅつかんのようなやどりょかんやまとや
源泉放流

📞0238-43-2257
MAP P.115

⬆館內隨興裝飾著許多藝術品，可自由參觀

可在天然岩浴池和大理石羅馬浴池中享受到100%源泉放流的湯泉。大廳和走廊展示了超過300件的海內外美術品，走在館內時彷彿漫步於美術館中。

1泊2食 13230日圓〜（假日前日）
IN 15:00　OUT 10:00
浴池 室內浴池：男女輪流制2
包廂 無　**客房** 和室17
接送 無

住宿資訊

♨不住宿溫泉資訊
純泡湯▶16:00～20:00／500日圓〜／無需預約（繁忙時需確認）
含用餐▶10:00～15:00／5400日圓〜／需預約（3名〜）

所 南陽市赤湯972　**站** JR赤湯站車程7分
P 免費

這裡是這樣的地方！

在葡萄田廣闊、綠意盎然的盆地中湧出溫泉的溫泉之鄉。在賞櫻名勝・烏帽子山公園的山麓旅宿林立，有傳統風格的旅館風旅宿，也有簡樸的共同浴場。

交通資訊

開車 20分
東北中央自動車道米澤北IC經由國道13號13km

鐵道 15分
米澤站搭JR奧羽本線15分，赤湯站下車

MAP
P.115、附錄②P.9

住宿資訊
P.112

洽詢處
●南陽市觀光協會
📞0238-40-2002
●赤湯溫泉旅館協同組合
📞0238-43-3114

 毛巾　 沐浴乳　 洗髮精　 吹風機　 免費　收費　無

鶴岡・酒田 出羽三山
P.19
山形市區・藏王
天童・上山
P.49
新庄・銀山溫泉
最上
P.81
米澤・赤湯
赤湯溫泉的溫泉旅宿
P.97
交通指南

以有9種露天浴池著稱

魅力
介紹！

在館內巡遊泡湯
包含室內浴池在內，共有12種浴池，溫泉每天都會替換。

↑使用樹齡450年的樹木建造的「青森檜葉圓木浴池」

在傳統旅宿暢享溫泉和美食

上杉の御湯 御殿守

部分放流

●うえすぎのみゆごてんもり

☎0238-40-2611
MAP P.115

原本為上杉家別墅的旅宿。「大石穿鑿浴池」和「青森檜葉圓木浴池」等，浴池種類豐富。其他除了包租浴池、岩盤浴、飲泉所之外，還有上杉家相關的資料室。

1泊2食	17430日圓～（假日前日）	住宿資訊
IN 15:00	OUT 10:00	

浴池 室內浴池：男女輪流制2／露天浴池：男女輪流制2
包租 室內浴池1 客房 和室32
接送 無

所 南陽市赤湯溫泉989
鐵 JR赤湯站車程6分
P 免費

↑使用北海道青石建造的「東露天岩浴池」

不住宿溫泉資訊

純泡湯▶11:30～15:00／1000日圓～／需確認（不定休）
含用餐▶10:00～15:00／5475日圓～／需預約

↑晚餐可以享用「山形牛」等山形美味

歷史悠久，以料理著稱的旅館

丹泉酒店

●たんせんほてる

☎0238-43-3030
MAP P.115

江戶時代創業的老字號旅宿。有使用大理石的「浪漫浴池」和充滿檜木香的「古代檜木浴池」，均設有露天浴池。晚餐可在客房享用，度過悠閒愜意的時光。

1泊2食	13110日圓～（假日前日）	住宿資訊
IN 15:00	OUT 10:00	

浴池 室內浴池：男女各1／露天浴池：男女各1
包租 室內浴池1 客房 和室30、和洋室2
接送 無

所 南陽市赤湯988
鐵 JR赤湯站車程7分
P 免費

↑悠閒愜意的和式空間

不住宿溫泉資訊

純泡湯▶不可
含用餐▶10:00～15:00／5475日圓～／需預約（4名～）

魅力
介紹！

2種大浴場
和式和洋式的大浴場採早晚男女輪流制，可在兩邊的浴場泡湯。

可泡到2種不同意趣的大浴場

↑可眺望庭園的露天浴池「玄武」

露天浴池

7間客房全都設有

魅力
介紹！

幸福至極的露天浴池
每間客房都有不同意趣的浴池。可眺望庭院，享受奢侈的時光。

↑客客房「白山吹」的露天浴池

在房間享用每月更替的懷石料理

櫻湯 山茱萸

部分放流

●さくらゆさんしゅゆ

☎0238-43-3020
MAP P.115

建於溫泉街中心的旅宿，共有7間客房。每間客房都以花取名，所有客房都設有露天浴池，可連同大浴場盡情享受名湯。晚餐還可選擇「米澤牛」的壽喜燒或涮涮鍋。

1泊2食	32550日圓～（假日前日）	住宿資訊
IN 14:00	OUT 12:00	

浴池 室內浴池：男女各1／露天浴池：男女各1
包租 無 客房 和室7
接送 有（需預約）

所 南陽市赤湯740
鐵 JR赤湯站車程5分
P 免費

不住宿溫泉資訊

純泡湯▶不可
含用餐▶無

↑大快朵頤山形的海陸美食

時間緩慢流動的療癒溫泉旅宿

鶴之湯 松島館

源泉放流

●つるのゆまつしまかん

☎0238-43-2501
MAP P.115

全8間的客房都有附設10張榻榻米大的客廳和附有迷你廚房的餐廳。館內還設有喫茶室和談話室，休閒愜意，讓人忘記時光的流逝。晚餐可品嘗到使用當地當季食材、每月更換菜色的懷石料理。

1泊2食	26000日圓～（假日前日）	住宿資訊
IN 15:00	OUT 11:00	

包租 室內浴池2／露天浴池1 客房 洋室1、和洋室7
接送 有（詳情請在預約時確認）

所 南陽市赤湯725
鐵 JR赤湯站車程5分
P 免費

魅力
介紹！

不同類型的客房
有摩登的和式和附床的洋室，可依喜好選擇

3座源泉放流的包租浴池

↑位於別館的靜謐室內浴池「とちり屋」

↑以「山形牛」為主的晚餐也深受好評

↑也有附半露天浴池的客房

不住宿溫泉資訊

純泡湯▶不可
含用餐▶無

茅草屋頂的拜殿壯觀絕倫

START

1 熊野大社
くまのたいしゃ

日本三熊野之一，歷史悠久的神社。據傳創建於大同元（806）年。厚重的茅草屋頂拜殿看起來相當莊嚴神聖，令人百看不厭。境內有「icho cafe」（→P.115）。

☎0238-47-7777
🕐9:00～17:00　無休
💴免費　📍南陽市宮內3707-1
🚃山形鐵道宮內站步行15分
🅿免費
MAP 附錄②P.9 D-3

↑可獲得2隻兔子雕刻處的提示

CHECK
全部找到3隻兔子說不定就能實現願望？
本殿後方隱藏著兔子的雕刻，據說只要3隻全部找到，就能實現願望。

→縣內最古老的茅草屋頂建築的拜殿

人氣活動
每個月的滿月之夜舉辦

結緣祈願祭 滿月結緣
えんむすびきがんさいつきむすび

兔子被視為結緣的象徵，因此每個月會在滿月之夜舉行一次祈願祭。參與者會將心願寄託在「許願文」上，祈求能夠締結良緣。

←18:30開始報名，儀式約40分左右。

→參與者限定贈與的「玉響守」護身符

開車13分 🚗

午餐

2 赤湯ラーメン龍上海 本店
あかゆらーめんりゅうしゃんはいほんてん

辛辣美味的赤湯名產「辛味噌拉麵」的發祥店。使用被稱為「置賜激辛」成熟辣椒的特製辛味噌，更能帶出豬、雞、海鮮的美味。

☎0238-43-2952
🕐11:30～19:00
休週三（逢假日則翌日休）
📍南陽市二色根6-18
🚃JR赤湯站車程5分
🅿免費
MAP P.115

赤湯辛味噌拉麵
830日圓
搭配辛味噌享用。濃郁的湯頭和嚼勁十足的粗捲麵條味道絕配。

赤湯名產・辛味噌拉麵

←總是大排長龍的人氣店

推薦旅宿CHECK
有東北規模最大的釣魚池

釣宿場 長者屋敷
つりやどちょうじゃやしき

擁有東北規模最大釣魚池的旅宿。有鯽魚、虹鱒、鯉魚等魚類可釣，還可做成鹽烤魚。可在房間釣魚的私人魚池房也很有人氣。另有狗公園。

☎0238-45-2301
📍南陽市宮內水林4402-28
🚃JR赤湯站車程10分　🅿免費
MAP 附錄②P.9 D-3

→住宿旅客可免費租借釣魚用具

1泊2食	14780日圓～（假日前日） IN 15:00　OUT 10:00	住宿資訊
	客房 和室10	
	接送 有（需洽詢）	

有能量景點也有葡萄酒

赤湯溫泉的 奢華之旅
🚗 建議開車移動

赤湯溫泉從藩政時期就受到米澤藩・上杉家的保護，是歷史悠久的名湯。在此可感受到溫泉療養地時期的風貌，還可以遊訪締結良緣的神社及日本最古老的酒廠等充滿情懷的景點。

周邊地圖請參閱
→P.115和附錄②P.9

🚗 開車3分

3 赤湯溫泉 あっこポッポ湯
あかゆおんせんあっこぽっぽゆ

位於赤湯溫泉源泉地的足浴和飲泉所。「あっこ」是此處方言「腳」的意思。據說泡湯可治療割傷、皮膚病，飲用可治療慢性便秘。

☎0238-43-2156
（赤湯財產區溫泉事務所）
🕐自由入場　無休　💴免費
📍南陽市赤湯482-2　🚃JR赤湯站車程7分　🅿免費
MAP P.115

泡足暖呼呼 浴讓身體變得

→最適合散步途中來此小休片刻

開車2分 🚗

GOAL

4 酒井葡萄酒廠
さかいわいなりー

明治25（1892）年創業的東北最早酒廠。使用傳統無過濾製法釀酒。創業時就有的葡萄酒倉和儲倉都可參觀。

☎0238-43-2043
🕐9:00～17:00
休第1、3週三（逢假日則營業）　💴免費參觀
📍南陽市赤湯980　🚃JR赤湯站車程5分　🅿免費
MAP P.115

→紅色磚瓦的可愛外觀

參觀酒廠
可參觀儲倉，現場會有工作人員解說。最後可在商店試喝葡萄酒。（8～11月休息、需洽詢）

→會仔細遊客的回答問題

參觀長達120年的酒廠

還想去這些地方！

古湯煙霧瀰漫的街道

南陽・赤湯溫泉

なんよう・あかゆおんせん

有日本三熊野之一的熊野大社，以及開湯九百多年的歷史，並有曾是上杉家溫泉療養地的赤湯溫泉，是個擁有歷史情懷的街道。此鄉里因「白鶴報恩」的民間傳說而聞名。據傳為山形縣內第一個栽種葡萄的產地，也有使用特產葡萄釀造的葡萄酒類。

咖啡廳 咖啡廳 MAP附錄②P.9 D-3

●いちょうかふぇ

icho cafe

✆080-5734-0909

人群聚集的舒適咖啡廳

位於熊野大社（→P.114）境內的咖啡廳，佇立於銀杏大神木旁。充滿自然氣息的店內使用的銀杏木板餐桌令人印象深刻，在此可品嘗使用當地食材的咖啡廳餐點和飲料。

🅛11:00～18:00（冬季有變動）
休週二
所南陽市宮内3707-1
🚃JR赤湯站車程10分
P免費

◀重新改建後的建築物摩登又時尚

購物 酒廠 MAP P.115

●おおうらぶどうしゅ

大浦葡萄酒

✆0238-43-2056

當地產葡萄釀造的正宗葡萄酒

昭和14（1939）年開始釀造葡萄酒的老字號酒廠。推薦當地產葡萄釀造的「大浦葡萄酒」（720ml、1242日圓）等等，堅持芳醇味道和香氣的葡萄酒。在店內也可試喝。

🅛9:00～18:00
休需洽詢
所南陽市赤湯312
🚃JR赤湯站步行15分
P免費

◀有許多香氣濃郁，風格獨特的葡萄酒

景點 公園 MAP P.115

●えぼしやまこうえん

烏帽子山公園

✆0238-40-2002（南陽市觀光協會）

櫻花盛開的季節可看到令人窒息的美景

位於可將置賜盆地盡收眼底的高地，獲選為「日本賞櫻名勝100選」的賞花勝地。枝垂櫻和染井吉野櫻會在4月中旬到下旬盛開綻放，可眺望令人屏息般的櫻花美景。

🅛自由參觀
所南陽市赤湯
🚃JR赤湯站步行20分
P免費(櫻花祭期間部分收費)

◀一到春天，盛開的櫻花就會點綴整座烏帽子山公園

南陽・赤湯溫泉
1:15,000
0 150m
周邊圖附錄②P.9・13
上山溫泉站
奧羽本線（山形新幹線）
赤湯站
浪重稲荷神社
卍東正寺
上山
P.114・附錄①P.9
酒井葡萄酒廠
烏帽子山公園 P.115
上杉の御湯 御殿守 P.113
P.114
赤湯ラーメン龍上海 本店
美術館之宿 旅館 P.112 大和屋
丹泉酒店 P.113
ゆーなびからころ館
櫻湯 山茱萸 P.113
246
鶴之湯 松島館 P.113
森之湯 P.112
結城豊太郎記念館
長井
南陽市
竹屋
小國
P.114 赤湯溫泉 あっこポッポ湯
歌丸
赤湯
南陽高畠IC
399
113
13
大浦葡萄酒 P.115
P.115 赤湯溫泉公眾浴場 赤湯元湯
赤湯
米澤街道
JA
カローラ
日産
高畠

赤湯溫泉公眾浴場 赤湯元湯

あかゆおんせんこうしゅうよくじょうあかゆもとゆ

鄰接赤湯溫泉街「ゆーなびからころ館」的公眾浴場。有兩座源泉放流的浴池，分為「森山源泉」和「湯川原源泉」，可享受不同的湯泉。

✆0238-40-2925
🅛8:00～13:30(14:00閉館)、15:00～21:00(21:30閉館)
休週三
¥入浴費200日圓
所南陽市赤湯754-2
🚃JR赤湯站步行20分
P免費
MAP P.115

◀可享受2種源泉

旅情報

在公眾浴場暢享放流的湯泉

採訪筆記 大福麻糬

赤湯溫泉的溫泉街上販售稱為「あんびん」的大福麻糬。平日有時在早上就會賣完，相當有人氣，麻糬皮裡包著紅豆餡，令人百吃不膩。

白鷹・長井

しらたか・ながい

在置賜享用精心講究的蕎麥麵

精心講究的蕎麥麵

介紹的地區 在這裡

鶴岡 最上 山形 ★ 白鷹・長井

白鷹 隱密的 蕎麥麵店之鄉

白鷹町為何被稱作「隱密的蕎麥麵店之鄉」？

此處雖然自古以來就有蕎麥麵的名人，蕎麥麵文化也很興盛，可是白鷹蕎麥麵長年來卻未曾廣傳於世。直到近年來交通變得便利後，知名度才逐漸提高。但以往的低調經營模式，讓這裡有了「隱密的蕎麥麵店之鄉」的稱號。

自藩政時期開始，在白鷹町的各個部落就有持有「蕎麥麵屋」屋號的住家會在節慶時招待蕎麥麵。昭和以後，這些「蕎麥麵屋」逐漸轉變為現代的「蕎麥麵店」。不妨來拜訪看看繼承白鷹傳統蕎麥麵製法的蕎麥麵店。

高度的技術都凝縮在十割蕎麥麵裡！

↑水煮20秒，讓麵條富有彈性

請品嘗清爽順口的口感，以及蕎麥麵原本香氣

千利庵

● せんりあん

☎ 0238-87-2087

MAP 附錄② P.9 C-2

堅持全使用蕎麥粉，不加其他麵粉，並長期使用優質蕎麥粉的名店。菜單上只有「盛蕎麥麵」和「加麵」兩項。短時間水煮的十割蕎麥四角麵條滑順好入口，香氣也很濃郁。

🕐 11:00～14:00(蕎麥麵售完即打烊)
休 週三
所 白鷹町広野1656
🚃 山形鐵道鮎貝站車程10分
P 免費

➡創業20年以上，白鷹町首屈一指的人氣店

老闆 遠藤利郎先生

必吃菜單

盛蕎麥麵760日圓
冰涼的蕎麥麵搭配的是偏甜偏濃的沾湯汁。附水煮蛋和漬物

再來一客 加麵540日圓

宝思そば

● ほうしそば

☎ 0238-85-0398

MAP 附錄② P.9 C-2

使用石臼細磨出來的蕎麥麵，嚼勁和香氣都很足夠。裝盛蕎麥麵的器皿也有相當的堅持，餐具使用的是福島縣下鄉的「天翔窯十文字燒」。

🕐 3～12月、11:00～14:00
休 期間中週四
所 白鷹町畔藤9053-37
🚃 山形鐵道荒砥站車程10分
P 免費

➡位於可眺望群山的閒逸鄉里

我們提供的是蕎麥粉10加麵粉1的比例製成的「十一」蕎麥麵。

愉快品嘗嚼勁十足的蕎麥麵

老闆 樋口幸一先生

必吃菜單

寶思蕎麥麵(附天婦羅)1200日圓
僅使用高海拔地區栽種的蕎麥粉，香氣特別的濃郁

再來一客 寶思蕎麥麵750日圓

熊屋 ● くまや

☎ 0238-85-4545

MAP 附錄② P.9 C-1

老闆以前是種植蘋果的農家，因為喜歡蕎麥麵才開起蕎麥麵店。唇齒留香的嚼勁和有深度的香氣，加上淡淡的甜味融合在一起，形成頂級蕎麥麵的美味。

🕐 11:00～14:00
休 無休
所 白鷹町高岡3869
🚃 山形鐵道荒砥站車程7分
P 免費

只用白鷹產蕎麥粉的十割蕎麥麵

使用白鷹町產的「出羽香」連皮一起磨製出香氣濃郁的蕎麥麵

老闆 熊坂廣先生

必吃菜單

盛蕎麥麵700日圓
沾麵汁是以香菇和昆布為主的高湯製作的偏濃口味，來品嘗現桿蕎麥麵的美味吧

再來一客 盛蕎麥麵追加400日圓

➡改裝為店鋪的自家客廳

這裡是這樣的地方！

這裡是被最上川流域豐饒大自然所環繞的置賜地方中心。涼爽的氣候最適合栽種蕎麥，自古便是知名的蕎麥聖地。

交通資訊

開車 20分
東北中央自動車道南陽高畠IC經由國道113號到長井15km

鐵道 45分～1小時30分
米澤站搭JR米坂線，山形鐵道Flower長井線50分，長井站下車

MAP
附錄② P.9

洽詢處
● 白鷹町觀光協會
☎ 0238-86-0086
● 長井市觀光協會
☎ 0238-88-5279

鶴岡・酒田出羽三山

P19

天童·上山

P49

新庄・銀山溫泉

最上

P81

米澤・赤湯

| 美食 | 香魚料理 | | MAP 附錄② P.9 C-1 |

●あゆちゃや
あゆ茶屋
☎0238-85-5577

品嘗各種香魚料理

あゆ茶屋擁有日本規模最大的魚梁場,設於日本三大急流之一・最上川。可以在寬敞的店內一邊眺望最上川,一邊享用「香魚定食(1980日圓)」等香魚料理。

⏰10:00~18:00(12~3月~17:00) 休1~2月的週二
所白鷹町下山661-1 道の駅白鷹ヤナ公園內
🚃山形鐵道荒砥站車程5分 Ｐ免費

➡碳烤香魚的味道和香味都是絕品

| 景點 | 公園 | | MAP 附錄② P.9 C-2 |

●あやめこうえん
菖蒲公園
☎0238-84-2111(長井市商工觀光課)

也有僅此才能看到的菖蒲

500種100萬棵菖蒲優雅綻放,是日本數一數二的菖蒲公園。每年6月中旬到7月上旬為賞花季,據說最接近原種的「長井古種」是只有這裡才看得到的珍貴品種。

⏰6月中旬~7月上旬,9:00~18:00(視企劃有所變動)
休期間中無休 💰500日圓,國小、國中生200日圓
所長井市橫町5 🚃山形鐵道菖蒲公園站步行3分 Ｐ免費

➡6月中旬~7月上旬會舉辦「菖蒲祭」

還想去這些地方!

一年四季都有花朵盛開
白鷹・長井
しらたか・ながい

白鷹町和長井市一年四季都有美麗花朵盛開。開花季節各處會舉辦各式各樣的活動,熱鬧非凡。當中以櫻花連綿的粉紅色迴廊最為優美,春天的美景吸引了許多遊客來訪。

| 景點 | 大麗花園 | | MAP 附錄② P.9 C-4 |

●かわにしだりやえん
川西大麗花園
☎0238-42-2112

有10萬棵人氣的大麗花

日本國內第一個大麗花園。包括國產新品種共有約650種、約10萬棵大麗花五顏六色地點綴整座園內,規模堪稱日本數一數二。開園期間也會舉辦花展等活動。

⏰2018年8月~11月上旬,9:00~18:00(10~11月~日落)
休期間中無休 💰540日圓、小學生210日圓
所川西町上小松5095-11 🚃JR羽前小松站步行20分 Ｐ免費

花➡可觀賞到五顏六色的大麗花

| 景點 | 文化設施 | | MAP 附錄② P.9 C-2 |

●ぶんきょうのもりながぬまこうぞうちょうそかんまるだいおうぎや
文教之杜 長沼孝三雕塑館・丸大扇屋
☎0238-88-4151

在雕刻家的老家邂逅歷史和作品

這裡是約350年前開始經營和服商店的「丸大扇屋」,已指定為山形縣的文化財。腹地內的雕塑館裡,收藏、展示了生長於此商家、被評為現代具象雕刻的後起之秀・長沼孝三的作品。

⏰4月上旬~12月下旬,10:00~16:30(17:00閉館)
休週一(逢假日則翌日休)、月底日 💰雕塑館300日圓、高中生200日圓,國小、國中生200日圓 所長井市十日町1-11-7 🚃山形鐵道長井站步行13分 Ｐ免費

➡保留商家風情的外觀

| 景點 | 公園 | | MAP 附錄② P.9 C-2 |

●しろつつじこうえん
白杜鵑花公園
☎0238-84-2111(長井市商工觀光課)

將整座公園點綴成一片白

公園內約有3000株白杜鵑花,當中也有樹齡長達750年以上的古樹。每到5月中旬的賞花季,整座公園就會被染成一片純白色。每年5月10~31日會舉辦「白杜鵑花祭」。

⏰自由入園 所長井市神明町3-38 🚃山形鐵道長井站步行15分 Ｐ免費

➡祭典期間也會在屋外舉行茶會

旅情報

置賜櫻花迴廊與Flower長井線

置賜櫻花迴廊
●おきたまさくらかいろう

南陽市到白鷹町約40km的道路稱為「置賜櫻花迴廊」,沿途上有樹齡1200年的「伊佐澤的久保櫻花」等珍貴的櫻花樹遍布。這條沿線為山形鐵道Flower長井線,位在置賜地方的閒逸田園地帶,沿線上有許多賞櫻名勝而得此名。不妨來趟賞櫻地方線路之旅吧。

☎0238-86-0086(白鷹町觀光協會)
⏰自由參觀
所南陽市~長井市~白鷹町
🚃山形鐵道鼉桑站步行20分(藥師櫻)、其他視場所而異
Ｐ視場所而異

MAP 附錄② P.9 C-3

➡日本的天然紀念物「伊佐澤的久保櫻花」

⬆Flower長井線位於以殘雪之山為背景的櫻花行道樹沿線上。赤湯站~荒砥站單程約1小時,運費760日圓

➡車廂上畫有紅花等各式各樣的圖案

採訪筆記 長井名產・馬肉美食CHECK! 長井市自從二戰前就有吃馬肉的習慣。市內的餐飲店有許多可以吃到「生馬肉片」、「馬肉叉燒」、「馬肉拉麵」等馬肉料理。

圖解 交通資訊 Part 1

不開車！ 首先前往觀光據點［山形市區・新庄・鶴岡・酒田・米澤］

搭乘鐵道・巴士・飛機前往 山形
YAMAGATA Traffic Guide

從東京站搭山形新幹線「翼（Tsubasa）」直達米澤、山形、新庄方向。同樣在東京地區搭乘的高速巴士幾乎都是夜間班次，非常適合一大早就開始遊玩。此外，山形有山形機場和庄內機場兩個機場，除了羽田之外，大阪（伊丹）、名古屋（小牧）、新千歲機場也有航班可前往。

開車前往山形請參閱P.120 GO!

從遠地前往的最佳手段為搭飛機 從札幌・名古屋・大阪前往山形

出發地點	路線	所需時間/費用/班次
大阪	伊丹機場→JAL→山形機場→機場巴士→山形站	2小時5分/36780日圓 3班/1天
名古屋	小牧機場→FDA→山形機場→機場巴士→山形站	1小時55分/30980日圓 1班/1天
札幌	新千歲機場→FDA→山形機場→機場巴士→山形站	1小時55分/30980日圓 1班/1天

從 仙台

往山形市區

🚌高速巴士 …… 1小時5分/930日圓 ◎每小時3～6班
[仙台站前]→宮城交通巴士等→[山形交巴大樓]

🚃鐵道 …… 1小時15分/1140日圓 ◎每小時1班
[仙台站]→仙山線快速・普通→[山形站]

往鶴岡

🚌高速巴士 …… 2小時45分/3000日圓 ◎1天10班
[仙台站前]→宮城交通巴士等「SS liner・夕陽」→[S-MALL巴士總站]

往酒田

🚌高速巴士 …… 3小時10～35分/3200日圓 ◎1天13班
[仙台站前]→宮城交通巴士等「SS liner・夕陽」→[酒田庄交巴士總站]

往新庄

🚃鐵道 …… 3小時/1940日圓 ◎仙山線每小時1班・奧羽本線1日14班
[仙台站]→仙山線快速・普通→羽前千歲站→奧羽本線普通→[新庄站]

🚌高速巴士 …… 2小時20分/2000日圓 ◎1天10班
[仙台站前]→山交巴士「特急48 liner」→[新庄駅前]

往米澤

🚅新幹線 …… 1小時5分/5190日圓 ◎やまびこ每小時3～4班・つばさ每小時1班
[仙台站]→東北新幹線「山彥（Yamabiko）號」每小時3～4班→福島站→山形新幹線「翼（Tsubasa）」每小時1班→[米澤站]

🚌高速巴士 …… 2小時15分/1960日圓 ◎1天6班
[仙台站東口]→JR巴士東北等→[米沢市役所前]

🚃…王道路線、🈹…最便宜、⚡…最迅速

從 東京 方向

往山形市

⚡飛機✈ …… 1小時50分/19970日圓 ◎JAL／1天2班
[羽田機場]→JAL→山形機場→機場巴士→[山形駅東口]

🚃新幹線 …… 2小時25～55分/11340日圓 ◎每小時1班
[東京站]→山形新幹線「翼（Tsubasa）」→[山形站]

🈹高速巴士 …… 6小時10分/6500日圓 ◎1天1班（夜間）
[Busta新宿（新宿站南口）]→JR巴士東北「ドリームさくらんぼ號」→[山形駅前]
※另有東北急行巴士的東京站八重洲通出發的班次，東京八重洲通出發的班次也可從濱松巴士總站、上野站前、淺草站前搭車。

往鶴岡

⚡飛機✈ …… 1小時35分/23850日圓 ◎1天4班
[羽田機場]→ANA→庄內機場→庄內交通巴士→[鶴岡駅前]

🚃新幹線 …… 3小時35分～4小時20分/13440日圓 ◎朱鷺號：每小時1～2班／稻穗號：1日7班
[東京站]→上越新幹線「朱鷺號」→新潟站→特急「稻穗號」→[鶴岡站]

🈹高速巴士 …… 7小時35分/7540日圓 ◎1天1班（夜間・往さけ海鮮市場前方向）
[澀谷Mark City]→國際興業巴士等「夕陽」→[S-MALL巴士總站]
※另有Busta新宿出發的高速巴士

往酒田

⚡飛機✈ …… 1小時55分/23930日圓 ◎ANA／1天4班
[羽田機場]→ANA→庄內機場→庄內交通巴士→[酒田駅前]

🚃新幹線 …… 3小時55分～4小時50分/14280日圓 ◎朱鷺號：每小時1～2班／稻穗號：1天7班
[東京站]→上越新幹線「朱鷺號」→新潟站→特急「稻穗號」→[酒田站]

🈹高速巴士 …… 8小時35分/7870日圓 ◎1天1班（夜間・往さけ海鮮市場前方向）
[澀谷Mark City]→國際興業巴士等「夕陽」→[酒田庄交巴士總站]
※另有Busta新宿出發的高速巴士

往新庄

🚃新幹線 …… 3小時10～45分/12870日圓 ◎1天8班
[東京站]→山形新幹線「翼（Tsubasa）」→[新庄站]

🈹高速巴士 …… 7小時50分/6900～7700日圓 ◎1天1班（夜間）
[東京站八重洲通り]→東北急行巴士「TOKYO Sunrise」→[新庄駅前]

往米澤

🚃新幹線 …… 1小時55分～2小時15分/10490日圓 ◎每小時1班
[東京站]→山形新幹線「翼（Tsubasa）」→[米澤站]

🈹高速巴士 …… 5小時40分/5400～6100日圓 ◎1天1班（夜間・往山形山交大樓方向）
[東京站八重洲通り]→東北急行巴士「Rainbow號」→[米澤駅口]

首先CHECK這些！ 出發前要先掌握的交通資訊

交通移動重點 鐵道巴士編

標準！ 標準移動方式就是這個！
JR山形新幹線

從東京方向搭乘直達山形縣內的JR山形新幹線為主要途徑。只是要往鶴岡、酒田等庄內方向，則在新潟縣轉搭JR上越新幹線和特急「稻穗（Inaho）」號為最佳方式。

最快！ 速度雖快，但定期班次少

山形縣內有山形機場和庄內機場。時間上雖然較為有利，但難處是兩個機場的定期航班都少。尤其是要從東京方向往山形市內或其周邊地帶時，利用新幹線較為方便。

推薦！ 有些地區搭乘高速巴士也很方便

高速巴士在價位上較為經濟實惠。東京的主要轉運站就有可有效運用時間的夜間巴士通往山形、新庄和鶴岡、酒田。高速巴士需預約，決定日程後盡快預約。1個月前（部分為1個月又1日前）即可預約、訂購。JR巴士東北方向班次無法電話預約（可線上預約），需在東京站的JR巴士窗口購買乘車券（部分便利商店的端點和旅行代理店可購買）

推薦！ 仙台有前往山形主要地區的高速巴士運行

通往山形各地，班次也相對較多。尤其是鶴岡、酒田利用高速巴士會比鐵道方便。從遠地前來旅行的話，可利用班次多的仙台機場，再搭高速巴士往山形即可以較短時間抵達目的地。

※飛機費用為平常時期的普通費用，已含機場設施使用費。鐵道費用為所有行程的普通乘車券的普通費用和平常時期的特急普通對號座費用的合計總額（含轉乘優惠）。自營費用為高速公路和收費道路的普通車通行費用（不含ETC折扣的一般費用）的合計總額，不含燃料費。所需時間記載的是去程的標準時間。刊載內容皆為2018年2月時的資訊，可能因為改點或更改運費而有所變更，出發前請事先確認。

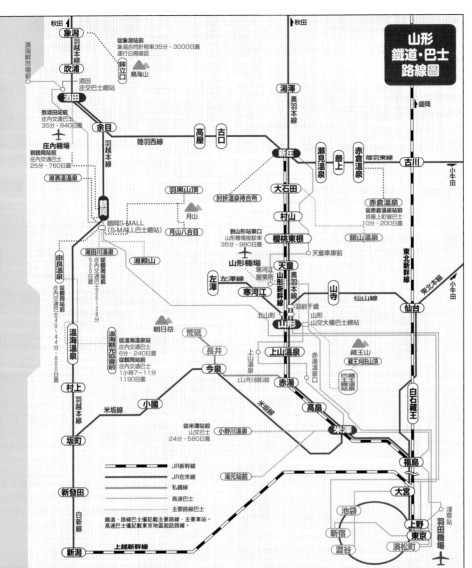

山形 鐵道・巴士 路線圖

縣內的移動方式

縣內的移動可利用都市間的新幹線或在來線。前往轉乘較為不便的鶴岡時，也可在山形站搭乘高速巴士（1天6班、2470日圓、需時1小時54分、庄內交通／山交巴士）

從 山形市

往 山寺 P.50

山寺站 …… 🚆20分、240日圓 ◎每小時1班
[山形站]→仙山線快速・普通→[山寺站]

山寺芭蕉紀念館前 …… 🚌42分、730日圓 ◎1天2~5班
[山形站前]→山交巴士→[芭蕉記念館前]

往 藏王 P.64

藏王刈田山頂 …… 🚌1小時36分、2050日圓 ◎僅特定日期運行 ◎1天1班
[山形站前]→山交巴士→[藏王刈田山頂]

藏王溫泉巴士總站 …… 🚌37分、1000日圓 ◎每小時1班
[山形站前]→山交巴士→[藏王溫泉巴士總站]

往 天童溫泉 P.72

天童溫泉 …… 🚌45分、580日圓 ◎1天10~15班
[山形站前]→山交巴士→[天童溫泉]

天童溫泉 …… 🚆🚌約25分、420日圓 ◎奧羽本線1天18班、山交巴士1天10~14班
[山形站]→奧羽本線普通→[天童站]→山交巴士→[天童溫泉]

往 上山溫泉 P.60

上山溫泉 …… 🚆13分、240日圓 ◎1天17班
[山形站]→奧羽本線普通→[上山溫泉]

往 銀山溫泉 P.82

銀山溫泉 …… 🚄🚌約1小時20分~2小時5分、2650日圓 ◎「翼」1天8班、花笠巴士1天4~5班
[山形站]→山形新幹線「翼」→[大石田站]→花笠巴士→[銀山溫泉]

從 新庄

往 肘折溫泉 P.86

肘折待合所 …… 🚌55分、1240日圓 ◎1天4~7班
[新庄站前]→大藏村營巴士→[肘折溫泉待合所]

從 米澤

往 白布溫泉 P.109

白布溫泉 …… 🚌41分、970円日圓 ◎山交巴士1天5~7班
[米澤站前]→山交巴士→[湯元駅前]

往 湯野濱溫泉 P.45

湯野濱溫泉 …… 🚌41~47分、770日圓 ◎庄內交通巴士1天9~13班
[鶴岡站前]→庄內交通巴士→[湯野濱溫泉]

活用方便的優惠券

小旅行Holiday Pass　2670日圓

週六、日、假日或黃金週、寒暑假期間的其中1天，可無限次自由搭乘山形縣內（一部分除外）及其周邊的JR東日本管內指定區域的快速・普通列車普通車自由席（含代行巴士・BRT）。此外，若另外購買特急券，還可搭乘山形新幹線的福島站~新庄站。可在指定區域內的JR東日本主要車站的綠色窗口、旅行服務中心（View Plaza）、主要旅行代理店購買。

洽詢處
請參閱P.121

往 最上峽 P.88

古口站／前往遊船「最上峽芭蕉航線觀光」乘船所的下車站 …… 🚆18分/320日圓 ◎1天10班
[新庄站]→陸羽西線快速・普通→[古口站]

高屋站／前往遊船「最上峽義經浪漫觀光」乘船所的下車站 …… 🚆25分、500日圓 ◎1天9班
[新庄站]→陸羽西線普通→[高屋站]

從 鶴岡

往 出羽三山 P.38

❶湯殿山 …… 🚌1小時20分、1820日圓 ◎1天3班、冬季休
[S-MALL巴士總站]→庄內交通巴士→[湯殿山]

❷羽黑山頂 …… 🚌55分、1180日圓 ◎1天5~10班
[S-MALL巴士總站]→庄內交通巴士→[羽黑山頂]
※往月山八合目在羽黑山頂搭庄內交通巴士55分、1560日圓
7月1日~8月31日每天以及9月的週末、假日運行

走**高速道路**前往**刊載地區**

圖解交通資訊 Part 2 開車前往山形

縣內移動基本也是山形自動車道。山形自動車道會連接到庄內（鶴岡・酒田）方向。途中的月山IC～湯殿山IC間，則可利用國道112號的月山公路。前往縣北的尾花澤、新庄方向走東北中央自動車道和國道13號北上。前往米澤地區可從東北自動車道福島JCT走2017年11月開通的東北中央自動車道〈免費區間〉直接前往。

詳細地圖請參閱特別附錄②

兜風建議路線

① 從米沢北IC前往米澤市區利用國道13號等約10分。走縣道2號穿過閒逸的田園地帶後，海拔會逐漸升高，抵達米澤八湯。米澤八湯之一的姥湯溫泉位於陡峭的斜坡途中，斜度超過20%，最高達22%。姥湯、五色、滑川溫泉周邊沒有加油站，建議在米澤市區先加油。

② 藏王Echoline在11月上旬到4月下旬的冬季期間禁止通行，請特別注意。可看到新綠和雪壁的黃金週以及紅葉時期容易塞車。前往御釜的觀景點走藏王Echoline到藏王Highline（普通車540日圓）。

③ 山形市中心的山形站到山寺經由縣道19號約25分。從仙台前往，則經由國道286號、457號，走藏王Echoline往山形方向。再從縣道53號往上山市方向，穿過市區，走國道13號北上到山寺。

④ 國道47號抵達本合海處可看到最上川壯觀的河流。可在美麗的溪流和田園風景中駕車兜風。

⑤ 前往湯殿山的道路11月中旬到4月中旬會冬季禁止通行。往年都會在黃金週之前除雪讓民眾得以前來參拜。抵達月山之前可在田園風景優美的國道112號（月山公路）開車兜風。

先來 CHECK!

出發兜風前需先掌握的 交通路線重點 開車篇

重點1 山形・日本海東北道為主要路線

山形・日本海東北自動車道為主要路線。從東京方向走東北自動車道北上，再從村田JCT進入山形自動車道。前往上山溫泉、天童、東根則利用和山形JCT連接的東北中央自動車道最方便。

重點2 前往米澤走東北中央自動車道

前往米澤可走2017年11月開通的東北自動車道福島大笹生IC到米沢北IC的東北中央自動車道最為暢通〈免費區間〉。從米澤到北赤湯也有和國道13號平行的東北中央自動車道。

重點3 需特別注意冬季的交通道路資訊

山形屬於東北地方，冬季理所當然會下雪。也是會有將近半年都埋在雪地裡的豪雪地帶。包括早春和晚秋，都要隨時確認積雪、路面結凍和冬季封閉資訊。

重點4 需事先調查好的山形縣內加油細節

到2018年2月為止，山形自動車道、東北中央自動車道、日本海東北自動車道當中，可加油的SA・PA僅有山形自動車道的寒河江SA（7:00～20:00、上下線皆有）。國道13號等主要道路沿線雖然會有加油站，但都市地區以外的地區加油站並不多，並且未必24小時營業，需特別留意。

古川
三本木PA（智慧型交流道）
大和
鶴巢PA
泉
泉PA（智慧型交流道）
仙台宮城
仙台南
菅生PA

東北自動車道

（上行）山形自動車道
（下行）

村田JCT
村田
藏王PA
白石
国見SA
國見
福島大笹生
福島飯坂
福島JCT
（下行）　（上行）

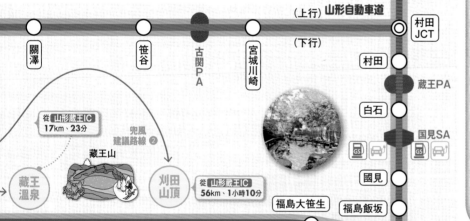

關澤
笹谷
古関PA
宮城川崎

從 山形藏王IC 17km、23分
兜風建議路線②
藏王山
藏王溫泉
刈田山頂
從 山形藏王IC 56km、1小時10分

東北中央自動車道
（福島JCT收費站～米沢北IC為免費區間）

川口JCT

※ ⛽ 有加油站　🔌 有電動車充電站